DOKTER POI

Dr. Jan Pol
met David Fisher

Dokter Pol

De wereldberoemde dierenarts uit Nederland

the house of books

Ik draag dit boek op aan mijn hele familie,
ver en dichtbij, die me altijd heeft vergezeld en bijgestaan
en me een duwtje gaf, zodat ik mijn werk zou afmaken.

Eerste druk, januari 2016
Derde druk, maart 2016

Oorspronkelijke titel: *Never Turn Your Back on an Angus Cow*
Oorspronkelijk uitgegeven door: Gotham Books, New York 2014

This edition published by arrangement with Gotham, an imprint of Penguin Publishing Group, a division of Penguin Random House LLC

Omslagontwerp: Cunera Joosten, Amsterdam
Foto auteur: © Ian S. Frazier
Typografie: Crius Group, Hulshout

ISBN 978 90 443 4945 0
ISBN 978 90 443 4946 7 (e-book)
NUR 320

www.thehouseofbooks.com
www.overamstel.com

OVERAMSTEL
uitgevers

The House of Books is een imprint van Overamstel uitgevers bv

Koning Piyadasi maakte overal twee soorten medicatie beschikbaar: medicijnen voor mensen en medicijnen voor dieren. Daar waar geen helende kruiden voor mensen en dieren groeiden, beval hij dat ze moesten worden gekocht en geplant.

Egyptische *Papyrus van Kahun* (1900 v.Chr.)

Voorwoord

Aan alle geïnteresseerde Nederlandse vrienden: hier is nu mijn boek in het Nederlands. We hopen dat jullie het fantastisch mooi vinden en blijven kijken naar de show. Dit boek vertelt in grote trekken wat mijn levensloop is geweest sinds het begin in Wateren, Drenthe. We bedanken iedereen voor alle goede wensen die wij de afgelopen jaren vanuit Nederland hebben mogen ontvangen.

Drs. Jan Harm Pol

1

Zeg eens boe: mijn jonge jaren

Toen ik in de jaren zestig in Utrecht diergeneeskunde studeerde, kwam er een boer bij ons in de kliniek met een van zijn koeien. 'Ze eet niet meer,' zei hij, 'en mesten doet ze ook niet.'

We waren nog niet eens afgestudeerd, maar blaakten van het zelfvertrouwen. Voor een diagnose draaiden we onze hand niet om... wat het probleem ook was, we zouden het verhelpen. We onderzochten de koe. Ze had koorts, haar spijsvertering werkte niet en het was duidelijk dat ze pijn leed. De symptomen wezen in de richting van een 'technisch' probleem: waarschijnlijk had de koe iets scherps binnengekregen dat bij het samentrekken van de maag door de maagwand heen prikte. Dit zie je heel vaak bij koeien, want echt kieskeurige eters zijn het niet. Een koe eet alles wat ze tegenkomt, en op een boerderij slingeren nu eenmaal kleine stukjes metaal rond.

In die tijd hadden we bij ons op de faculteit voor het eerst de beschikking over een röntgenapparaat. Onze docenten waren daar heel trots op, want dit apparaat zou de diergeneeskunde naar een hoger plan tillen. Nu konden ze ons laten zien wat er zich in het binnenste van het dier afspeelde, en daardoor zouden wij slimmere en betere dierenartsen worden. Na het stellen van de diagnose 'metaal in de maag' stuurden we de koe naar de nieuwe röntgenafdeling. Op de beelden was echter niets vreemds te zien. 'Deze koe heeft geen metaal in haar maag,' werd ons verzekerd.

'Bekijk haar nog maar eens goed,' zei onze docent. 'Want jullie zaten er dus naast.'

We onderzochten de koe nog een keer en onze bevindingen waren precies eender: verhoging, niet-werkende spijsvertering, pijn. Diagnose: metaal in de maag. We brachten haar nogmaals naar de röntgenafdeling en kregen dezelfde uitslag: 'Deze koe heeft geen metaal in haar maag.' De koe werd op stal gezet en we wachtten af hoe het verder ging. Nou, de koe ging dood. Het kadaver werd naar de afdeling pathologie gebracht, waar de maag, het hart en de longen op de snijtafel nader onderzocht werden.

Even later werden we erbij geroepen. Bleek die koe toch iets in haar maag te hebben. Het was alleen geen metaal. En daarom had dat spiksplinternieuwe röntgenapparaat het niet opgepikt. Het was een stuk van een bezem, met vijftien centimeter lange borstelharen. Die hadden haar maagwand geperforeerd en het hart beschadigd. Hadden we nou maar geluisterd naar wat de koe ons vertelde: *help me, ik heb iets onverteerbaars in mijn maag*, dan hadden we haar naar de operatiekamer gebracht, de maag opengesneden, de borstel verwijderd en haar vervolgens met een antibioticakuur op stal gezet. Ze had hier niet aan dood hoeven gaan.

Zo ontwikkelde ik me tot een no-nonsense dierenarts, een vakman van de oude stempel zou je kunnen zeggen. Natuurlijk, ik maak vaak gebruik van alle prachtige apparatuur die me in onze praktijk tot mijn beschikking staat en ik luister goed naar wat de eigenaar van het dier me vertelt. Maar ik kijk vooral naar het dier zelf; ik leg mijn handen op zijn lijf om te 'horen' wat het te vertellen heeft.

Mijn loopbaan bestrijkt al bijna vijftig jaar, en in die halve eeuw heb ik zo'n beetje alle denkbare dieren – uiteenlopend van witte muizen tot paarden van duizend kilo – weleens onder handen gehad. Ik ben mijn leven lang omringd geweest door dieren, zowel mijn eigen als die van mijn klanten. Er is denk ik niet één diersoort die ik nooit onderzoekend in de ogen heb gekeken. Mijn vrouw Diane en ik hebben ooit eens becijferd dat ik meer dan een half miljoen dieren heb behandeld, en het mooie is: er heeft er nog nooit eentje een klacht tegen me ingediend!

In 2009 kwam mijn zoon Charles, die naar Hollywood verhuisde in de hoop werk te kunnen vinden in de film- en tv-wereld, op het idee om eens na te gaan of er interesse was in een realityshow over een dierenarts op het Amerikaanse platteland. Ik had hier de nodige bedenkingen bij; ik kon me niet voorstellen dat er iemand zat te wachten op een tv-programma over een ouwe kerel met een buitenlandse tongval die voortdurend met zijn arm in het achterste van een koe zit.

'Je zou nog vreemd opkijken,' zei hij.

'Nou, inderdaad,' zei ik instemmend.

Hij legde het me uit. 'Iedereen houdt van dieren,' zei hij. 'En jij maakt in de praktijk de gekste dingen mee. In jouw vak gaat het om leven en dood en je moet werken met patiënten die niet kunnen praten. Een dierenarts in de stad behandelt zieke huisdieren, maar hier, op het platteland, vertegenwoordigen dieren een economische waarde. Sterft een van de koeien, dan heeft dat meteen impact op het bedrijfsresultaat. En wat natuurlijk ook helpt,' voegde hij eraan toe, 'is dat jij zo'n opmerkelijke figuur bent.'

Of die laatste opmerking van m'n zoon nou een compliment was, wist ik nog zo net niet. Maar toen hij me uitlegde dat de serie tussen de regels door ook het verhaal zou vertellen van de boeren in de Amerikaanse Midwest, werd mijn interesse toch echt gewekt. Ik ben geboren en getogen op het platteland en weet hoe zwaar het boerenbestaan kan zijn. Het leek me zinvol om dat te laten zien en gaf hem toestemming om een paar dagen bij ons in de praktijk te komen filmen. Ik had er een hard hoofd in dat er interesse voor zou bestaan, maar kwaad kon het ook niet.

Diane en ik moeten wel een verstandige zoon op de wereld hebben gezet, want hij bleek het bij het juiste eind te hebben.

In 1981 opende ik in de Amerikaanse staat Michigan, een eindje buiten Weidman – een plaatsje op zo'n twintig kilometer van het grotere en veel bekendere Mount Pleasant – mijn eigen praktijk. In die tijd had ik in mijn verzorgingsgebied zo'n tachtig procent vee en twintig procent huisdieren. Ik behandelde voornamelijk melkvee, maar ook redelijk wat varkens. We kwamen vooral op familiebedrijven, maar deze bestaan nu eigenlijk niet meer; ze hebben plaatsgemaakt voor grootschalige veehouderijen die productie draaien voor de supermarkten. Dit soort bedrijven hebben hun eigen veeartsen in dienst. Varkensboeren zijn er haast niet meer en werkpaarden al evenmin. Ik herinner me dat ik op een dag, niet lang nadat Diane en ik in Mount Pleasant waren komen wonen, werd opgebeld door een boer. Don Hatfield heette hij. Don en zijn broer hadden kort daarvoor de melkveehouderij van zijn oom in Mecosta County overgenomen en een van hun koeien had hulp nodig bij het afkalven. 'We krijgen het kalf er maar niet uit,' zei hij, met die warme bromstem die ik zo goed zou leren kennen. Toen we aan de praat raakten, biechtte Don op dat hij niet zoveel verstand had van melkvee omdat zijn oom, die korte tijd daarvoor overleden was, altijd voor de koeien had gezorgd.

In de maanden daarna ben ik regelmatig even bij deze boerderij langsgegaan om de broers op gang te helpen en ze het een en ander te leren over de verzorging van hun vee. Dons familie had de boerderij al lange tijd in bezit, hun stal was zowat een eeuw oud. Don was een geweldige kerel en hij was zeer geïnteresseerd in de geschiedenis van dit deel van Michigan. Hij hield gesprekken met alle boeren in de omgeving en tekende vervolgens de geschiedenis van de streek op in dikke boeken. Don hield de boerderij lange tijd aan, maar toen hij het op een gegeven moment rustiger aan wilde gaan doen, verkocht hij de koeien. Bij mijn laatste bezoek aan Don zei hij dat ik wat spullen mocht meenemen. 'Kijk maar of er iets voor je bij zit,' zei Don. Ik koos wat handige dingen uit die ik altijd heb bewaard, zoals porseleinen mineralenschepjes voor het veevoer. Die vriendelijke bromstem van hem zal ik nooit vergeten.

Kort daarna werd de boerderij overgenomen door een aardappelboer. Deze groef met een grote machine een enorme kuil, duwde de fraaie stenen boerderij – met koeienstal en al – erin en dekte de boel vervolgens netjes af. Later ben ik er nog een keer gestopt, maar hoe goed ik ook keek, niets wees erop dat er op die plek ooit een woonhuis en een schuur hadden gestaan. Je zag alleen nog een enkele elektriciteitspaal met een transformator, verder niets. Ik bleef nog een hele poos weemoedig over die akker uitkijken en dacht terug aan de mensen die daar ooit hadden gewoond en gewerkt. Honderd jaar familiegeschiedenis, zonder pardon in een kuil geschoven.

Tegenwoordig bestaat mijn patiëntenbestand voor ongeveer zestig procent uit kleine dieren. Je hebt eigenlijk drie categorieën dieren: vee, werkdieren en huisdieren. De verschillen tussen deze drie diergroepen zijn enorm. Een boer leeft van zijn vee en de band tussen hem en zijn levende have berust op economische gronden. Met huisdieren is dat heel anders; de band met het baasje is gebaseerd op liefde. Maar goed, ik trek me van die verschillen eigenlijk niet zoveel aan; ik behandel alle dieren met evenveel aandacht.

Ik ben dol op dieren, dat is altijd zo geweest. En dat geldt voor iedereen bij ons in de familie. Mijn moeder vertelde vroeger vaak een verhaal over haar grootvader, die naar men zei dieren kon hypnotiseren. De slager in zijn woonplaats had een grote hond, een kruising tussen een Duitse herder en een sint-bernard. Op een dag kwamen mijn overgrootvader en de slager elkaar op straat tegen. De slager waarschuwde hem: 'Pas op. Mijn hond is vals.'

'Nee hoor, dat is-ie niet,' zei mijn overgrootvader.

'Kijk nou maar uit, want deze hond valt bij het minste of geringste aan.'

'Laat hem maar eens los,' zei mijn overgrootvader met een uitdagende blik. De slager maakte de riem los. Mijn overgrootvader en de hond keken elkaar in de ogen. Geen van beide verroerde een vin. Toen ging de hond zitten. Mijn overgrootvader deed een stap naar voren, waarop de hond achteruitdeinsde. Vanaf dat moment was het geen beste waakhond meer.

Mensen die ons tv-programma op National Geographic Wild weleens hebben gezien, weten misschien dat ik de Tweede Wereldoorlog heb meegemaakt op de melkveeboerderij van mijn vader. We woonden in Wateren, in een zeer afgelegen en landelijke streek. We hadden zestien hectare grond, maar leefden zonder elektriciteit of water. Wateren was niet eens een dorp, eerder een weg met wat huizen erlangs. Het lag zo ver buiten de bewoonde wereld dat de krant altijd met een dag vertraging werd bezorgd; met de post. Mijn vader vond dat heel vervelend, want hij volgde het nieuws op de voet, maar wat kon je eraan doen? Er was bij ons thuis zelfs geen radio, die kregen we pas in 1950.

We hadden een groot huis en leefden met het hele gezin en al het vee onder één dak; nou ja, behalve de varkens dan. Bij ons in de streek waren bijna alle boerderijen zo ontworpen dat je vanuit het woonhuis via een gang rechtstreeks naar de koeienstal kon lopen. Moesten we 's nachts eens bij een koe kijken, dan hoefden we ons niet eens aan te kleden; gewoon sloffen aan en de stal in. Bij gebrek aan stromend water wasten we ons in een grote houten tobbe in de koeienstal, het minst koude deel van het huis. De koeien hielden het daar heerlijk warm!

Achter de koeienstal was een grote ruimte waar het hooi en het graan lagen opgeslagen. In de winter werden ook de landbouwmachines en onze drie paarden daar neergezet. En dat alles dus onder één dak. Onze varkens stonden in een schuurtje buiten; die stonken zo dat we ze niet binnen wilden hebben. Op de boerderij kreeg ik het respect voor dieren met de paplepel ingegoten. Mijn vader zei altijd: 'Een dier behandelt jou zoals jij hem behandelt.' Hij bedoelde daarmee dat dieren niet willen werken voor een boer die ze niet respecteert.

In de winter van 1944 – de Hongerwinter – hielden de Duitsers bij wijze van represaille voor het verzet de meeste voedseltransporten tegen. Tijdens de oorlog kwamen er regelmatig mensen op de fiets helemaal naar onze boerderij gereden. Ze deden dat om de stad tijdelijk te ontvluchten, of om voedsel en melk te halen. Mijn ouders hebben nooit iemand met lege handen weggestuurd.

Ik was de jongste van zes kinderen en wij staken op de boerderij allemaal de handen uit de mouwen. We hadden aardig wat vee – een stuk of twintig koeien, die we met de hand molken, maar ook paarden en kippen, kalkoenen en ganzen – maar mijn beste vriend was een grote sint-bernard die ervoor zorgde dat onbekenden een beetje bij me uit de buurt bleven. We hadden thuis altijd grote honden, en dat is in mijn eigen gezin nu nog steeds zo.

Mijn liefde voor dieren heeft ons gezin op een dag nog bijna ernstig in gevaar gebracht. Tijdens de oorlog mochten we niets voor onszelf houden; alles moest worden afgestaan aan de bezetter. En we hebben het hier niet over tv-nazi's. Deze mensen waren levensecht, en heel gevaarlijk. Alle boerderijen werden op gezette tijden doorzocht en werd er iets gevonden, dan kon je jarenlang achter de tralies verdwijnen. Ik was in die tijd nog maar een hummeltje en kon nog niet praten. Ik noemde alle koeien Boe. Waar ik dat vandaan had, geen idee, maar het was zo. En hoe gevaarlijk het ook was, toch hield mijn vader soms een kalf of een deel van de oogst achter, zodat we tenminste nog iets voor onszelf hadden. Op een dag kwam de inspecteur onze koeien bekijken. Zoals gezegd was ik nog heel klein en ik liep aan de hand van mijn moeder mee. In de koeienstal wees ik de koeien een voor een aan en zei dan 'boe'. En bij een dichte deur, de deur waar we een kalf achter verborgen hielden, zei ik weer 'boe'. Volgens mijn oudere zus hield iedereen een paar seconden lang geschrokken de adem in. 'Boe,' zei ik weer, terwijl ik nadrukkelijk naar de deur wees. Als die man de deur had geopend was het niet best met ons afgelopen, maar gelukkig negeerde de inspecteur me en vervolgde zijn ronde. Bij iedere volgende inspectie werd ik mijlenver bij de Duitsers weggehouden.

In die tijd verborgen we wel meer dan alleen vee. Een tijdlang hadden we ook een onderduiker, een Joodse jongen. Hij was iets ouder dan ik, maar jonger dan mijn broer, die zeven jaar ouder was dan ik. En er zat een Joods gezin in een schuurtje, of eigenlijk meer een soort jachthut, in het bos op ons terrein. De mensen uit het dorp brachten hen voedsel en drinken en de Duitsers hebben ze nooit ontdekt.

Volgens mijn zus Henny was mijn eerste huisdier een zielige kip. Ze liep mank, waarschijnlijk doordat er eens iemand op haar pootje was gaan staan. Bij ons thuis heette dat een kreupel kippie, en dat verbasterde ik in mijn kleutertaaltje tot *urpa bipi*. Volgens mijn zus stond mijn kip me altijd bij de deur op te wachten. Ik ging bij haar zitten en aaide haar urenlang; je zou kunnen zeggen dat ik me toen al om zieke dieren bekommerde.

In die tijd deden Nederlandse boeren eigenlijk zelden een beroep op de veearts. Die had je toen trouwens ook nauwelijks, omdat ze niet zoveel hadden toe te voegen aan de kennis die de boeren zelf over hun dieren hadden. Boeren losten de meeste problemen eigenhandig op. Had je een koe, dan kreeg je een kalf. Had je een merrie, dan kreeg je een veulen. Had je een schaap, dan kreeg je lammetjes. Een boer dopte zijn eigen boontjes. En deed zich een probleem voor waar hij zich geen raad mee wist, dan vroeg hij zijn buurman erbij. Wist ook de buurman niet hoe het verder moest, pas dán werd de veearts erbij gehaald.

Voor ons was de dichtstbijzijnde veearts dokter Van der Eyck. Hij woonde meer dan acht kilometer verderop en wij hadden geen telefoon. Als we hem nodig hadden moest een van ons op de fiets springen en naar zijn huis sjezen. Daar trokken we aan de bel en hoopten maar dat hij thuis was. Hij was vaak al op onze boerderij aangekomen voordat wij terug waren gefietst.

De beroemdste veearts van Nederland was in die tijd dokter Jan Vlimmen, de hoofdpersoon uit een aantal romans over een veearts in Brabant, die zelfs ook zijn verfilmd. Een van de verhalen geeft heel treffend aan hoe men in die tijd over veeartsen dacht.

Er wordt laat op de avond bij dokter Vlimmen aangebeld. Wanneer hij aan de deur verschijnt, ziet hij een man staan. 'Hoeveel kost een consult op de boerderij op dit uur?' vroeg hij.

Dokter Vlimmen vraagt hem waar zijn boerderij ligt en antwoordt dan: 'Dat kost tien gulden.'

‘Goed,’ zegt de man. ‘Ik rijd wel met u mee om u de weg te wijzen.’

Ze vertrekken. Maar bij de boerderij aangekomen ziet dokter Vlimmen nergens dieren die zijn hulp nodig hebben.

‘Vertel, waar staat die zieke koe?’ vraagt hij.

‘O,’ zegt de man op luchtige toon, ‘ik heb helemaal geen zieke koe. Ik heb u gevraagd omdat u goedkoper bent dan een taxi!’

Op twaalfjarige leeftijd besloot ik om dierendokter te worden. Ik herinner me nog heel precies hoe dat zo kwam. Het was niet omdat ik op die manier een succesvolle carrière dacht te kunnen opbouwen; nee echt, aan de zakelijke kant van het beroep heb ik geen moment gedacht. Sterker nog, op de eerste dag van de opleiding werden de eerstejaars studenten gewaarschuwd dat er in Nederland maar heel weinig werk voor veeartsen was en dat het gros van ons jaar het beroep nooit zou uitoefenen. Ik maakte me daar geen zorgen om; ik wilde gewoon mijn hele leven lang al niets anders dan dierenarts worden.

Mijn leven veranderde voorgoed op een dag waarop dokter Van der Eyck ons erf op reed. ‘Kom even mee,’ zei hij. Ik was lang en graatmager, en die ochtend zouden mijn lange armen goed van pas komen.

Als jongen hielp ik al regelmatig bij de geboorte van jonge dieren. Sommige dieren ontfermen zich na de geboorte meteen over hun kroost. Het komt wel voor dat de placenta over de kop blijft zitten en als die niet snel verwijderd wordt, dan gaan het jong dood. Een koe likt haar kalf om de ademhaling op gang te helpen, maar een zeug doet dat niet. De biggetjes komen tevoorschijn en als ze willen drinken is dat prima, maar ze moeten wel op eigen kracht de buik van mama zien te vinden. De zeug doet niets om ze daarbij te helpen. Veel biggetjes sterven kort na de geboorte; een van de redenen waarom een zeug er zoveel werpt. Als jochie van zes kreeg ik opdracht om achter het varken te gaan zitten totdat de biggetjes zich aandienden. Na de geboorte wreef ik ze schoon tot ze op eigen kracht ademhaalden. Ik wist precies wat ik met die kleine roze wezentjes aan moest. Ja, ze waren glibberig en er kwam ook wat bloed bij kijken, maar afkeer heb ik er nooit van gehad. Het was puur natuur, en een wonder bovendien. Het was mijn taak op de boerderij, dat vond ik de normaalste zaak van de wereld.

Dokter Van der Eyck was een grote, sterke man met gespierde armen; hij zag er precies zo uit als je je een veearts op het platteland voorstelt. 'We moeten naar de boerderij van je broer,' zei hij. Mijn broer was getrouwd en had zijn eigen boerenbedrijf, ongeveer een kilometer verderop. Hij had een stel zeugen gekocht, jonge dieren die nog nooit eerder hadden geworpen. Een van zijn zeugen stond op het punt haar biggetjes te krijgen. Op zichzelf niets bijzonders, ware het niet dat deze zeug een smal bekken had; iets wat bij de verlossing voor problemen kon zorgen. Dit komt bij dieren wel vaker voor, en meestal helpt de boer of de veearts in zo'n geval – letterlijk – een handje. De handen en armen van dokter Van der Eyck waren echter veel te stevig om de biggetjes te halen. Daar had hij mij voor nodig. Hij zeepte mijn arm helemaal in en legde me precies uit wat ik moest doen.

Ik ging achter de zeug in het stro liggen en stak mijn arm tot aan de oksel in het binnenste van het varken. Ik reikte zo ver als ik kon en begon haar biggetjes eruit te halen. Het maakt bij varkens niet uit of hun kop of hun achterste er het eerst uit komt. Sommige biggetjes kreeg ik niet te pakken, maar ik wist ze wel naar een plek te manoeuvreren waar dokter Van der Eyck erbij kon. Een voor een kwamen ze tevoorschijn. En ik had ze daarbij geholpen. O, dat was echt een fantastisch gevoel. Ik vond het geweldig, en vanaf dat moment wist ik dat ik de rest van mijn leven met dieren wilde werken.

Mensen hebben voor ieder onderdeel van het lichaam een aparte dokter: je hebt keel-, neus- en oorartsen, cardiologen, orthopeden en zelfs tandartsen. Dierenartsen zijn breed opgeleid, het zijn kenners op het gebied van de hele gezondheid en het welbevinden van dieren. De dierenarts is voor een dier al die artsen tegelijk. We doen eigenlijk alles behalve psychoanalyse.

Wij moesten dus leren hele dieren te behandelen. De faculteit Diergeneeskunde van de Universiteit Utrecht is de enige plek in Nederland waar je tot dierenarts kunt worden opgeleid. De opleiding duurt zes tot zeven jaar en richt zich vooral op wat men noemt de grote dieren, met name vee. En onder 'grote dieren' worden dus ook varkens en geiten gerekend. Bij alle vakken lag de nadruk op het bewaken van de gezondheid en de productiviteit van het vee, zodat de boer er zijn boterham mee kon verdienen. Het is een zware opleiding. In die tijd mocht iedereen met een geschikt middelbareschooldiploma een universitaire opleiding volgen. Wij betaalden alleen kost en inwoning, de opleiding zelf kostte ons niets. Vanwege dit systeem maakten ze de opleiding bewust heel erg zwaar, zodat er vanzelf veel studenten zouden afhaken.

Op de eerste dag zaten er driehonderd kersverse studenten diergeneeskunde opeengepakt in een collegezaal die was bedoeld voor slechts honderd man. Aan het begin van het tweede jaar was meer dan de helft er al mee gestopt. Van de twaalf vrienden met wie ik begon, zijn er uiteindelijk maar twee in een praktijk gaan werken. De anderen werden docent, onderzoeker of directeur van een slachthuis, of ze werkten op andere plekken, maar slechts één vriend en ik zijn praktiserend dierenarts geworden.

Iedereen had zo zijn eigen redenen om aan de opleiding te beginnen. Sommige studenten werden dierenarts omdat hun vader het ook was. Er waren jaargenoten die niet eens echt van dieren hielden, en je had er zelfs een paar bij die allergisch waren voor dieren. Je zag al aan de manier waarop ze met de dieren omgingen dat hun hart niet bij de zaak lag; voor hen was het gewoon werk. Nou, voor mij niet. Ik zag het als mijn roeping.

De faculteit zat in de stad en was gehuisvest in een aantal langgerekte gebouwen. De dieren die voor het onderwijs werden gebruikt, stonden in stallen aan weerszijden van de weg. Er waren verschillende afdelingen, waaronder Chirurgie en Inwendige Ziekten, Verloskunde, Technologie en Anatomie en er was zelfs een museum waar een verzameling mismaakte dieren werd getoond. De kliniek voor kleine huisdieren lag een eindje verderop. Het faculteitsterrein was dus vrij uitgestrekt, en omdat er maar vijf minuten tussen de colleges zat, konden we ons er niet lopend verplaatsen. Dat zou veel te lang duren. Dus sprongen we na ieder college allemaal op de fiets en haastten ons naar de volgende locatie. De meeste colleges werden gegeven in kleine amfitheaters, waar de zitplaatsen in een halve cirkel waren gerangschikt rond een lager gelegen podium.

De eerste twee jaar volgden we exact dezelfde vakken als de studenten geneeskunde en tandheelkunde; elke dag gingen we keurig gekleed – iedereen droeg een jasje en een das – naar college om ons te verdiepen in alle delen van het menselijk lichaam. Veel lichaamsdelen zijn universeel; ze zien er bij twee verschillende diersoorten misschien net wat anders uit, en ook tussen mens en dier bestaan natuurlijk de nodige verschillen, maar de functie is overwegend hetzelfde.

We begonnen met het skelet. In het lab lagen bergen botten, die we met hulp van de docent en onze studieboeken stuk voor stuk leerden benoemen… in het Latijn. Dat was een heleboel stampwerk, en o wat vonden we het saai. We moesten de naam van ieder botje leren. Die eerste twee jaar hebben we geen levend dier aangeraakt.

In de snijzaal werkten we met dode dieren, groot en klein. Voorhand, achterhand, ze hadden zelfs een gevriesdroogde koe die overlangs en overdwars doormidden was gezaagd zodat we konden zien hoe alles in elkaar stak. Tegenwoordig zetten kunstenaars zoiets in een plexiglas bak en verkopen het voor miljoenen aan een museum. Wisten wij veel, dat we naar kunst aan het kijken waren.

In deze periode heb ik groot ontzag gekregen voor de vernuftige manier waarop het lichaam in elkaar zit en ik vond het prachtig om te zien hoe het allemaal werkt.

Het tweede jaar was voor mij het moeilijkst, want toen kwam de organische chemie aan de orde. Ik heb me met de nodige moeite door die vakken heen geworsteld en ik was blij dat wij daarna niet meer hoefden op te trekken met de studenten geneeskunde en tandheelkunde. Vanaf het derde jaar zouden we ons volledig richten op de diergeneeskunde.

Ik herinner me nog dat ik voor het vak microbiologie een microscoop nodig had. Ik probeerde er een te lenen, maar dat lukte niet. Daarom schreef ik mijn vader een brief, waarin ik hem liet weten dat de microscoop zeshonderd gulden kostte, omgerekend zo'n tweehonderd euro. Het was een heel bedrag voor een melkveehouder, en mijn vader moest er een koe voor verkopen. Ik heb die microscoop jarenlang gebruikt en heb hem nog altijd staan. Ik zou hem voor geen goud van de hand doen.

In het derde jaar leerden we vooral veel over dierverzorging, maar we volgden ook nog steeds colleges over planten en micro-organismen; turend door onze peperdure microscopen moesten we herkennen wat we daar zagen en weten wat je eraan zou kunnen doen. Maar de theorie voerde nog altijd de boventoon, we zaten veel met onze neus in de boeken.

In het vierde jaar mochten we dan eindelijk met levende dieren gaan werken. De docenten in Utrecht brachten ons respect voor dieren bij; dieren maakten deel uit van Gods schepping en het was dan ook heel belangrijk goed voor ze te zorgen. Tegelijkertijd wezen ze ons er herhaaldelijk op dat we de dieren niet als mensen moesten behandelen. Maar o lieve hemel, als er toch ooit eens iemand een dier pijn deed, dan werd hem dat tot in lengte van dagen nagedragen. De dieren werden nooit geslagen of anderszins mishandeld; je mag nooit je woede koelen op een dier. Dat het voor je eigen veiligheid soms beter is een dier te laten zien wie er de baas is, heb ik tijdens mijn lange loopbaan wel geleerd, maar echt vaak komt dat niet voor. En als ik een dier eens flink moest aanpakken heb ik daarbij nooit, maar dan ook nooit geweld gebruikt. We leerden de dieren naar ons beste kunnen te verzorgen, maar zonder ze daarbij menselijke eigenschappen toe te kennen.

Ook leerden we dat het niet de bedoeling was dieren koste wat het kost in leven te houden. Op een boerenbedrijf vertegenwoordigt ieder dier een economische waarde; de boer verdient zijn brood met zijn vee en daarom zorgt hij goed voor zijn dieren. Als hij zijn koeien verwaarloost, dan geven ze geen melk. Als hij zijn paarden niet goed verzorgt, dan kunnen ze niet werken. Keer op keer werd ons voorgehouden dat ieder dier met een bepaalde reden gehouden wordt, en dat boeren die hun vee niet goed verzorgen onherroepelijk failliet zullen gaan.

Tijdens de opleiding was er relatief weinig aandacht voor huisdieren; honden, katten en nog kleiner spul. Maar in mijn praktijk heb ik geleerd dat er ook bij huisdieren een financiële balans bestaat. Het is spijtig, maar helaas zijn er nog altijd dierenartsen die dieren onderwerpen aan kostbare onderzoeken en behandelingen waar de eigenaar niet om heeft gevraagd en die hij soms nauwelijks kan betalen, terwijl de (helaas niet altijd positieve) uitkomst vooraf al vaststond.

Ik was geboren en getogen op een boerenbedrijf en voelde me in een stal daardoor meer op mijn gemak dan sommige van mijn medestudenten. Zo wist ik, om een voorbeeld te geven, hoe belangrijk het was om een dier tijdens het onderzoek voortdurend duidelijk te maken waar ik mij precies bevond. Want voelt een dier zich bedreigd, dan zal het zich verdedigen. Dieren hebben moeite met onverwachte en ongebruikelijke dingen, zoals bijvoorbeeld een bezoek van de veearts. Daarom praatte ik voortdurend op rustige toon tegen de dieren die ik onderzocht en raakte ik ze met mijn handen zo veel mogelijk aan, zodat ze wisten dat ze van mij geen gevaar hoefden te duchten.

Van mijn broer hoorde ik eens een mooi verhaal over een dierentrainer bij een circus. Deze man droeg onder zijn kleren altijd een boerenzakdoek bij zich. Kwam er bij het circus een nieuw paard, dan liep hij langs de stal waar het paard was neergezet en gooide schijnbaar achteloos de zakdoek naar binnen. Het paard snuffelde er nieuwsgierig aan en speelde er soms ook wat mee. En wanneer de trainer dan even later de stal binnenging, rook hij precies hetzelfde als die boerenzakdoek. Hij zag het paard denken: *Hé die geur herken ik, dus er dreigt geen gevaar of narigheid. Ik vertrouw deze man.*

Een ander basisprincipe dat ik leerde is dat een dierenarts een dier nooit, onder geen enkele omstandigheid, de rug mag toekeren. Ik herinner me dat er op een dag een dierentrainer op de faculteit langskwam om een demonstratie te geven. In die tijd werden er nog wilde dieren gevangen met als doel ze aan dierentuinen te verkopen. De man had drie tijgers bij zich in een reiskooi van zo'n twee bij twee bij drie meter. Toen hij op de kooi af liep, deinsden de tijgers achteruit; ze kropen zowat op elkaar in hun ijver om zo ver mogelijk bij hem vandaan te blijven. Hij stond een krappe vijf meter voor de kooi. 'Maar moet je straks eens zien,' zei hij. 'Let goed op.'

Hij keerde de grote katachtigen zijn rug toe en nog voor hij zich volledig had afgewend, sprongen de drie tijgers met zo veel kracht tegen de tralies dat de hele kooi een eindje verschoof. Als het deurtje toch eens was opengesprongen, dan had ik me als de bliksem uit de voeten moeten maken. Maar we leerden die dag een les die ons altijd is bijgebleven: keer deze dieren je rug toe en ze pakken je. Niet alleen stierenvechters zijn hiervan doordrongen, maar dat geldt ook voor veehouders. De meeste grote dieren waar ik mee heb gewerkt zijn stukken groter en sterker dan ik, alleen weten ze dat niet. Het zijn geen gezelschapsdieren; koeien zijn niet vriendelijk of volgzaam. Een koe kan een mens doden, ook al zou ze het nooit met opzet doen. Ze merkt het waarschijnlijk niet eens.

Wanneer ik een dier moet onderzoeken, dan doe ik dat altijd op een plek waar ik pijlsnel over een hek kan springen of waar iets staat waar ik me in geval van nood achter kan verschansen. En ik ben tijdens mijn loopbaan een paar keer heel dankbaar geweest voor die vooruitziende blik.

Voor veel studenten diergeneeskunde begint hun loopbaan pas echt op de dag waarop ze voor het eerst een rectaal onderzoek uitvoeren bij een dier. Dat is veel minder naar dan je misschien zou denken. Daar in het binnenste van een koe is het eigenlijk vooral heerlijk warm (een krappe 39 graden). Op een koude winterdag, in een tochtige stal kan het echt aangenaam aanvoelen. Ik vind het helemaal niet vervelend om te doen. En de koe lijkt er niets op tegen te hebben.

Op een dag, toen ik voor Nat Geo Wild werd gefilmd bij het uitvoeren van drachttests bij koeien, vroeg ik of de jongens van de cameraploeg het soms ook eens wilden proberen. Er gingen aarzelend een paar handen de lucht in. De waaghalzen keken de groep rond om te zien wie er nog meer durfde. Ik legde hun uit dat de kans verwaarloosbaar klein was dat ze ooit nog eens de gelegenheid zouden krijgen om hun arm in het achterste van een koe te steken. En dat, als hun op een feestje werd gevraagd wat voor werk ze deden, ze een prachtig verhaal zouden kunnen opdissen over die ene keer dat ze in een koeienstal…

Sommige studenten vonden het best spannend toen we tijdens de opleiding voor het eerst een rectaal onderzoek moesten doen. Ik had het als jongen van twaalf voor het eerst gedaan, maar voor veel van mijn medestudenten was het de eerste keer. In die tijd gebruikten dierenartsen nog geen plastic handschoenen; ze trokken hun overhemd uit en gingen met blote handen naar binnen. Na zo'n onderzoek was je hele arm groen… wij moesten ons na het werk echt goed wassen. Tegen de tijd dat wij afstudeerden waren er voor dit soort klussen gelukkig speciale handschoenen op de markt gekomen.

Onze docent diende de koe een kalmerend middel toe en stelde zich op naast haar rechterflank. 'Goed,' zei hij, 'bovenkleding uit en voelen maar.' Sommige studenten gingen heel aarzelend te werk, maar de koe merkte er nauwelijks iets van; ze stond rustig te herkauwen. Was je hand eenmaal binnen, dan dirigeerde de docent je – via een gaatje in de flank van de koe – naar de verschillende organen. Hij wilde ons leren hoe alles voelde in de buik van een gezonde koe, zodat we eventuele afwijkingen zouden herkennen. 'Zo voelt de baarmoeder. Volg hem nu eens tot het uiteinde, daar zit een eierstok.'

Was je rechtshandig, dan werd je geleerd je linkerhand te gebruiken. Op die manier had je je 'goede' hand vrij om het dier een injectie toe te dienen, een aantekening te maken of wat dan ook. Ikzelf sluit tijdens een drachttest altijd mijn ogen, zodat ik als het ware met mijn vingers kan zien. Mijn vingertoppen vertellen me precies hoe het er daarbinnen uitziet. Jaren later scheurde ik een paar spiertjes in mijn linkerarm toen een koe zich plotseling losrukte en ik kon daardoor mijn linkerhand een paar weken niet gebruiken. Op een dag begon een boer te grinniken toen ik met mijn rechterhand een drachttest uitvoerde. 'Wat sta jij te lachen?' vroeg ik.

Hij vertelde me dat mijn linkerhand precies deed wat ik met mijn rechterhand probeerde te doen, alsof ik het die andere hand probeerde duidelijk te maken. Ik had die handeling al zo ontzettend vaak uitgevoerd met mijn linkerhand dat mijn hersenen een beetje moeite hadden om mijn rechterhand aan te sturen.

In verreweg de meeste gevallen brengt een koe haar kalf zonder problemen ter wereld. De boer kan zo'n verlossing daarom prima alleen af; het zou ook veel te duur zijn om voor iedere geboorte de veearts te laten komen. Wij worden alleen gebeld als er iets mis dreigt te gaan, en dat houdt in dat we bijna altijd problematische geboorten meemaken. Tijdens de opleiding passeerden verschillende problemen de revue. Het kon zijn dat het kalf of veulen in een houding lag waarin het niet door het bekken paste, of het was overleden en al half verrot. Wij moesten leren het zo te draaien dat het wel door het geboortekanaal heen kon of – en dit kwam minder vaak voor – het dode kalf of veulen in stukken snijden om het uit de baarmoeder te kunnen verwijderen.

De boeren in de omgeving van de universiteit wisten dat ze bij een moeizame verlossing altijd de faculteit konden bellen voor assistentie door een docent en twee of drie studenten. Voor de laatsten was het een mooie gelegenheid om praktijkervaring op te doen, en voor de boer betekende het dat hij tegen een geringe vergoeding professionele hulp kreeg, met het nodige amusement op de koop toe. Zo'n boer wist natuurlijk dat wij groentjes waren en bemoeide zich doorgaans niet met de behandeling. In plaats daarvan stond hij op een afstandje met een brede grijns toe te kijken; hoe moeilijker wij het hadden, hoe leuker hij het vond. Ik herinner me nog een van de eerste keren dat ik mee mocht. De koe deed wat ze moest doen, maar ze kreeg het kalf er niet uit. Onze docent onderzocht de koe als eerste. Goed, hij wist wat er aan de hand was. Hij zei tegen een van mijn jaargenoten: 'Jij eerst. Wat voel je?'

We hadden te maken met een gedraaide baarmoeder, dat wil zeggen dat de baarmoeder in zijn geheel om zijn as was gedraaid. We hadden er allemaal over gelezen, we hadden er college over gehad, maar nu moesten we – voor het eerst – proberen het probleem te verhelpen. Vol goede moed begonnen we aan de klus. In zo'n geval moet je de koe op haar zij leggen en de baarmoeder tegenhouden terwijl anderen de koe op haar andere zij rollen. Zo draai je de baarmoeder vanzelf weer goed. Soms is het echter ook mogelijk om het kalf in de buik te draaien.

'Oké,' zei onze docent tegen de eerste student. 'Haal het kalf er maar uit.' De student stond druk te voelen en te draaien, maar zonder succes. Het zweet parelde op zijn voorhoofd. Er ging een minuut voorbij, en nog een. 'Goed, stop maar. Volgende!'

Een van de andere studenten deed een stap naar voren. 'Voel je de draaiing?' Ja. 'Los het maar op.' Twee minuten, ook hij begon te zweten.

'Goed, stop maar. Volgende.' Toen ik aan de beurt was, had ik er alle vertrouwen in dat het mij wel zou lukken. Ik wist nog wat we hadden geleerd: zit de baarmoeder linksom gedraaid dan moet je hem rechtsom draaien. Ik trok mijn overhemd uit en stak mijn hand naar binnen. Het was een linkse draaiing, besloot ik, en begon druk uit te oefenen. Maar er gebeurde helemaal niets. Mijn zelfvertrouwen kreeg een deukje en ik voelde de zenuwen opkomen. Ik gaf meer druk, vastbesloten degene uit ons groepje te zijn die succes had. Ik begon behoorlijk te zweten. 'Goed,' zei de docent, 'de twee minuten zijn om. Trek je arm terug.'

De boer keek vol interesse toe, hij vermaakte zich kostelijk. De docent onderzocht de koe nogmaals inwendig. Hij drukte hier een beetje, draaide daar wat en trok binnen een paar seconden zijn arm alweer terug. Hij deed een stap achteruit. 'Oké, voel nu eens. Zit alles goed?'

We voelden om beurten. De baarmoeder zat goed. Hoe had hij dat voor elkaar gekregen?

'Is de baarmoeder met geen mogelijkheid de ene kant op te bewegen, dan draai je hem gewoon de andere kant op.' Wij dachten allemaal dat de draaiing linksom was en probeerden de baarmoeder daarom rechtsom te draaien. Hadden we precies het tegenovergestelde gedaan, dan was het probleem direct verholpen. Wij hadden veel geleerd en de boer bovendien getrakteerd op een mooi spektakel.

Uiteindelijk raakten we allemaal aardig bedreven in het werken in het binnenste van een koe. In die tijd was de huid van een koe aardig wat geld waard. Vooral een kalverhuid was kostbaar, en daarom leerden we allemaal hoe je een kalf dat in de baarmoeder overleden was kon villen voordat het in stukken werd gezaagd. Een dood kalf wordt nooit met een keizersnede gehaald, want de koe overleeft zo'n operatie niet. In plaats daarvan zagen we een overleden kalf dat vastzit in de baarmoeder met behulp van een draadzaag in stukken. Dat is een instrument dat bestaat uit twee handvatten met een dunne draad ertussen. Op een nacht werd er een koe binnengebracht met een dood kalf dat te groot was voor haar bekken. De dierenarts van dienst was pas korte tijd daarvoor afgestudeerd, dus wij kenden hem allemaal goed. Ik was er die nacht bij met nog drie andere studenten. Er was al eerder van alles geprobeerd om het kalf eruit te krijgen, en daardoor was de koe vanbinnen helemaal opgezwollen. We begonnen te zagen en het lukte ons een deel van het kalf te verwijderen. Vervolgens slaagden we erin een haak achter het bekken van het kalf te krijgen, maar hoe we ook trokken, de baarmoeder was zo opgezet dat het ons niet lukte. Als we de rest van dat kalf er niet uit kregen, zou de koe het niet overleven.

De kersverse dierenarts was net zo nerveus als wij. We pasten alle technieken toe die we hadden geleerd, maar zonder succes. Ik was de langste, en daarom zei ik: 'Laat mij nog een poging wagen.'

Ik ging bij het achtereind van de koe languit op de grond liggen, met twee man bij mijn voeten om tegendruk te geven. Ik zette me stevig af en reikte zo ver ik kon in het binnenste van de koe – ik zat er tot mijn schouder in – en slaagde erin het kalf iets naar me toe te trekken. Met z'n tweeën zaagden we de romp doormidden en haalden de resten eruit. Dat was de eerste koe die ik het leven heb gered. We gaven haar iets wat een eventuele infectie zou tegengaan en toen de koe na een tijdje weer overeind gekrabbeld was, ging ze terug naar de boerderij. Ik weet nog goed hoeveel voldoening dat gaf. Voor het eerst had ik het gevoel dat ik een echte dierenarts was.

Gedurende ons laatste jaar hadden we regelmatig dienst en tijdens onze ronden leerden we hoe je een diagnose stelt. Ook leerden we dat het probleem niet altijd alleen bij de dieren lag, maar soms ook bij het baasje. Ik herinner me dat er in de kliniek voor kleine huisdieren eens een vrouw langskwam met haar boxer. Meestal herinner ik me vooral het dier en niet het baasje, maar dit was een zwaarlijvige vrouw met een dikke hond. Die twee pasten dus goed bij elkaar. De hond was zo dik dat zijn nek gewoon verdwenen was. Er paste geen halsband meer omheen. De vrouw beweerde dat haar hond ziek was, want hij at niet meer.

Als een dier niet meer wil eten, is er meestal iets ernstigs aan de hand. Onze docent onderzocht de hond, maar kon niets ongewoons aan het dier ontdekken. De boxer had geen verhoging, had nergens een verdikking of bult en de huid was nergens verkleurd. Alles leek normaal. Geen van de studenten begreep wat er mis was. Waarom zou een gezonde hond plotseling alle voer weigeren? Wij hadden geen flauw idee. En toen kwam de docent met zijn diagnose: de hond wilde niet eten omdat hij geen honger had. De vrouw had hem zo volgestopt dat de hond uiteindelijk aangaf dat hij werkelijk niet meer kon: *Ik ben niet ziek; ik zit vol!*

Aan deze mogelijkheid hadden wij geen moment gedacht. De liefde van zijn baasje was deze hond bijna fataal geworden. De oorzaak stond gewoon naast ons in de behandelkamer. Wij moesten leren ons gezonde verstand te gebruiken. Deze vrouw was iets heel essentieels vergeten: dit was een hond en geen mens. De behandeling lag voor de hand: geef die hond voortaan niet meer zoveel te eten.

In het laatste jaar moesten we ook zes weken in een slachthuis werken om te leren hoe vlees wordt gekeurd. Er was in Nederland een tekort aan keurmeesters, daarom moesten alle dierenartsen daar een diploma voor halen. Een slachthuis is nou niet echt een plek waar je graag komt, maar deze stage vormde een belangrijk onderdeel van de opleiding. We kregen allemaal een groot slagersmes, dat we nodig hadden om de lymfeknopen te inspecteren. We willen het eigenlijk liever niet weten, maar groot vee is een product: een groot deel ervan wordt gehouden voor de slacht, en een veearts moet controleren of het vlees geschikt is voor menselijke consumptie. Leuk werk is het niet, maar het hoort bij de opleiding tot veearts.

Ik had in mijn praktijk enkele boeren die hun eigen dieren slachtten, en als ze daarbij iets verdachts tegenkwamen, dan belden ze mij om te beoordelen of het vlees veilig was. Ik ging dan bij het karkas staan en stak mijn neus erin. De meeste mensen zouden zeggen dat het stonk, maar vers vlees heeft nu eenmaal een vrij sterke geur. Ik had in het slachthuis geleerd hoe vlees hoort te ruiken. Als het goed rook, dan kon je het waarschijnlijk ook zonder problemen eten. Vervolgens liep ik de lymfeknopen na en daarna velde ik mijn oordeel. Mijn motto was: als de geur van het vlees me tegenstaat, dan keur ik het af.

Het slachthuis bevond zich in Utrecht. Elke diersoort had er zijn eigen dag: de ene dag werden er koeien geslacht, de volgende dag paarden en daarna waren de varkens aan de beurt. Ook had elke diersoort zijn eigen slachters; wie varkens slachtte, werkte nooit met koeien of paarden. Het personeel werd uitbetaald per geslacht dier, dus die slachters werkten de dieren zo snel mogelijk af. De organen moesten bij het karkas blijven liggen tot de inspecteur zijn werk had gedaan. De slachters hadden baat bij een zo hoog mogelijke productie, terwijl de studenten juist de tijd wilden nemen om tot een correct en afgewogen oordeel te komen. Wij konden het tempo niet altijd bijbenen, en de jongens van het slachthuis haalden dan graag een geintje met ons uit.

Op een dag waren ze varkens aan het slachten. Ik was heel geconcentreerd bezig alle lymfeknopen na te lopen, want stel je voor dat er mensen ziek werden na het eten van vlees dat door mij was goedgekeurd. Ik stond tussen twee karkassen die aan een rail boven mijn hoofd waren opgehangen, toen de hele boel ineens – vroem! – in beweging kwam. Een paar medewerkers van het slachthuis duwden het vlees vooruit, en voor ik het wist zat ik klem tussen twee karkassen. Het duurde even voor ik me uit die varkens had weten te wurmen! Bij een inspectie moet je altijd naast de karkassen blijven staan en niet ertussenin, dat lesje zou ik van mijn levensdagen niet meer vergeten.

Veel mensen vinden dat je dieren niet mag doden om hun vlees. Maar boeren en andere mensen die met dieren werken, weten dat dieren deel uitmaken van de schepping en dat de mens ze mag gebruiken. Maar nooit misbruiken. Dit houdt in dat we het slachtvee een snelle en pijnloze dood moeten bezorgen. De arbeiders in het slachthuis waren echte vaklui, alleen was hun taak net even iets anders dan die van een timmerman of loodgieter. Het is geen vrolijk werk, maar ze deden hun best de dieren onnodig lijden te besparen. Ik bewonderde die mensen wel, want ik zou dat werk nooit zo lang kunnen volhouden.

Het euthanaseren van dieren vind ik het zwaarste onderdeel van mijn werk, en ik vermoed dat veel dierenartsen het met me eens zijn. Het moeilijkst is het als het gaat om een geliefd huisdier waar de eigenaar jarenlang goed voor heeft gezorgd. Ik heb het al talloze keren gedaan, maar het went nooit. Het komt maar al te vaak voor dat ik de tranen voel branden. Ik zorg er altijd voor dat niemand het merkt, maar het doet me echt iets. Ik houd me voor dat dit voor het dier het beste is. Toen, in dat slachthuis, heb ik met mezelf afgesproken dat ik een dier nooit zou laten lijden. Dus als ik een dier moet laten inslapen, of het nu een hond of een kat of een paard is, ik dien het eerst een verdoving toe. Altijd. En pas wanneer het dier helemaal rustig is, krijgt hij de tweede spuit. Er zijn dierenartsen die het anders doen, maar bij mij gaat het altijd zo. Basta.

Reken maar dat ik opgelucht was toen dat deel van mijn opleiding erop zat. Ik wilde dierenarts worden en dieren beter maken.

Ik was als student geen uitblinker; het kost me moeite om informatie op te nemen uit boeken. Ik leer het snelst door te kijken. Als je mij een chirurgische ingreep één keer voordoet, dan voer ik hem een volgende keer moeiteloos uit. Het hielp ook niet echt dat ik kleurenblind ben. Vooral bij het vak pathologie ondervond ik daar hinder van. Soms moet de diagnose gesteld worden op basis van de kleur van het weefsel. In een donkere collegezaal liet de docent dia's zien en legde uit wat we zagen. 'Dit is een longontsteking. Dat zie je aan de kleur.'

Nou, ik niet dus, want ik kon de kleuren niet goed onderscheiden. Tijdens ons laatste tentamen kregen we dezelfde dia's weer te zien, waarna wij de aandoening moesten benoemen. Ik heb dat tentamen wel gehaald, maar met de hakken over de sloot. Het jaar daarop spreidden ze op een snijtafel allerlei organen van verschillende dieren uit. Wij moesten het orgaan benoemen, het dier waar het bij behoorde en de ziekte waar het aan leed. Dat kon ik dan weer wel. Na afloop hield de docent me staande en vroeg: 'Vorig jaar had je hier nog zo'n moeite mee, en nu heb je ze allemaal goed. Hoe kan dat?'

'Ik ben kleurenblind,' antwoordde ik. 'Vorig jaar moesten we aan de hand van een kleurenfoto van een ziek orgaan bepalen wat ermee aan de hand was. Dat ging me niet zo goed af. Maar dit jaar gaat het anders, nu krijgen we een aangetast orgaan te zien en moeten we bepalen wat het is en om welke ziekte het gaat. Daar heb ik geen moeite mee.'

Ik studeerde af in de diergeneeskunde en had volop plannen voor de toekomst. En ik was getrouwd met een Amerikaanse vrouw. Die vrouw kwam eerst.

In 1961 mocht ik via een uitwisselingsprogramma van mijn

middelbare school een tijdlang naar de VS. Ik zag het vooral als een mooie gelegenheid om mijn zus weer eens op te zoeken. Zij was in 1955 met haar man naar Ontario verhuisd om daar een boerenbedrijf op te zetten. In Canada hadden ze extra boeren nodig, en in Nederland was landbouwgrond schaars.

In die tijd was een trans-Atlantische reis nog een hele onderneming. In veel families bestond de vrees dan ook dat ze de emigranten nooit terug zouden zien. Toen ik hoorde dat er leerlingen de kans kregen om een heel schooljaar in Michigan te gaan wonen, spitste ik dan ook direct mijn oren. Ik pakte de kaart van Noord-Amerika erbij en zag dat Michigan en Ontario redelijk dicht bij elkaar in de buurt lagen. Ik vertelde het aan mijn ouders: 'Moet je dit eens lezen. Als ik naar Michigan ga, dan komen jullie mij daar opzoeken en dan gaan we samen naar Henny.'

Ik meldde me aan voor de uitwisseling en werd aangenomen. Mijn leven nam die dag een totaal andere wending. Het was voor mij, net als voor het merendeel van mijn klasgenoten, de eerste keer dat ik in een vliegtuig stapte. Veel mensen zouden het heel spannend vinden om in Amerika te gaan wonen, maar wij, nuchtere Hollanders, bleven er eigenlijk heel rustig onder. Ik zal ongetwijfeld wel wat zenuwen hebben gevoeld, maar dat kan ik me niet meer precies herinneren. Bij mij overheerste de nieuwsgierigheid. De vlucht van Amsterdam naar Detroit duurde achttien uur. Het was half augustus, en ik kon me redelijk goed redden met het Engels. Men had tegen ons gezegd dat we binnen drie maanden in het Engels zouden dromen, maar dat was bij mij al na twee weken het geval.

Ik wist niet zoveel over Amerika. Mijn zus en haar man woonden in een afgelegen streek van Canada – veel van hun buren waren nog niet eens op het stroomnet aangesloten – en ik had van haar gehoord dat het bestaan in Noord-Amerika behoorlijk zwaar was. De grond was er minder vruchtbaar dan bij ons; zij konden maar twee keer per jaar oogsten in plaats van vier keer. Maar Henny en haar man klaagden niet; wij waren opgegroeid op een melkveebedrijf, dus we wisten wat hard werken was. Ze schreven in ieder geval nooit dat het leven in Noord-Amerika beter of makkelijker was dan dat in Nederland.

Ik kwam in huis bij de familie Dalrymple in Mayville, een klein stadje in de staat Michigan. Ik was achttien en zat in dezelfde klas als hun dochter Diane. Ik heb me later weleens afgevraagd waarom mensen met een tienerdochter een jongen van dezelfde leeftijd in huis namen. Laten we het er maar op houden dat de samenleving toen sociaal gezien net iets anders in elkaar stak. Ik herinner me niet dat er toen ooit iemand vraagtekens bij heeft gezet.

Diane en ik raakten al snel goed bevriend. Ik weet nog wat ik dacht bij onze eerste kennismaking: zo, die is lang. We hadden veel gemeen, maar vonden elkaar vooral in onze liefde voor dieren. Bij haar thuis hadden ze honden en katten, maar ook kippen. Hun buren waren daar niet zo blij mee, want de kippen wekten hen vaak 's ochtends vroeg en wroetten rond in hun tuin. Toen Diane een jaar of acht oud was, had haar school een wilde kat als mascotte. Haar vader ging de natuur in om een bosmarmot te vangen. Toen de school een optocht hield, versierde hij een platte kar, zette de bosmarmot in een kooi erbovenop en zei tegen iedereen dat het een boskat was. Er is een geweldige foto van Dianes vader, die met de tamme bosmarmot naast zich op de veranda zit.

Ik had vroeger mijn kreupele kippie, maar toen Diane zeven jaar oud was had zij een tam eendje, of eigenlijk twee. Het eerste had ze gewonnen op de plaatselijke kermis. Ze noemde hem Patrick. En Patrick dacht vast dat Diane haar moeder was, want het eendje waggelde overal achter haar aan. In Dianes tuin hing een rekstok waar ze alleen bij kon komen door op het hobbelpaard te klimmen dat haar vader voor haar had gemaakt. Op een dag stootte ze vanaf de rekstok per ongeluk het hobbelpaard om. Het viel op het eendje, dat de klap niet overleefde.

Diane was ontroostbaar. Ten einde raad haalden haar ouders ergens een ander eendje vandaan en brachten het mee naar huis. Ook dit eendje werd Patrick gedoopt. Diane en Patrick speelden graag tikkertje. Zij tikte hem aan en rende weg, waarop hij achter haar aan sjeesde en probeerde haar te pikken. Maar toen ze naar de middelbare school ging en steeds minder tijd kreeg om met haar eend te spelen, gaf ze haar weg aan vrienden met een eendenfokkerij. Ze is er nog een paar keer heen gegaan om te zien hoe Patrick het maakte. De eerste paar keer herkende de eend haar waarschijnlijk nog wel, maar daarna kreeg ze het te druk met eend-zijn en vergat ze haar vroegere baasje.

Een vrouw die vroeger tikkertje speelde met een tamme eend, wie vindt dat nu niet aantrekkelijk? Wij waren ondertussen zulke goede maatjes dat we niet in de gaten hadden dat er misschien wel iets moois tussen ons opbloeide.

Ik raakte al vlug gewend aan de Amerikaanse cultuur, nou ja als je tv-shows als *The Three Stooges* cultuur wilt noemen. Op een dag kwam een van Dianes vriendinnen in een enorme Buick het erf op rijden. Ze was zo klein dat ze maar net boven het stuur uit kwam. Ik was hier danig van onder de indruk, want in Nederland reden we niet in grote auto's, maar in Volkswagen-kevers bijvoorbeeld. Ik was gewend om te zien hoe lange mensen zich in kleine autootjes probeerden te wringen, dus bij de aanblik van dat meisje in die Buick dacht ik: wat is alles hier toch groot. Er was zo veel ruimte. Dat sprak me enorm aan.

Na het einde van het schooljaar keerde ik terug naar Nederland, waar ik aan mijn studie diergeneeskunde zou beginnen. Diane ging naar het College of Education aan de Michigan State University. We schreven elkaar elke maand. We hadden allebei weleens een afspraakje, maar we beseften allebei dat het met die anderen toch lang niet zo gezellig was. Tijdens het eerste jaar van mijn studie werd bij mijn vader botkanker vastgesteld. Hij kreeg steeds meer moeite met lopen en moest op een gegeven moment zijn vee van de hand doen. Twee van onze koeien brachten een mooi bedrag op, veel meer dan we ooit voor mogelijk hadden gehouden. Pas toen mijn vader niet meer voor zijn koeien kon zorgen drong echt tot me door hoe slecht hij eraan toe was. Mijn ouders waren mij in Amerika komen opzoeken en hadden Diane en haar ouders dus ontmoet. En toen mijn vader ziek werd, schreef ik Diane dat ze snel naar Nederland moest komen als ze hem nog een keer wilde zien.

Ze kwam in de zomer van 1964. Tijdens haar verblijf in Nederland vierden we de bruiloft van een nicht van mij, kreeg mijn zus een baby en overleed mijn vader. Diane en ik hebben hem de laatste paar maanden van zijn leven verzorgd. Als hij 's nachts wakker werd, gaven we hem iets tegen de pijn. Hoewel mijn vader geen Engels sprak en Diane in die tijd nog geen Nederlands kende, lukte het hen toch om met elkaar te communiceren. Diane stopte zelfs zijn pijp voor hem toen hij daar niet meer toe in staat was. Ze voelde precies aan wat hij nodig had en maakte het hem zo goed mogelijk naar de zin. Daarnaast deed ze van alles in huis, zodat mijn moeder meer tijd met mijn vader kon doorbrengen. Het was een zware tijd voor ons allemaal, maar op dat soort momenten leer je wel op wie je kunt bouwen, wie er voor je klaarstaat als je hulp nodig hebt. Het was typisch Diane. Ze was er gewoon, zonder ooit een klacht te uiten, altijd rustig en beheerst. We groeiden in die tijd enorm naar elkaar toe.

Mijn vader overleed op de dag dat Diane het vliegtuig terug naar Michigan zou nemen, maar ze kon haar vertrek uitstellen tot na zijn begrafenis. Om mijn moeder te helpen heb ik in de periode daarna heel wat heen en weer gereisd tussen Utrecht en thuis. In die tijd heb ik leren koken en leren naaien (breien was net te hoog gegrepen) en ik ben sindsdien dus van alle markten thuis. De hieropvolgende twee jaar vervolgden Diane en ik onze opleiding, maar we schreven elkaar regelmatig en leerden elkaar zo steeds beter kennen. Een relatie op afstand was in die tijd volledig afhankelijk van de post. Toen ik in 1966 terugkwam in de VS hadden we al besloten ons te verloven.

Het hele daaropvolgende jaar werkten we – via de post – onze trouwplannen uit. Diane vroeg dan bijvoorbeeld of ik wilde dat de bruidsmeisjes roze of paarse jurkjes zouden dragen. Ik antwoordde: ‘Geel.’

Zij antwoorde verbaasd: ‘Geel?’

En dan schreef ik terug: ‘Ja, geel. Die kleur kan ik tenminste goed zien.’

Het werd een bescheiden huwelijk, met bruidsmeisjes in gele jurkjes. Er waren niet veel gasten, want Diane was enig kind en ze had alleen een paar ooms en tantes. We beleefden een heel gezellige trouwdag, en gingen daarna op een korte huwelijksreis. We brachten drie dagen door op een strandje in de Thumb van Michigan. De vorm van deze staat heeft ruwweg de vorm van een want, en de Thumb is daar de ‘duim’ van. Daarna namen we de boot naar Rotterdam, want ik moest mijn opleiding nog afronden.

Nu pas begrijp ik wat dit voor haar ouders moet hebben betekend. In die tijd vloog je niet zomaar even de Atlantische Oceaan over. Hun enig kind vertrok naar Europa en ze moesten maar afwachten wanneer ze haar terug zouden zien. Maar ik wist al dat we ons niet voorgoed in Nederland zouden vestigen. Daar was geen plek voor praktiserende dierenartsen, en ik wilde niets liever dan dieren behandelen.

Dit speelde allemaal bijna vijftig jaar geleden. Maar dat gevoel is nooit veranderd; het is nog even sterk als toen.

De universiteit deed niet aan studentenhuisvesting; in Nederland woonden alle studenten op kamers in de stad. Ik had niet zoveel geld en huurde daarom een appartementje op de derde verdieping van het huis van meneer en mevrouw Rietveld, dat vlak bij de faculteit lag. Een paar maanden nadat ik daar was komen wonen, overleed meneer Rietveld aan longkanker en dit betekende dat ik de jaren daarna alle klusjes in huis zou doen. Moesten er wat plankjes worden opgehangen of ging er een peertje stuk, dan wendde mevrouw Rietveld zich tot mij.

Er woonden heel wat studiegenoten van mij in de buurt. Het lijkt misschien een brave tijd, maar wij waren een stelletje wildebrassen. De faculteit Diergeneeskunde stond bekend als de ruigste van de hele universiteit. Daar vond je potige kerels, sterke jongens die werkten met groot vee. En of we sterk waren! Studenten van andere studierichtingen dachten dat wij niet zo slim waren omdat we kozen voor een bestaan tussen de boeren. Maar wij wisten wel beter.

Toen mijn vrienden hoorden dat ik met een Amerikaanse was getrouwd, wilden ze haar natuurlijk meteen ontmoeten. En waar spraken wij met elkaar af? Op bierfeesten. Ik herinner me daar niet al te veel meer van, behalve dat we de avond begonnen met vijfhonderd glazen en dat er de volgende ochtend nog maar vijftig heel waren. En dan hadden we er ongetwijfeld een heel stel dubbel geteld.

Wij woonden op onze zolder en Diane werd aangenomen als invaldocent op de Amerikaanse vliegbasis. Meteen na aankomst in Utrecht begon ze met Nederlandse les. Het is zeker geen gemakkelijke taal om te leren, maar binnen acht weken was ze in staat een

Nederlandse krant te lezen en een eenvoudig gesprek te voeren. Binnen zes maanden had ze een fulltimebaan als lerares. Van haar salaris konden we onze eerste auto kopen: een Volkswagen.

We waren van plan om na mijn afstuderen naar Michigan terug te keren. Dieren zijn dieren; ze voelen haarfijn aan of ze je kunnen vertrouwen, en het maakt ze echt niets uit als je met een raar accent spreekt. Ik had van tevoren via de post bij de Amerikaanse overheid geïnformeerd aan welke voorwaarden ik moest voldoen om me in de VS als dierenarts te mogen vestigen. Het was mijn eerste kennismaking met de Amerikaanse bureaucratie, en de bureaucratie won de slag. Het was een moeizaam proces en zelfs nu, na al die jaren, kom ik nog geregeld in opstand tegen de Amerikaanse ambtenarij.

Om een werkvergunning te kunnen krijgen, moest ik een paar examens doen. Daarnaast had ik aanbevelingsbrieven van praktiserende dierenartsen nodig. Diane en ik verhuisden naar Mayville, waar ik ging werken voor een lokale dierenarts, dokter Drysdale. Hij woonde om de hoek bij Dianes ouders. Hij betaalde me niet, maar hij kon wel de brief schrijven die ik nodig had.

Dokter Drysdale was een vriendelijke man, een Schot. Het was een flink uit de kluiten gewassen kerel, zo sterk als een paard. Bij visites straalde hij veel zelfvertrouwen uit; wat het ook was, hij zou het probleem wel even oplossen. En slaagde hij daar niet in – dat kwam weleens voor – dan ervoer hij dat als een persoonlijke nederlaag. Van begin af aan behandelde hij mij als een volwaardige collega; soms vroeg hij me te assisteren, terwijl hij niet zeker wist of ik de specifieke vaardigheid wel bezat. Een van onze eerste visites betrof een verlossing bij een koe. Aan de universiteit had ik geleerd dat je bij een verlossing met twee armen in de koe moest werken. Beide armen! Als je maar één arm gebruikte, kon de baarmoeder volgens onze docenten beschadigd raken. Op een dag kreeg een van mijn medestudenten die dit niet voor elkaar kreeg een schop onder zijn kont. Letterlijk. De docent schopte hem tegen zijn achterste; een lesje dat die student vast en zeker bijgebleven is. Dokter Drysdale had lange en vrij stevige armen en dit was geen grote koe, dus het kostte hem de nodige moeite om beide armen naar binnen te wurmen. Na een halfuur proberen zei hij: 'Jan, wil jij eens een poging wagen?'

Er ging op dat moment van alles door mijn hoofd. Wat moest ik doen? Ik was afgestudeerd aan een van de beste diergeneeskundige opleidingen ter wereld, dus ik had alle kennis in huis. Ik rukte mijn overhemd uit, stak mijn twee lange, dunne armen naar binnen en tastte rond om te achterhalen waarom de geboorte niet vlotte. Ik ontdekte dat de kop van het kalf gedraaid zat. Dat hadden we op de opleiding weleens bij de hand gehad. De kop moest worden gedraaid, maar als je hem met één hand vastpakt, kun je geen druk geven. Ik wist dat je in zo'n geval je middelvingers in de oogkassen van het kalf moest steken. Dieren kunnen veel meer hebben dan je zou denken: je kunt de ogen diep in de kop drukken zonder dat het tot enige schade leidt. En pijn doet het ook niet. Dus ik stak een hand naar binnen en bracht hem in de juiste positie. Daarna deed ik hetzelfde met mijn andere hand, stak mijn middelvingers in de oogkassen en draaide de kop een slag. Binnen vijf minuten trokken we het kalf – gezond en wel – naar buiten.

De boer keek eerst naar dokter Drysdale en toen naar mij. Vervolgens keek hij nog eens naar dokter Drysdale. Het was heel duidelijk wat er in hem omging: deze kerel heeft een halfuur lopen zwoegen en die jonge gast had dat kalf er binnen vijf minuten uit. Ik zei niets, maar voelde me aardig opgelaten. Voor dokter Drysdale was het een beschamende situatie, maar wat had ik dan moeten doen? Dat kalf moest eruit, anders was het slecht afgelopen met die koe, en ik was opgetogen dat het kalf gezond ter wereld was gekomen. Dokter Drysdale maakte er niet veel woorden aan vuil. Hij zei alleen: 'Dank je, dat heb je heel goed gedaan.'

Daarna kwam het een paar keer voor dat zijn hulp werd ingeroepen bij een verlossing terwijl hij ergens bezig was, en dan stuurde hij mij op pad. Officieel mocht ik nog niet zelfstandig optreden, maar de termijn is intussen verjaard dus ik durf het nu wel te vertellen. Ik deed examen in de staten Michigan en Ohio en ik slaagde beide keren. In Ohio vuurde een vierkoppige examencommissie een heleboel vragen op me af. Een daarvan herinner ik me nog heel goed. Ze vroegen wat je moest doen als een koe haar baarmoeder naar buiten had geperst. Ik antwoordde dat je er allereerst iets onder moet leggen. Die baarmoeder moet schoon blijven, want als de boel gaat ontsteken kun je niet veel meer voor de koe doen. Ik zou de baarmoeder recht neerleggen, afspoelen en vervolgens voorzichtig terugduwen. Ik legde omstandig uit hoe ik dat zou doen, maar na een tijdje drong tot me door dat er achter de tafel gelachen werd. Ik snapte er niets van! Dit was een heel belangrijk examen en de examencommissie zat te grinniken om iets wat ik had gezegd. Het leek me geen best teken.

En toen begreep ik het: ik ben iemand die met zijn handen praat. Dat doe ik al mijn hele leven. Ik gebruik mijn handen om te verduidelijken wat ik bedoel. Dat is waarschijnlijk de belangrijkste reden waarom ik nooit heb gerookt. Tijdens het beantwoorden van de vraag deden mijn handen de hele behandeling mee. Toen ik dat eenmaal doorhad, moest ik ook lachen.

Na het behalen van mijn examens kon ik op zoek naar mijn eerste echte baan. In Utrecht hadden ze ons opgeleid tot deskundige dierenartsen, maar niemand had ons geleerd hoe we met ons vak een goede boterham konden verdienen. Als boerenzoon wist ik dat een boerenbedrijf geen vetpot is en dat boeren de veearts niet voor ieder wissewasje laten komen. Ze bellen de veearts doorgaans alleen voor bepaalde zaken: drachttests, gezondheidsverklaringen, onderzoeken en inentingen; handelingen die geregeld nodig zijn om de dieren gezond te houden. Maar een boer heeft de veearts tussentijds ook af en toe nodig, bij een moeizame verlossing, infecties, ongelukken en bij ziekteverschijnselen die ze niet herkennen. Als veearts kun je in de meeste gevallen vertrouwen op routine. De kans dat we tijdens een visite een nieuwe ziekte zullen ontdekken die later naar ons vernoemd zal worden is uiterst klein, en dat weten we allemaal. Die tijd ligt ver achter ons. Opzienbarende ontdekkingen worden alleen nog in laboratoria gedaan, niet in een koeienstal. Maar toch is het werk dat zeer veel voldoening schenkt en ik kon dan ook niet wachten om aan de slag te gaan.

Diane en ik zochten een geschikte plek om ons te vestigen. De meeste dierenartsenpraktijken bestaan uit de eigenaar en, afhankelijk van de grootte van het bedrijf, een of meer assistenten. Het merendeel hiervan zegt na een paar jaar hun baan op, meestal omdat ze ergens anders meer mogelijkheden zien om zich te ontwikkelen. Anders dan in Nederland was er in de VS werk genoeg. Uiteindelijk nam ik een baan aan als tweede assistent van dokter Arnold Hentschl in Harbor Beach in Michigan, voor een salaris van iets meer dan tienduizend dollar.

De praktijk richtte zich vrijwel uitsluitend op boerenbedrijven; kleinschalige melkveehouderijen, familiebedrijven met de dieren waar ik het liefst mee werkte: koeien, paarden en varkens.

Dokter Hentschl leerde me hoe ik de boeren kon helpen hun bedrijf rendabel te houden, eerder met verstand dan met spierkracht. Hij werkte graag met kleine dieren. Van dokter Hentschl en zijn vrouw Anna Marie leerden Diane en ik wat er allemaal kwam kijken bij het runnen van een praktijk. Harbor Beach lag op het uiterste puntje van de Thumb van Michigan, in een weidse, vlakke streek die me wel een beetje aan Nederland deed denken.

De eerste paar weken namen dokter Hentschl en zijn assistent, dokter Arbaugh, me overal mee naartoe zodat ik de klanten kon leren kennen en zij mij. Dokter Arbaugh was een boom van een vent, het lijkt wel of in die tijd alle veeartsen grote kerels waren. Maar hij was erg aardig en uiterst deskundig. Daarnaast was hij voorzitter van het bestuur van een dorpsschool. Toen de leerkrachten een staking organiseerden, kwam hij erachter dat Diane een van de stakers was. Dat lag wat gevoelig, maar het heeft onze relatie gelukkig niet geschaad.

Veel boerderijen waren van Duitse en Poolse immigranten. Aardige mensen, daar niet van, maar ze staken hun mening niet onder stoelen of banken. Daar had ik geen moeite mee, want ik was zelf ook altijd direct en eerlijk. Soms moest ik een klant heel slecht nieuws brengen over een van zijn dieren. Dat is nooit gemakkelijk, maar het helpt als je in zo'n gesprek volledige openheid van zaken geeft. Bij mij staat het dierenwelzijn altijd voorop: hoe houd ik het dier gezond, en als het er te slecht aan toe is, hoe zorg ik er dan voor dat het niet lijdt?

In die eerste tijd met dokter Hentschl leerde ik een belangrijke les die ik later aan al mijn assistenten heb doorgegeven: draai bij aankomst op een boerenerf je auto of pick-uptruck altijd met de neus naar de weg. Dit is een goede gewoonte, en wel om drie redenen. Ten eerste: al je benodigdheden liggen achter in de auto, dus je kunt er goed bij. Ten tweede: op elke boerderij lopen, zo lijkt het althans, kleine kinderen rond. Als je niet achteruit hoeft te rijden, kunnen daar ook geen ongelukken bij gebeuren. De derde reden is misschien wel de belangrijkste: als je het echt helemaal verprutst, kun je er in ieder geval snel vandoor.

2

Een eigen praktijk

Op een grote praktijk als die van dokter Hentschl in Harbor Beach ging er eigenlijk geen nacht voorbij zonder dat onze hulp werd ingeroepen. Het leek wel of de telefoon nooit stilstond. Ik moest me vaak in het holst van de nacht naar een boerenbedrijf haasten om te helpen bij de verlossing van een koe of om een ziek dier te onderzoeken. Je hoort mij niet zeggen dat ik 's werelds beste veearts ben, maar doordat ik ben opgegroeid op een melkveehouderij weet ik als geen ander hoeveel belang een boer hecht aan zijn dieren. Misschien zette ik daardoor altijd net een stapje extra. Voor sommige veeartsen is een koe gewoon een koe. Een vervangbaar dier, niet meer en niet minder. Zij denken dat de boer zieke of gewonde dieren simpelweg zal vervangen, maar ik weet dat een koe elk jaar voor zo'n vierduizend dollar aan melk geeft. Verliest de boer een melkkoe, dan kost het hem dat bedrag, plus het geld dat hij moet neertellen voor een nieuwe koe.

Op een dag stuurde dokter Hentschl me naar een boerderij in een gehucht dat Parisville heette. In die tijd woonden er op het platteland hier en daar nog mensen die bekendstonden als DP's. Het waren *displaced persons*: ontheemden die door de Russen uit Oost-Europa waren verdreven. De bewuste boerderij werd gedreven door een ouder echtpaar uit Polen, nou ja, eigenlijk werd al het werk gedaan door hun zoon en twee dochters. En een van die dochters had de praktijk gebeld; ze was ongerust over hun koeien, die last hadden van een opgezette buik. Niet iets om je erg veel zorgen over te maken, maar deze mensen waren zo arm dat elke vorm van tegenslag, hoe gering ook, het einde van hun boerderij kon betekenen.

Het was ook niet veel, hun bedrijf: een paar koeien die met de hand gemolken werden – de familie moest het zien te stellen zonder moderne landbouwmachines – en een kleine moestuin. Hun enige doel was om de boel draaiend te houden, en zichzelf in leven. Dat voelde ik instinctief aan zodra ik het erf op reed. Ik begreep hoe zwaar ze het hadden, zo zwaar dat ze geen tijd hadden gehad om te integreren in de lokale gemeenschap. Welk bedrag ik hun ook in rekening bracht, het zou een gevoelige klap betekenen voor hun inkomen.

Tegen dit soort dilemma's loopt een dierenarts geregeld aan. Je moet nooit vergeten dat je een bedrijf runt en dat jijzelf ook de nodige rekeningen moet betalen. Maar heb je de kans om iemand de helpende hand toe te steken, dan vind ik dat je dat moet doen. Ik houd me vast aan deze stelregel: als je je werk met passie doet, dan komt het met het geld vanzelf wel goed. Voor veeartsen, en voor alle artsen trouwens, geldt dat de patiënt nooit mag worden geschaad. Maar wat moet je doen wanneer de klant niet kan betalen voor je diensten? Op de praktijk ontstond hierover soms wel discussie, maar ja, ik was in loondienst. Dokter Hentschl was de baas en hij was verantwoordelijk voor de bedrijfsvoering. Later, toen ik mijn eigen praktijk had en zelf ook tegen dit soort vraagstukken aanliep, probeerde ik dat rechtvaardigheidsgevoel weer bij mezelf op te roepen.

Ik onderzocht het vee en zag dat er een paar koeien tussen liepen met een ernstig opgezette buik, precies zoals de dochter al had gezegd. Haar ouders spraken geen Engels en daarom wendde ik me tot haar. Om tot een goede diagnose te komen stel ik mijn klanten altijd eerst een paar gerichte vragen. Haar antwoorden maakten al vlug duidelijk wat er was misgegaan. Het had de avond tevoren flink geregend en die ochtend had de familie de koeien in de wei gezet, waar veel alfalfa groeide. Zij wisten niet dat de combinatie van water en verse alfalfa schuimvorming veroorzaakt. En dat schuim zorgde voor de opgezette buiken. Het probleem was te verhelpen met een grote dosis mineralen. Om dit probleem in de toekomst te voorkomen adviseerde ik hen: 'Zet de koeien 's ochtends niet meteen in de wei. Laat ze eerst nog een tijdje op stal staan en voer ze daar wat hooi. Jullie mogen ze pas naar de wei brengen als ze hun buik vol hebben.' Dat was alles. Het is nadien nooit meer fout gegaan.

In Utrecht had ik volop medische kennis opgedaan, en in de tien jaar dat ik in Harbor Beach voor dokter Hentschl werkte, deed ik de nodige werkervaring op. De eerste maand vergezelde ik hem op alle visites, zodat hij me aan alle boeren kon voorstellen en me kon laten zien hoe hij de zaken aanpakte. Daarna ging ik ook alleen op pad. Het ontbrak me niet aan zelfvertrouwen, maar ik vond het toch best spannend. Aanvankelijk deed ik alles zoals dokter Hentschl het me had voorgedaan, omdat ik dacht dat de boeren het zo gewend waren. Maar later, als ik vond dat iets te lang duurde of ook best anders kon, dan deed ik het op mijn manier. Neem bijvoorbeeld de nageboorte: als die eruit moest, dan gebruikte dokter Hentschl een speciale rubberen armbeschermer die tot aan zijn schouder reikte. Daarna trok hij ook nog een schort aan. Het was een klusje waar hij zich helemaal voor inpakte. Na een paar keer dacht ik, dit is geen doen. We hebben ook wegwerphandschoenen, daar gaat het toch ook prima mee? Die dingen scheurden wel wat sneller, maar dat maakte toch niet uit? In het ergste geval zou mijn hand een beetje gaan stinken, maar ik moest na elke behandeling sowieso mijn handen wassen. Met een simpele plastic handschoen ging het net zo goed als met zo'n schort en rubberen armbeschermer, en het mooie is: het is nooit iemand opgevallen dat ik het anders deed.

Eerst mocht ik alleen eenvoudige klusjes doen, zoals drachttests, maar geleidelijk aan werden me steeds meer werkzaamheden toevertrouwd. Nog weer later, toen ik ook zelfstandig diagnoses mocht stellen, nam mijn zelfvertrouwen nog verder toe. Op een gegeven moment mocht ik dokter Hentschl ook assisteren bij problematische verlossingen, en toen wist ik dat ik op de goede weg was.

In het begin probeerde ik alles helemaal zelfstandig te doen omdat ik wilde laten zien dat ik me zonder hulp kon redden, maar op een zondagochtend was er een koe die haar baarmoeder eruit had geperst. Toen ik bij de stal aankwam, stond de koe nog overeind, maar haar baarmoeder hing er helemaal uit, tot vlak boven de vloer. Op zich is dit probleem vrij gemakkelijk te verhelpen – je kunt de baarmoeder, die ongeveer een meter lang is, zo weer naar binnen duwen – alleen krijg je dat in je eentje nauwelijks voor elkaar. De mensen daar waren niet bepaald behulpzaam. Ze stonden grinnikend toe te kijken, heel vervelend vond ik dat. Om infectie door contact met de vloer te voorkomen vroeg ik hen om de baarmoeder met een schort op te houden totdat ik de boel weer op zijn plek had weten te krijgen. Ik was echter nog niet klaar, of de koe perste hem er zo weer uit, waarop die mensen wederom in lachen uitbarstten. Nu begon ik me echt kwaad te maken. Ik bracht de boel nog een keer in orde, maar de baarmoeder kwam er meteen weer uit. En ook dit keer werd er hard gelachen. Toen was ik eindelijk zover dat ik om hulp durfde te vragen. Dat doe je als groentje niet zo snel; je wilt laten zien dat je je vak verstaat. Eigenlijk moet je behoorlijk stevig in je schoenen staan om hulp te durven vragen. Dokter Arbaugh had de avond ervoor een feestje gehad en kon niet helemaal helder denken, maar hij kwam meteen naar me toe om me te helpen.

In Harbor Beach heb ik niet alleen heel veel praktijkervaring opgedaan, ook heb ik er geleerd hoe je een onderneming runt. Een van de belangrijkste lessen die ik heb geleerd is om altijd eerlijk te zijn tegen je klanten. Weet je niet wat een dier mankeert, wees dan niet bang om dat toe te geven. Onderzoek het dier, vertel de klant wat je bevindingen zijn en leg uit welke diagnose je op grond daarvan stelt. Dat zullen ze zeer waarderen. En weet je niet wat het dier mankeert, behandel het dan zo goed mogelijk en leer ervan voor een volgende keer. Ben je er niet gerust op, ga dan de volgende dag nog eens langs en probeer het probleem op een andere manier op te lossen.

Ik heb heel veel geleerd in deze praktijk, maar er waren dingen die ik persoonlijk anders zou aanpakken. Arnie Hentschl was een goede dierenarts. Zijn praktijk liep goed, maar ik wist dat ik bepaalde zaken later anders aan zou pakken. Zo kregen wij bijvoorbeeld een basissalaris dat werd aangevuld met een percentage van de omzet die we genereerden. Ik vond dit maar niets, omdat dit systeem ons ertoe aan kon zetten om onze klanten zo veel mogelijk geld uit de zak te kloppen en zelfs om medicijnen voor te schrijven die misschien niet noodzakelijk waren geweest. Er is nooit, maar dan ook nooit iets voorgevallen wat niet door de beugel kon, maar ik leerde wel dat de financiële kant van de zaak bijna net zo belangrijk is als de klant. En toen al besloot ik dat alle medewerkers straks, als ik mijn eigen praktijk had, eerlijk zouden delen in de winst.

Verder vond ik het jammer dat we elkaar wel respecteerden, maar toch weinig kameraadschap ontwikkelden. We waren collega's, geen vrienden. Hoewel dokter Hentschl en ik prima met elkaar overweg konden, voelde ik me toch het prettigst wanneer een van ons op pad was. Hoe leuk ik het werk ook vond, ik had altijd het gevoel dat het maar een baan was. Een baan die me niet het inkomen opleverde waarop ik voor mijn gevoel recht had. Ik werkte het hardst en kreeg het minst betaald.

Diane en ik speelden al een tijdje met de gedachte samen een praktijk te beginnen, en toen dokter Hentschl en ik een pittige aanvaring kregen, wisten we dat het tijd was om onze plannen te verwezenlijken. Ik herinner me niet meer precies wat de aanleiding was. Ik had iets gedaan en toen begon hij tegen me te schreeuwen dat het zo niet moest.

'Luister,' zei ik tegen hem, 'ik werk hier al tien jaar. Ik weet echt wel wat ik doe. Als je het er niet mee eens bent, prima. Zeg het me dan vooral. Maar je hoeft niet te gaan schreeuwen.' Hierna sloeg ik met mijn hand op de tafel en liep de kamer uit. De volgende ochtend deed hij of er niets was gebeurd. Geen excuses, niets. Oké, dacht ik. Dit was het dan, ik moet hier weg.

Ook voor Diane was het een goed moment om de stap te wagen. Veel mensen die ons kennen van tv vragen zich af hoe we in Mount Pleasant terecht zijn gekomen. Dat was niet zo moeilijk hoor, zeg ik altijd. Die plaats lag waar hij altijd gelegen had, in het hart van Michigan. We ontdekten het stadje op een regionale kaart waarop alle dierenartsenpraktijken stonden aangegeven. In het blaadje van de brancheorganisatie van veehouders speurden we naar informatie over de aantallen dieren per gemeente. Op die manier ontdekten we dat er in bepaalde delen van Michigan maar weinig veterinaire zorg voorhanden was, zoals in Isabella County bijvoorbeeld. Van alle districten in de staat had Isabella het op een na hoogste aantal vleeskoeien en het op twee na meeste melkvee, en toch waren hier maar drie veeartsen actief.

En toevalligerwijs zaten die ook nog eens alle drie tegen hun pensionering aan.

Er was in Coleman, in het aangrenzende district, een dierenartspraktijk voor groot vee te koop. We namen er een kijkje in het voorjaar, toen veel bedrijven kampten met wateroverlast. Ik besloot niet toe te happen, niet vanwege de overstromingen, maar omdat ik de vraagprijs veel te hoog vond. Later hoorde ik dat de eigenaar een oude studievriend was van dokter Hentschl en dat hij hem had opgebeld om te vertellen dat we interesse hadden getoond in zijn praktijk.

Dokter Hentschl probeerde ons op andere gedachten te brengen. Ik snap dat wel: hij had in mij een betrouwbare assistent met een bescheiden salaris en dat wilde hij graag zo houden.

'Moet je horen,' zei hij, 'je verdient nu een dikke veertigduizend dollar. Begin je een eigen praktijk, dan moet je twee keer zoveel verdienen om dezelfde levensstandaard te kunnen handhaven.' Die rekensom kon ik niet helemaal volgen, maar ik wist wel dat ik daar niet langer wilde blijven.

We verkenden de streek met de auto. De eerste keer dat we een dorp binnenreden herinner ik me nog goed. Er woonden hooguit driehonderd mensen en langs de hoofdstraat had je een kerk, een ijzerhandel en twee cafés. Meer niet, en ik weet nog dat ik me afvroeg wie er in vredesnaam in zo'n gat zou willen wonen. Toch ademde het gebied een prettige sfeer; de mensen glimlachten er vriendelijk naar ons, ook al kenden ze ons niet. Ik wist dat er een veearts op leeftijd in die gemeente zat, en het leek ons verstandig om een praatje met hem te gaan maken voor we de knoop doorhakten. Het bleek nogal een vreemde vogel te zijn en hij had een heel klein verzorgingsgebied. Tijdens het gesprek keek hij me geen moment recht aan. In plaats daarvan tuurde hij de hele tijd naar de knoopjes van mijn overhemd. Ik praatte tegen hem en hij praatte tegen mijn shirt, dus tot een zinvol gesprek was het niet gekomen. Dacht ik.

Na ons vertrek bleek hij echter te hebben gebeld met de vrouw van een van zijn klanten. Zij was makelaar, en hij vroeg haar of ze ons wilde helpen geschikte woonruimte te vinden. Bleek dat die man een viervoudige bypass en twee nieuwe knieën nodig had en dat hij de komst van een jonge collega zeer waardeerde.

In Harbor Beach hadden we een huis gekocht dat in makelaarskringen een 'opknapper' wordt genoemd. Alleen waren we aan het opknappen eigenlijk nooit toegekomen. Dit keer zochten we daarom een wat nieuwere woning. De makelaar, Donna Murphy, vond een leuk huis voor ons. De vraagprijs was aan de hoge kant, maar haar man Tom, die een boerenbedrijf in de omgeving had, hielp ons een lening los te peuteren. Zo streken we neer in Isabella County waar je, net als in Harbor Beach, voornamelijk familiebedrijven had. Een verschil was dat er in deze streek amish woonden, een cultuur waar ik tot dan toe eigenlijk nog geen kennis mee had gemaakt. We laadden al onze spullen in een grote vrachtwagen en begonnen aan een nieuw hoofdstuk.

Een eigen bedrijf opzetten is leuk en spannend tegelijk en een hele uitdaging. We openden in onze garage een praktijk voor kleine huisdieren. Het was een bescheiden praktijkruimte, zonder wachtkamer. De mensen moesten buiten wachten tot ze aan de beurt waren. We hadden de zaken goed voorbereid, maar tot het eerste telefoontje binnenkomt, moet je maar afwachten of het gaat lopen. Het zou nog vijf jaar duren voor we onze intrek namen in de ruime praktijk die de mensen misschien kennen van tv.

Onze eerste klant was Tom Murphy. Zijn eigen dierenarts kon om de een of andere reden niet komen, en hij zat met een moeilijke verlossing. Hij had iemand nodig om een kalf te helpen trekken. Het klinkt simpel misschien, en het heeft vaak ook niet veel om het lijf. Je trekt het kalf uit de koe. Ik had mijn verlosketting nog niet eens uitgepakt, maar ik ben meteen naar hem toe gegaan. Ik kon geen rekening sturen voor mijn hulp – we hadden zijn spullen gebruikt en het was allemaal vlot verlopen – maar toen ik hem dat vertelde, zei hij dat hij geen enkele dierenarts ooit zoiets had horen zeggen. Als dank stelde hij me voor aan een paar boeren in de omgeving. Gelukkig zei hij niet: deze kerel moet je hebben, die doet het voor niets! Daarna pakte ik mijn spullen uit, hopend dat de telefoon snel zou gaan rinkelen. Een van de eerste boeren die een beroep op me deed was Jim Graham.

Hij vroeg: 'Ben je veearts?'

'Ja, dat klopt,' zei ik.

'Heb je ervaring met drachttests?'

'Jazeker,' antwoordde ik.

'Hoeveel kun je er doen?'

'Ik doe ze allemaal,' zei ik zelfverzekerd.

Hij belde me niet omdat hij goede verhalen over me had gehoord, maar gewoon omdat ik een leemte opvulde. Er was in die streek een gebrek aan veeartsen, en hij had er eentje nodig. De Grahams hadden al hun vee kunstmatig geïnsemineerd en wilden weten hoe het met hun koeien was gesteld.

In Harbor Beach had ik hier tien jaar ervaring mee opgedaan, dus het was gesneden koek voor me. Ik had zoveel koeien onderzocht dat ik vrij nauwkeurig kon bepalen wanneer de koe het kalf zou werpen, en dat is belangrijke informatie voor de boer. Ik stak mijn arm bij de koe naar binnen, sloot mijn ogen en vertelde de boer hoelang het dier al drachtig was.

Hij wist wanneer de koe was geïnsemineerd en kon dus controleren of ik mijn vak verstond. Na de eerste paar koeien zagen ze dat ik wist waar ik het over had, en zo won ik zijn vertrouwen. Toen ik alle koeien had gehad, vroeg Jim Graham me of ik ook even langs kon gaan op de boerderij van zijn broer. Het was binnen de boerengemeenschap een hele happening, zo'n nieuwe veearts. Ik heb werkelijk nooit een advertentie hoeven zetten. Mond-tot-mondreclame werkt vele malen beter dan een advertentie in de krant. En nu, meer dan dertig jaar later, staat de telefoon nog altijd niet stil. Er bleek in de streek veel behoefte te zijn aan een dierenarts voor groot vee. In mijn eerste jaar heb ik alleen al veertig hengsten gecastreerd.

Dat wil niet zeggen dat ik in een gespreid bedje belandde. Ik spreek met een Nederlands accent en daardoor verhaspel ik sommige woorden. In Harbor Beach viel niemand daar echter over omdat een groot deel van onze klanten oorspronkelijk uit Duitsland of Polen kwam. Als ze mij hoorden praten dan dachten veel mensen aan hun oom, die ook een accent had.

Toch wantrouwden sommige klanten me in het begin, puur en alleen omdat ik een buitenlander was. Ik heb weleens tegen een boer gezegd: 'Als je er niet op durft te vertrouwen dat ik het beste met jouw dieren voor heb, dan wil ik niet voor je werken.' Ook kwam het wel voor dat mensen na een eerste telefoontje nooit meer terugbelden… vanwege mijn accent.

Gelukkig kon het de meeste mensen helemaal niets schelen hoe ik klonk. Zij wilden een deskundige en eerlijke dierenarts, meer niet. Op een maandagochtend werd ik gebeld door een boer die vleeskoeien hield. Op dit soort bedrijven kom je weinig als veearts, omdat zij je niet zo vaak nodig hebben. Hun koeien doen niets anders dan kalfjes produceren. De boeren houden de kalveren tot ze groot genoeg zijn om verkocht te worden, waarna het proces weer van voren af aan begint.

Deze boer vertelde me dat zijn vaars problemen had bij het

afkalven. Toen ik de koe onderzocht, bleek dat het kalf al een paar dagen dood was. En het was geen kleintje.

'Je kunt twee dingen doen,' zei ik tegen hem. 'Ik kan het kalf er voor je uithalen. Dat kost je een paar honderd dollar. Maar daarna kan deze vaars nooit meer drachtig worden. Het kan zijn dat er complicaties ontstaan die haar uiteindelijk het leven kosten. Haalt ze het wel, dan moet je haar van de hand doen omdat ze nooit meer drachtig kan worden. Maar nu is ze nog gezond: ze heeft geen verhoging en er is niets wat wijst op een ontsteking. Als ik jou was zou ik haar nu wegdoen. Je bespaart heel wat kosten en bij het slachthuis krijg je nog wat voor haar.'

Hij keek me niet-begrijpend aan. 'Wat bedoel je nou precies?'

Ik legde het hem nog eens uit. Zakelijk gezien had hij niets meer aan deze koe. Als hij zijn geld wilde verkwisten, kon ik de vaars van haar kalf verlossen, maar zelfs als ze dat zou overleven had hij – bedrijfsmatig gezien – niets meer aan haar.

'Ik denk dat ik haar maar naar het slachthuis stuur,' zei hij. De volgende dag werd de koe door de slachter opgehaald. Later hoorde ik dat hij tegen zijn dochter had gezegd dat hij nog nooit eerder een veearts was tegengekomen die geen misbruik van een dergelijke situatie had willen maken.

Dat was goed voor mijn reputatie: de boeren leerden me kennen als een eerlijk man. Daarna wilden ze alleen nog weten of ik mijn vak verstond. Een van mijn eerste klanten was Ray Wilson. Hij belde me om te vragen of ik tijd had voor wat drachttests. Hij dreef zijn boerenbedrijf met zijn zoons John en Mike, en met zijn zwager, Paul Hoover. Ik leerde de Wilsons kennen als hardwerkende, eerlijke mensen. Je wist precies wat je aan ze had, en als ze je mochten dan gingen ze voor je door het vuur. Was er echter iets niet naar hun zin, dan kreeg je het zeker te horen.

Mike Wilson heeft eens een keer zijn pols gebroken toen hij

een koe stompte. Hij was even vergeten dat je zo'n groot dier geen pijn kunt doen. Die koe heeft er waarschijnlijk niet eens iets van gemerkt, maar misschien heeft ze wel gegrinnikt toen ze Mike zag rondspringen met een van pijn vertrokken gezicht.

Het vee van Ray was kunstmatig geïnsemineerd, maar geen van zijn koeien was drachtig geraakt. Om erachter te komen wat er was misgegaan, stelde ik hem een paar vragen. 'Wat geef je ze te eten?' was de voornaamste, want daar gaat het vaak mis. 'Veel kuilmais, wat hooi, granen,' zei Ray.

'Goed, en wat voor mineralen geef je?'

Hij bleek zijn dieren geen mineralen te geven. Ray had een vloeibaar supplement gekocht dat hij aan de kuilmais moest toevoegen, en de verkoper had gezegd dat zijn koeien verder niets nodig hadden.

'Echt?' antwoordde ik. 'Wie was dat? Hij heeft je mooi bij de neus genomen.' Ik legde hem uit dat hij, aangezien hij zijn koeien zoveel kuilmais voerde, het beste wat dicalciumfosfaat kon bestellen. Dat bevat alle mineralen die het vee nodig heeft. De Wilsons voegden het op woensdag aan het voer toe en op vrijdag bleken de eerste koeien al tochtig te zijn. Dat was snel voor elkaar.

Ik was best tevreden over mijn diagnose, tot ik op zondagochtend een telefoontje kreeg. 'Dat mineraal, die dical,' vroeg Ray, 'mogen ze dat naar believen eten?' Hij bedoelde: mogen de koeien er zoveel van eten als ze willen?

'Ja hoor, geen enkel probleem.' Koeien eten precies wat ze nodig hebben. Ik had Ray pas één keer ontmoet, die keer op zijn erf, maar ik hoorde de vertwijfeling in zijn stem. 'Hoezo?'

'Op de zak staat dat je het door het voer moet mengen.'

'Wat is er aan de hand, Ray?'

'Nou, er is vanochtend een koe doodgegaan.'

'Ik kom eraan.'

Een slechter bericht kun je als dierenarts niet krijgen. Als mijn diagnose had geleid tot de dood van Roy Wilsons koe dan zou het weleens heel lang kunnen duren voor ik het vertrouwen van de boeren had teruggewonnen… als ik daar al ooit in zou slagen. Mijn professionele reputatie stond die ochtend op het spel.

Ik ging er zo snel mogelijk heen. In de stal lag een grote dode koe, nog op de plek waar ze door haar poten was gezakt. Eigenlijk stond die koe symbool voor mijn toekomst in het hart van Michigan. Ik was geschrokken, maar ook nieuwsgierig. Er leek geen direct verband te bestaan tussen het mineraal en de dood van deze koe. Maar waar was dit dier dan wel aan gestorven? Wanneer ik een dood dier onderzoek, kijk ik altijd eerst onder de oogleden. De ogen van deze koe waren helemaal wit. Ze was doodgebloed. Maar waarom? Ik vroeg Ray: 'Wanneer werd ze tochtig?'

'Gisterochtend.'

'Moet je eens zien, Ray,' zei ik, en liet hem de ogen zien. 'Ze is doodgegaan aan een inwendige bloeding.' Zoiets kon allerlei oorzaken hebben. Ik noemde er eentje. 'Zou ze soms gevallen zijn? Het kan zijn dat ze is uitgegleden.'

Ray wist het niet, maar hij stond me toe een autopsie uit te voeren. Toen ik de koe opensneed, zag ik een flinke bloedprop in haar buik zitten. Hij was wel zestig centimeter lang, vijftien centimeter dik en dertig centimeter breed. Ik onderzocht haar verder en ontdekte dat ze inderdaad tochtig was geweest, maar het was duidelijk dat ze was uitgegleden en daarbij ernstig inwendig letsel had opgelopen. Er was ergens in haar vulva een bloedvat gesprongen. Het bloed was niet gestold en daardoor was ze doodgebloed.

'Goh, hoe is het mogelijk,' zei Ray. Vanaf dat moment twijfelde Ray niet meer aan mijn kunnen, en was ik de vaste dierenarts van dit familiebedrijf.

Dat eerste jaar kon ik het me niet veroorloven om iemand in dienst te nemen, maar ook niet om werk af te slaan; ik werkte en werkte maar door. Diane en ik moesten het met z'n tweetjes zien te rooien. Zij beantwoordde de telefoon en plande de afspraken in, en ik racete van hot naar her. Ik heb eens op een dag twintig visites afgewerkt, waarvan er één bestond uit vijftig drachttests. Tegenwoordig zou zoiets niet haalbaar zijn, want de boerenbedrijven zijn nu groter en ze liggen verder uiteen, maar toen had je om de paar honderd meter een boerderij en daardoor was het net te doen.

Dat eerste jaar deden zich een paar unieke gebeurtenissen voor. Toeval, denk ik. Niet speciaal nare dingen, maar voorvallen waardoor veel mensen wisten dat er een nieuwe dierenarts bij gekomen was. Ik deed drachttests bij Bob Neeland, de buurman van Jim Graham. Toen ik in mei bij hem was, vroeg hij me even te kijken naar een koe. Ze zou die maand een kalf werpen, maar er was nog niets te merken. Ik controleerde haar en kon niets afwijkends ontdekken. 'Het is gewoon een groot kalf,' zei ik. 'Wacht maar rustig af, het dient zich vanzelf aan.'

De eerstvolgende keer dat ik hem zag was tijdens de kermis, en die is altijd in augustus. Hij zei tegen me: 'Je moet morgen even langskomen, Jan. Weet je nog dat je in mei een koe van me onderzocht en zei dat het kalf zich vanzelf zou aandienen?'

Ik moest bekennen dat ik het me niet herinnerde.

'Nou, ze probeert het kalf nu te krijgen.'

'Wat?' Dit was 's werelds langste dracht ooit of er was iets helemaal mis. Toen ik de koe de volgende ochtend onderzocht, viel me meteen op dat er een pootje van het kalf naar buiten hing. Er groeide heel veel en vooral heel lang haar op. Ik onderzocht de koe en lieve help, wat een groot kalf was dat. Ik snapte meteen wat er aan de hand was. De hersenen van de foetus waren niet ontwikkeld. En zonder hersenen kon het kalf de moeder geen seintje geven dat het tijd was voor de geboorte. Daarom was het kalf in de buik van de koe gewoon doorgegroeid. En dat wel drie maanden lang. Nu was het veel te groot om er in zijn geheel uit te kunnen, dus om het leven van de koe te sparen moest het kalf haar lichaam in stukken verlaten. Met Bobs hulp lukte het om het in stukken te zagen. Het haar van het kalf was al die tijd ook doorgegroeid, en toen ik de stukken eruit trok, bleven er plukken lang, zwart haar aan mij kleven. Tegen de tijd dat ik klaar was, zat ik van onder tot boven onder de zwarte haren; ik had meer weg van een weerwolf dan van een dierenarts. Bob wist niet wat hij liever deed: heel hard lachen of een foto nemen. Dit zijn van die verhalen waar je twintig jaar later nog om kunt schateren: de dag waarop dokter Pol een weerwolf werd.

Elke dag opnieuw moest ik mezelf bewijzen. Inmiddels waren de boeren er wel van overtuigd dat ik veel van koeien afwist, maar paarden, dat was een ander verhaal. Er was bijvoorbeeld een boer die me wel altijd belde als er iets met zijn koeien was, maar die me weghield bij zijn dure quarter horses. Daarvoor belde hij een andere dierenarts. Op een zaterdagmiddag was ik visites aan het rijden toen Diane via het bakkie contact met me zocht om te zeggen dat ik direct naar die boer toe moest. Er was iets helemaal mis met een veulen, en zijn eigen veearts kon niet komen. Daar was ik niet zo blij mee. Dat veulen moest wel heel ziek zijn, want anders had hij wel gewacht op die andere veearts. Nu riep hij mij erbij om het te behandelen, maar als het overleed, zou ik de schuld krijgen.

Het was een hengstveulen van een maand of zes, een prachtig en kostbaar dier. Het veulen had koliek, maar het had zo'n pijn dat ik eigenlijk niets meer voor hem kon doen. Het was veel te laat. Ik keek de man in de ogen en zei: 'Ik kan hem behandelen, maar het zal niets opleveren. Hij gaat het niet redden.'

'Doe wat je kunt,' zei hij en dat heb ik gedaan, maar binnen een paar uur was het veulen dood.

Ik wilde weten waar het aan was overleden. Ik sneed het veulen open en zag dat de buik vol spoelwormen zat. Ik kon ze er met handenvol tegelijk uit scheppen. Ik vroeg aan de boer: 'Waarom heb je hem niet laten ontwormen?'

'We doen niet anders,' wierp hij tegen. Ik kon zien dat hij twijfelde aan mijn expertise. Hij had dit probleem met zijn vaste dierenarts waarschijnlijk nog nooit bij de hand gehad. Toch viel tegen het bewijs weinig in te brengen.

'Nou, het ziet ernaar uit dat deze jongen hier is overgeslagen.'

Soms vraag ik me weleens af waarom God sommige dieren zulke domme dingen laat doen. Hengstveulens hebben de smerige gewoonte om van de mest van hun moeder te eten. En die zit vol met wormeitjes. Als de merrie een paar wormen heeft en hij eet van haar mest, dan krijgt hij er heel veel van binnen. Ik vermoed dat het in dit geval zo is gegaan. Tegen de tijd dat ik erbij werd geroepen, was dit hengstveulen al ten dode opgeschreven. Toen de autopsie bevestigde wat ik de boer al had verteld, begon hij te vermoeden dat ik misschien toch ook wel verstand had van paarden.

Die eerste paar maanden had ik voortdurend het gevoel dat mijn klanten me op de proef stelden. Een boer wil weten of een dierenarts deskundig is en of hij te vertrouwen is. Op een dag moest ik een stelletje vaarzen onderzoeken die waren verkocht en die het bedrijf dus zouden gaan verlaten. Het was op een vrij grote veehouderij. In die tijd kreeg een goede koe – dat wil zeggen een koe die veel melk geeft – een hormoonbehandeling, waarna haar eierstokken niet één, maar verschillende eitjes produceerden. Deze embryo's werden uit de baarmoeder gespoeld en geïmplanteerd bij andere koeien die de kalveren ter wereld zouden brengen.

Met transplantaties hield ik me niet bezig, dat was een tijdrovend werkje dat door experts werd uitgevoerd. Ik was er alleen bij geroepen om te beoordelen of de vaarzen gezond waren en om te bevestigen dat ze waren ingeënt. De ingeënte vaarzen hadden een chip en een drie- of viercijferige tatoeage in hun oor. Zonder die tatoeage mochten ze het erf niet af. Dergelijke controles zijn een tikkeltje saai, maar werk is werk, dus ik deed het graag. In de kudde bevond zich één vaars met een chip, maar zonder tatoeage. Toen ik dit aan de boer liet zien zei hij: 'O, dan moeten we haar even tatoeëren.'

Ik wist donders goed wat dit betekende. Hij vroeg me om een gunst. Waarschijnlijk was dit een kerngezonde vaars en zou er geen haan naar hebben gekraaid, maar je bent te vertrouwen of je bent het niet. Mijn integriteit stond op het spel.

'Nee,' zei ik. 'Dat zal niet gaan.'

Hij knikte. 'Oké.'

Ik heb me vaak afgevraagd wat hij zou hebben gedaan als ik hieraan had meegewerkt. Ik weet bijna zeker dat hij me van fraude had beschuldigd en me van het erf zou hebben gejaagd. We hebben er nooit meer een woord aan vuilgemaakt en zijn familie is nog heel lang goede klant van me geweest.

Een dierenarts moet een goede verstandhouding hebben met zijn klanten. Misschien worden we geen vrienden, maar een bepaalde mate van onderling respect hoort er wel te bestaan. Als een boer zijn dierenarts niet vertrouwt, kan hij beter een andere zoeken. Dat is voor beide partijen beter, want we hebben elkaar nodig en we moeten goed kunnen samenwerken. Een dierenarts werkt heel anders dan een huisarts. Die behandelt steeds één patiënt, maar ik krijg meteen een hele kudde onder mijn hoede.

Ik moet dan ook bekennen dat ik mijn patiënten eigenlijk nooit herken. Alleen dieren met zeer ernstige verwondingen of zeldzame ziekten blijven me bij.

Toen we net begonnen in Mount Pleasant werd ik bijna iedere nacht uit mijn bed gebeld. Ik had niemand die af en toe een dienst van me kon overnemen. In die tijd waren er nog veel kleinschalige bedrijven in de streek, en dat betekende dat er vaak een beroep op me werd gedaan. Voor een boer met maar dertig koeien betekent de dood van een van zijn dieren een zware klap, maar op een bedrijf met drieduizend koeien wordt zo'n verlies veel minder gevoeld.

Het kwam wel voor dat ik om één uur 's nachts werd gebeld en dan twee uur later dertig kilometer verderop moest zijn. Mijn praktijk was een eenmanszaak, en het gebeurde geregeld dat ik er op een nacht twee uur of langer uit was geweest en de volgende ochtend vroeg al weer op pad moest.

Dat er in dit deel van Michigan veel amish woonden was me bekend, maar ik wist eigenlijk niet zoveel over deze bevolkingsgroep. In de Thumb kwamen ze helemaal niet voor. Het maakt mij niet uit wat mensen precies geloven; zolang ze er goede bedoelingen mee hebben respecteer ik hun keuze. En professioneel gezien maakt het volstrekt geen verschil, want ook een amish-koe is natuurlijk gewoon een koe. Hoewel de amish mij beschouwden als 'Engels' – een buitenstaander dus – heb ik op de amish-boerderijen altijd zonder enige restrictie mijn werk kunnen doen. Ik behandelde hun zieke dieren precies zoals de andere dieren in mijn praktijk. En de amish zorgden heel goed voor hun dieren.

De eerste amish-boer die een beroep op me deed was Ike Swarey, een ruimdenkende amish die uitgebreid de tijd nam om me uit te leggen wat zijn geloof inhield. Ik heb heel veel van hem geleerd. Die kennis zou me later, op cruciale momenten, nog goed van pas komen.

De amish stellen zich ten doel om zelfvoorzienend te zijn. Tot mijn verbazing ontdekte ik dat de amish-gemeenschap net zo versplinterd is als de protestantse kerk of het jodendom, en dat iedere tak zo zijn eigen leefregels heeft. Er zijn uiterst conservatieve groeperingen bij die hun kleren zelfs niet met knopen mogen dichtmaken. Ze naaien hun eigen kleding, die wordt gesloten met haken en oogjes. De amish in onze streek gebruiken nog steeds windmolens voor het oppompen van water. Ze mogen niets gebruiken wat zich automatisch voortbeweegt, zoals een auto. Motormaaiers zijn dan weer wel toegestaan, omdat die door een mens worden voortgeduwd. Ze gebruiken geen moderne landbouwwerktuigen, en bij het ploegen en hooien werken ze met paarden. Toch worden ook de meeste traditionele amish tegenwoordig door vrienden of buren met de auto naar de kliniek gebracht. Een enkel keertje komt er nog weleens een amish met zijn koetsje naar de praktijk, waar hij zijn paard dan vastbindt aan een boom. Ik houd mijn hart altijd vast wanneer ik zo'n lichtgewicht koetsje op de openbare weg zie rijden, want er gebeuren regelmatig ongelukken mee.

Wanneer ik voor het werk in een amish-dorp moet zijn, praten de vrouwen niet tegen me; zij dienen hun plaats te kennen. Aanvankelijk stelden de mannen zich vrij stug op, maar dat veranderde toen ze me wat beter leerden kennen. Er zijn ook amish die meer met hun tijd meegaan; zij wekken op hun boerderijen stroom op met dieselaggregaten. Ike Swarey was zo'n moderne amish.

Een wijdverbreid misverstand over deze bevolkingsgroep is dat het nogal stoïcijnse, rustige mensen zijn. Dat beeld klopt niet; de meeste van onze amish-klanten zijn heel vriendelijk en hebben veel gevoel voor humor. Ze hebben niet alleen verstand van landbouw en veeteelt, maar het zijn ook vaak zeer getalenteerde handwerkslieden. Ze maken eigenhandig de prachtigste meubels. Het zijn bedachtzame mensen en goede boeren. Ze werken hard en nemen pas rust als de klus is geklaard.

Moderne technologie, zoals tv en radio, daar doen ze niet aan. Bijna geen enkele amish heeft een mobiele telefoon en dat geeft soms problemen. Zo ging Kurt Kiessling, mijn assistent, een paar jaar geleden naar een amish-boerderij om een drachtige merrie te onderzoeken. Daarna vroeg de boer hem om even te kijken naar twee van zijn vaarzen.

Kurt was een ervaren dierenarts en hij zag meteen wat er aan de hand was. Een van de vaarzen had een slag in de maag, dus hij wilde de koe laten omrollen. De boer had nog nooit zo'n geval bij de hand gehad. Zijn zoon en hij waren van goede wil, maar eerlijk gezegd hielpen ze Kurt van de wal in de sloot.

Om te beginnen weigerde de koe om te gaan liggen. Kurt diende haar twee kalmerende injecties toe, maar toen ze eindelijk ging liggen, deed ze dat heel dicht tegen de stalmuur aan, waardoor er geen ruimte was om haar op haar rechterzij te rollen.

'Ik weet hoe we dit kunnen oplossen,' zei Kurt. 'Ik haal de slag uit haar maag en daarna schuiven we haar op haar rug een eindje van de muur af. Daarna rollen we haar de goede kant op.' Maar toen trokken de boeren haar de verkeerde kant op. Dat maakte de situatie nog ingewikkelder dan hij al was.

'Als jullie haar bij de kop pakken,' zei dokter Kurt, 'dan neem ik haar achterhand voor m'n rekening en rol haar op haar zij. Letten jullie op de kop en de voorpoten.'

Kurt zette een voet naar achteren en boog zich naar de koe over. Toen hij kracht zette om haar in beweging te krijgen, schoot zijn knieschijf los. Kermend van de pijn zakte hij op de grond in elkaar. Later vertelde hij me dat hij in zijn hele leven nog nooit zoiets pijnlijks had meegemaakt. Intussen kwam de koe langzaam weer bij, en ze was erg onrustig. Kurt riep naar de boer dat hij via het bakkie hulp moest inroepen bij de praktijk.

'Op de microfoon zit een knop. Als je die indrukt, leg je contact met mijn collega's. Zeg alsjeblieft dat ik gewond ben geraakt en dat ze iemand hierheen moeten sturen.'

Helaas was dit een amish van de oude stempel. 'O nee, dat zal niet gaan,' zei de boer, 'maar we halen onze buurman er wel bij.'

De dichtstbijzijnde boerderij lag een kilometer verderop.

Kurt had nog geluk, want in de rest van het verblijf lag een mengeling van modder en mest, maar hij lag op een dikke laag schoon stro. Terwijl hij op hulp wachtte, wilde hij proberen of hij die knieschijf misschien zelf weer op zijn plek kon krijgen. Hij duwde er flink tegenaan, maar zonder succes. Het was een heel slecht idee; hij verging van de pijn en waagde geen tweede poging. Het duurde even voor we er waren, maar we hebben hem opgehaald. Dit was het enige vervelende voorval dat zich bij een van onze amish-klanten heeft voorgedaan.

Meestal probeer ik zaken en vriendschap gescheiden te houden, maar in de loop der jaren ontstaat er met bepaalde klanten toch een heel goede band. We waren zeer gesteld op Ike Swarey en zijn gezin, die zo hun best voor ons hadden gedaan toen we net in Mount Pleasant kwamen wonen. Diane en ik voelden ons dan ook vereerd toen we werden uitgenodigd voor het huwelijk van zijn dochter. Er kwam geen kaart, maar we werden, zoals gebruikelijk is, een dag van tevoren telefonisch uitgenodigd. We waren al eens vaker gevraagd voor een amish-bruiloft, maar hadden er nooit bij kunnen zijn omdat we pas zo kort van tevoren op de hoogte werden gesteld.

We hadden het gevoel dat we een andere wereld betraden. De

omgeving kenden we natuurlijk wel, maar ze hadden ons nog nooit eerder zo in hun midden toegelaten. Het huwelijk werd voltrokken in een hoog en ruim gebouw dat wel iets weg had van een schuur. Alle gasten zaten op eenvoudige, lange banken zonder rugleuning. De ruimte was ingedeeld in verschillende vakken: de getrouwde vrouwen zaten bij elkaar, de ongehuwde ergens anders. Ook de mannen waren op die manier van elkaar gescheiden en er was een speciaal vak voor de kinderen. De achterste rijen waren gereserveerd voor 'de Engelsen'.

De bruid droeg een donkere jurk en een hoofdkapje, de bruidegom had nieuwe werkkleding aan. Er waren drie voorgangers, die alle drie de tijd namen voor hun verhaal. Het grootste deel van de ceremonie werd er Duits gesproken, maar we kregen er toch vrij veel van mee. De preken zaten goed in elkaar, al duurden ze naar ons idee wel wat lang. Na een paar uur zit je echt niet meer lekker hoor, op zo'n harde houten bank.

Na de huwelijksvoltrekking liepen de genodigden naar een andere boerderij, waar de receptie gehouden zou worden. We zaten aan lange tafels en genoten van een gezellige maaltijd. Er stond heel veel eten op tafel, alles zelfgemaakt natuurlijk, zoveel dat we het die avond niet op zouden krijgen. Er klonk geen muziek en er werd ook niet gedanst, maar er heerste die dag een gezellige en warme sfeer.

Toen we met de tv-show begonnen, vroegen we ons af hoe de amish zouden reageren op de camera's. De meesten lieten de filmploeg zonder aarzelen toe op hun terrein, maar ze wilden liever niet herkenbaar in beeld worden gebracht. Daarom werden ze alleen van achteren gefilmd, of op zo'n manier dat alleen hun handen in beeld kwamen. Zolang we die wens respecteerden, waren de amish niet alleen bereid om hun medewerking te verlenen, maar vonden ze het zelfs leuk. Sommigen hebben bij een van hun buren weleens een aflevering bekeken. Een van hen vroeg later gekscherend of hij nu beroemd zou worden.

Als een boer weet dat hij op zijn dierenarts kan vertrouwen, als hij weet dat hij hulp kan krijgen als het echt nodig is – ook 's nachts – dan zal hij geen andere zoeken. Diane en ik waren met onze praktijk neergestreken in een goede streek en het liep meteen al heel goed.

Doordat ik zelf op een boerderij was opgegroeid, voelde ik goed aan wat mijn klanten nodig hadden. Soms legde ik hen uit hoe ze een bepaald probleem een volgende keer zelf konden oplossen. Bij het afkalven liet ik ze precies zien hoe ik te werk ging, zodat ze mij niet voor ieder wissewasje hoefden te bellen. Ik zei er wel bij: 'Als je me nodig hebt, dan kom ik. Maar er zijn dingen die je prima zelf kunt.'

Mike, de zoon van Ray Wilson, werd heel handig met het afkalven, dus daar hoefden de Wilsons me bijna nooit voor te bellen. Het heeft hen veel geld bespaard en mij veel tijd. Iedereen blij. Maar op een dag in 1984 belde Mike me op om te vragen of ik meteen kon komen. Zijn stem klonk onvast toen hij vervolgde: 'Een van onze koeien krijgt een kalf en het komt er binnenstebuiten uit.'

Ik wist meteen wat hij bedoelde: het is een afwijking die schistosoma reflexum heet, en hij had het probleem perfect omschreven. Om de een of andere reden is de kromming van de ribben van het kalf in zo'n geval verkeerd om en groeien hart, longen en ingewanden niet in, maar buiten zijn lichaam. Maar omdat binnen de baarmoeder het hart blijft kloppen, kan het kalf wel groeien. Zodra het kalf geboren wordt, sterft het omdat het niet zelfstandig kan ademen. Een dierenarts kijkt hier niet meer van op – ik heb dit al vaker bij de hand gehad – maar voor een boer is het een unieke en bizarre gebeurtenis.

Mike en zijn broer John stonden me bij de stal al op te wachten. Het was in de tijd dat *Indiana Jones and the Temple of Doom* net uit was. In die film steekt de schurk zijn hand in de borstkas van een man en trekt zijn – nog kloppende – hart eruit. Een scène die op je netvlies staat gebrand als je de film hebt gezien. Ik stak mijn arm bij de koe naar binnen, voelde het hart van het kalf kloppen en kon de verleiding niet weerstaan. Ik pakte het hart stevig beet en trok het los. 'Kijk nou eens,' zei ik en hield het kloppende hart omhoog. 'Volgens mij was dit het probleem.'

Die arme John trok helemaal wit weg. 'Wat doe je nou, man,' gilde hij. 'Waar ben je mee bezig?' Hij wendde zich af en boog kokhalzend voorover. Mike en ik proestten het uit en moesten zo hard lachen dat we naar adem hapten. Op zulke momenten voel je de band die ontstaat wanneer je jarenlang met elkaar samenwerkt.

Dit dier had geen enkele overlevingskans en op deze manier had ik het in een oogwenk uit zijn lijden verlost. De hersenen en het zenuwstelsel van zo'n kalf zijn niet volledig ontwikkeld, dus het heeft er niets van gevoeld. Het is meteen overleden.

De praktijk liep eigenlijk van het begin af aan heel goed, zelfs zo goed dat het huis al na een paar jaar te klein begon te worden. Het werd tijd om op zoek te gaan naar iets groters. Onze buurman, een klant van me die renpaarden fokte, bezat zeven hectare land. Op het terrein stonden een huisje en een paar stallen. Ook was er ergens een betonnen vloerplaat aangelegd, compleet met een septic tank en een aansluiting op het stroomnet. Op een dag kwam hij bij me langs om te vragen of ik zijn land wilde kopen, liefst diezelfde middag nog.

'Kun je me wat bedenktijd geven?' vroeg ik.

'Dat zal helaas niet gaan,' antwoordde hij. Hij legde me uit dat de koop die middag moest worden beklonken omdat hij anders een enorm bedrag aan de belastingdienst zou moeten betalen. De onderhandelingen duurden niet lang; er was simpelweg geen tijd voor. We gingen samen naar Donna Murphy en legden haar de situatie uit. Zij stelde meteen de benodigde documenten op. Het moet haast wel de snelst beklonken transactie in de geschiedenis van de makelaardij zijn geweest.

Ik liet de vloerplaat weghalen en gaf een aannemer opdracht om op die plek een kelder uit te graven. Daarbovenop werd de langgerekte kliniek gebouwd waarin veel opnamen voor de tv-serie worden gemaakt. Iets groters konden we ons niet veroorloven. De oude praktijkruimte in de garage werd opgeheven en heropend in de nieuwe kliniek. Ik liet voor het gemak de deuren van alle vertrekken tegenover elkaar plaatsen. Zes jaar later was ook deze praktijk zo gegroeid dat het gebouw niet meer voldeed. We waren inmiddels met vijf dierenartsen en we hielden ons hoe langer hoe meer bezig met de behandeling van huisdieren. Er was een tweede uitbreiding nodig. Ik liet nog een kelder graven en zette daar precies zo'n zelfde gebouw op neer. Het is misschien niet het mooiste gebouw op aarde, maar we kunnen er prima werken.

Door de jaren heen heb ik tal van familiebedrijven teloor zien gaan. Soms zelfs letterlijk, toen iemand een hele boerderij met stallen en al in een grote kuil liet schuiven. Op sommige bedrijven hebben we diverse generaties van het vee verzorgd, en dat zelfs generaties lang binnen een en dezelfde familie.

In de begintijd van de praktijk had ik een klant die Belgische trekpaarden fokte. Een van zijn merries was agressief tegen haar veulens. Dit soort gedrag valt niet echt te verklaren, het komt gewoon voor. Ze had haar eerste veulen vertrappeld en het tweede hadden ze maar net op tijd bij haar kunnen weghalen. De boer zag geen mogelijkheid het veulen te beschermen en vroeg me of ik het wilde laten inslapen. Dat vond ik zonde, en ik zei tegen de boer dat ik het wel van hem zou overnemen.

Het veulen was nog maar een paar uur oud. Ik had geen busje en daarom reed ik maar gewoon met mijn stationwagon naar zijn huis om het op te halen. Het veulen woog maar zo'n 75 kilo en gedroeg zich rustig. Ik tilde het in de auto en zette het met zijn achterste op de vloer voor de passagiersstoel en met zijn voorbenen op de zitting. Zo ben ik ermee naar huis gereden, met één hand aan het stuur en de andere op de manen. We voerden het veulen liters en liters kunstmelk en het groeide als kool. Toen het drie maanden oud was en zichzelf kon redden, kwam de boer bij me langs om te zeggen dat hij het terug wilde hebben. Ik dacht dat hij het me gegeven had, maar daar dacht hij kennelijk anders over. Maar goed, het was uiteindelijk zijn veulen, hij had de papieren. Hij betaalde me een bedrag voor de verzorging en heeft het veulen vervolgens verkocht. We hebben er nooit meer over gesproken, maar ik ben op zijn boerderij en op die van zijn verwanten wel altijd de vaste dierenarts gebleven.

In 2013 kwam er een jonge vrouw naar de praktijk met een klein hondje. Ze stelde zich voor en vertelde dat haar familie al vijf generaties lang klant bij mij was. Vijf generaties, wauw, dat was echt lang. Hoeveel van hun dieren zou ik dan wel niet hebben gezien? Zo'n geval is echt een uitzondering, maar bij veel families heb ik met gemak drie generaties gehaald. In sommige gevallen ging het bij de eerste generatie nog om vee, maar veel gezinnen bleven na de verkoop van het familiebedrijf nog wel in de omgeving wonen. En vanaf dat moment kwamen ze bij mij met hun huisdieren.

Toen we ons nieuwe huis betrokken liet ik in de garage door

een amish-boer een kamer van zo'n twee bij drie meter bouwen. Dit vertrek deed dienst als praktijkruimte waarin ik kleine huisdieren behandelde, vaccineerde en opereerde. We slaagden er zelfs in ruimte te creëren voor een paar kooien. We hielden de garage altijd heel goed schoon en we hebben er heel wat huisdieren behandeld, maar uiteindelijk bleek de werkruimte net te klein.

Door de bouw van de nieuwe kliniek werd het mogelijk om dat deel van de praktijk uit te breiden. En in de nieuwe kelder had ik eindelijk de ruimte om een behoorlijke voorraad aan te leggen; ik bewaarde er de medicijnen die we voor de grotere praktijk nodig zouden hebben. Ik was heel blij met de uitbreiding van de praktijk, want het werken met kleine dieren schenkt me veel voldoening. Op een boerenbedrijf staat altijd het economische belang voorop, maar voor huisdieren kunnen we veel meer betekenen.

De kosten voor de behandeling van een koe of paard overstijgen soms zijn economische waarde. Als een dier niet tegen redelijke kosten weer rendabel kan worden gemaakt, dan wordt het vervangen. Bij huisdieren gelden heel andere afwegingen en zij zijn dan ook meestal hun leven lang patiënt bij onze praktijk. Het ondersteunend personeel kent trouwens meer namen van onze kleine klantjes dan die van de baasjes. Ze hebben het bijvoorbeeld over 'het baasje van Misty', of over 'die vrouw met dat grappige konijn'. Bij huisdieren gaat het niet om economisch belang, maar om de emotionele band die mensen ermee hebben. Sommige eigenaren zijn bereid veel geld uit te geven aan de behandeling van hun huisdier – soms meer dan ze zich eigenlijk kunnen veroorloven – en er zijn dierenartsen die daar handig op inspelen. Het is altijd zoeken naar de juiste balans, en ik probeer zo open en helder mogelijk te zijn over de prognose. Ik behandel dieren van mijn klanten alsof het mijn eigen huisdieren zijn.

In de praktijk voor kleine dieren werken we voornamelijk met katten en honden, maar ook behandelen we alle mogelijke andere diersoorten, met uitzondering van stekelvarkens en stinkdieren. Wie ons weleens op tv bezig heeft gezien, weet misschien dat we best vaak honden moeten helpen die een aanvaring met een stekelvarken hebben gehad. Nou, het zal niemand verrassen dat de laatste altijd wint. Het zijn best vriendelijke dieren en je kunt ze – zolang je de goede kant op strijkt – zelfs met je blote hand aanraken. Ze zoeken de confrontatie niet zo snel op, maar drijf ze in het nauw en ze zullen hun stekels opzetten. Ze schieten die niet af, maar ze zwiepen met hun staart. En maakt een dier de domme fout om er een te bijten, dan krijgt hij een stel van die scherpe pennen in zijn bek. Het stekelvarken maakt zich na de ontmoeting kalmpjes uit de voeten. En de hond? Die wordt door zijn baasje naar de dierenarts gebracht.

De lange stekels of pennen zijn aan de uiteinden voorzien van weerhaakjes. Als je zo'n pen onder de microscoop legt, dan kun je dat heel goed zien. Er zijn wel honden bij me gebracht met tientallen van die scherpe pennen in het vel van hun snoet en poten, in hun ogen en zelfs in hun keel. 'Kun je deze domme hond van die vreselijke pennen af helpen?' vraagt het baasje dan.

Natuurlijk kan ik dat. Maar het is een pijnlijke behandeling en een beetje beschamend voor de hond. Het is ook een lastig werkje en daarom dien ik de hond altijd eerst een verdoving toe voor ik de pennen er een voor een uit trek. Meestal houdt de hond geen blijvend letsel aan de onfortuinlijke ontmoeting over.

Toch vreemd eigenlijk dat een slim dier als een hond zo ongelooflijk stom kan zijn. Ik snap best dat hij de eerste keer dat hij een stekelvarken ziet denkt: *hé, wat een grappig ding is dit!* Maar nadat hij met dertig van die scherpe pennen in zijn huid naar de dierenarts is gebracht, dan zou je toch verwachten dat hij bij een volgende ontmoeting weet dat hij dat vreemde beest maar beter met rust kan laten?

Stinkdieren zijn ook leuk, maar er bestaan heel wat misverstanden over hun gedrag. Als je ze met rust laat, zullen ze je niets doen. Wie er eentje als huisdier houdt en bang is besproeid te worden, kan de geurklieren laten verwijderen. Ik heb eens een verhaal gehoord over een gezin met een onbehandeld stinkdier. Het beestje sliep bij die mensen in bed en dat gaf nooit problemen. Totdat de kat des huizes 's nachts een keer ineens op het bed sprong, boven op de skunk. Het duurde dagen voor ze die kat weer een beetje schoon hadden.

Ik heb er maar één keer eentje van dichtbij gezien. Mijn moeder was overgekomen en we reden met de auto over een achterafweggetje toen ik in de berm een joekel van een stinkdier zag lopen. In Europa komen deze dieren niet voor, en mijn moeder had er nog nooit een gezien. Ik zette de auto stil en zei: 'Moet je eens zien, wat een schatje. Maar laten we niet te dichtbij komen.'

We stapten uit en ik pakte een steen en gooide die behoedzaam in de richting van het stinkdier. Zodra de steen de grond raakte, zo'n twee meter achter zijn staart, spoot hij twee geurballen die kant op. Het stinkdier wilde zien wat hem bedreigde en draaide zich om. Er wordt gezegd dat ze maar één keer kunnen spuiten, omdat het even duurt voor ze een nieuwe 'lading' hebben kunnen maken. Ik was benieuwd of dit verhaal klopte en gooide nog een steen zijn kant op. Ook nu reageerde hij door een – zij het wat kleinere – hoeveelheid geurstof af te vuren. Daarmee was de mythe van het eenmalige salvo ontkracht.

Het kleinste dier dat ik ooit behandeld heb, was een witte muis, die vermoedelijk nog geen vijftig gram woog. Hij werd binnengebracht door een jongetje, dat me vertelde dat er iets mis was met zijn muis. Meestal kan ik voor zulke kleine beestjes niet veel doen, maar in dit geval gelukkig wel.

'Wat een mooie muis heb jij daar,' zei ik tegen het jochie. Ik bekeek het beestje eens wat beter en vroeg toen: 'En wat zijn dat allemaal voor kriebelbeestjes in zijn vacht?'

'Dat weet ik niet.'

'Ik denk dat het vlooien zijn. Kijkt jouw kat graag naar hem?'

De jongen knikte. 'O ja. Soms gaat hij zelfs boven op zijn kooi liggen.'

Ik behandelde de muis met vlooienpoeder en zei tegen het baasje dat hij zijn kat een beetje beter bij de muis uit de buurt moest houden. En zo had ik er weer een tevreden klant bij.

Bij ons kun je terecht met elke diersoort; wij kijken nergens van op. Zo hebben we een paar klanten die ratten houden. En die mensen zijn net zo dol op hun knuffelrat als andere mensen op hun hond of kat. Elk dier, ook een knaagdier, heeft een eigen persoonlijkheid. Zijn baasje kent hem door en door en zal zijn huisdier vreselijk missen als het er niet meer is. De meeste ratten leven niet zo lang (veel ratten krijgen een kwaadaardige tumor) en daarom heb ik er niet zoveel op het spreekuur gehad. Op een dag kwam er een leuk stel bij me langs met hun rat. Het beestje was vier jaar oud en het was er niet best aan toe. Hij kon niet meer lopen, vermoedelijk door een hersentumor. Het speet me deze mensen te moeten vertellen dat ik hun rat moest laten inslapen. Ze waren erg verdrietig, maar voor het dier was dit echt het beste.

We hebben één keer een krokodil behandeld. Dat was zoiets bijzonders, dat zal ik nooit vergeten. Er kwam een klant bij ons met een krokodil, die hij in een omheinde vijver in zijn tuin hield. Het beest was zeven jaar oud, vertelde hij, maar toen ik de krokodil bekeek, zag ik dat hij maar zestig centimeter lang was. Ik vroeg: 'Wat is er met hem aan de hand? Waarom groeit hij niet?'

'Omdat hij niet wil eten,' zei de man.

Ik onderzocht de krokodil, maar die leek helemaal gezond. 'Het probleem is,' zei ik tegen die man, 'dat het klimaat in Michigan niet geschikt is voor krokodillen. Het is hier te koud voor ze.'

Zo'n beest hoort zich ergens ter hoogte van de evenaar te koesteren in de zon. Ik adviseerde de man zijn vijver te verwarmen of anders de stenen eromheen, zodat de krokodil daar lekker op kon liggen.

Om mijn diagnose te bevestigen, zocht mijn zoon Charles contact met een deskundige in Californië, dokter Jill. Zij helpt mensen om hun huisdieren beter te leren begrijpen. Dat vind ik heel belangrijk; hoe beter je snapt hoe jouw hond de dingen ziet, des te beter kun je met hem omgaan. Maar het dier moet jou ook begrijpen. Toen Jill eens naar Mount Pleasant kwam, was ze nieuwsgierig naar die kleine krokodil. Ze zocht de man thuis op en vroeg hem: 'Hoe voert u de krokodil?'

Daar had ik niet aan gedacht. De man zei dat hij de muizen voor de bek van de krokodil heen en weer liet zwaaien. Maar in de natuur eten krokodillen van de grond. Jill legde de muis op de grond, trok hem een stukje naar zich toe en – hap! – weg was de muis. Het was alsof die krokodil voor het eerst een lekker hapje kreeg. Ik had als jochie in Nederland nooit kunnen denken dat ik later in mijn dierenartsenpraktijk nog eens een krokodil op mijn behandeltafel zou krijgen.

Er worden ook geregeld vogels bij me gebracht, meestal omdat de nagels of snavels moeten worden bijgeknipt. Dat ik pedicure zou mogen spelen voor papegaaien had ik evenmin ooit gedacht, maar ik ben er voor elke klant. Vogels vereisen een speciale behandeling; je moet heel voorzichtig te werk gaan. En de nagels van een papegaai moet je altijd met z'n tweeën verzorgen, want als zo'n vogel zijn snavel in je vinger zet, is dat een ernstige zaak. Eén van de twee houdt de kop stevig vast, terwijl de ander de nagels knipt. De baasjes willen me altijd laten horen hoe slim hun papegaai is, en hoe goed hij kan praten. Dokter, hij kent wel driehonderd woorden, zeggen ze dan vol trots. Maar tegen mij zeggen die beesten geen woord. Dat begrijp ik best, hoor. Ik ben gek op dieren, ik ben er om ze te helpen, maar ze mogen mij meestal niet zo erg. Ze zijn in een onbekende omgeving, met mensen die ze niet kennen, en ze ruiken geuren die ze niet thuis kunnen brengen. En als ze al eens eerder bij me waren geweest, dan weten ze: *voor deze kerel moet je uitkijken.* Het is net als met kinderen die voor de tweede keer naar de tandarts moeten... Ze herinneren zich misschien niet meer wat er precies is gebeurd, maar ze associëren die plek met narigheid. Tot een goed gesprek met zo'n papegaai is het dan ook nooit gekomen.

Ik heb ook heel wat uilen en haviken behandeld. Op een dag bracht een medewerker van de dierenbescherming in Michigan een uil met een gebroken teen bij me. Ze hadden hem op het erf van een boerderij aangetroffen, waar hij hongerig rond hupte. Ik ving hem op in de kliniek en gaf hem meteen iets te eten. Veel dieren begrijpen dat je ze probeert te helpen en laten je daarom dicht bij zich komen. Tenminste, zolang je je niet te aarzelend opstelt. Deze uil was er niet zo best aan toe. Op de een of andere manier waren zijn vleugels op zijn rug in elkaar gehaakt, zodat hij niet kon vliegen. Als een dier niet meer voor zichzelf kan zorgen, is hij uiterst kwetsbaar. Deze uil kon niet meer lopen en niet meer vliegen en dat betekende dat hij in groot gevaar verkeerde. Hij kon geen prooien vangen en zelfs geen water drinken. Toen ik hem in zijn kooi had geïnstalleerd, liet ik hem eerst drinken. Daarna legde ik een omgekeerde schotel voor hem neer waar hij op kon zitten. Vogels voelen zich op de grond slecht op hun gemak, ze zitten liever wat hoger. Daarna voerde ik hem bij met hertenvlees.

Bij het voeren van een dier zorg ik er meestal voor dat mijn vingers niet te dicht bij zijn bek of snavel in de buurt komen. Want hoe bang een dier ook is, als de honger sterker is dan de angst zal hij toch eten. Ik heb eens een tijdje een havik verzorgd. De eerste paar dagen voerde ik hem met behulp van een haak, maar het leek me leuk om eens te proberen of hij het vlees ook uit mijn hand zou eten. Hij pikte het voorzichtig tussen mijn vingers vandaan, zonder me aan te raken. Daarna voerde ik hem alleen nog maar uit de hand en hij heeft me geen enkele keer gebeten. Ik heb hem gevoerd tot hij eindelijk voldoende was aangesterkt om naar een opvangcentrum te kunnen. Hij is helemaal opgeknapt en kon uiteindelijk in het wild worden vrijgelaten.

De meeste mensen komen bij me met hun huisdier aan een lijn of in een kooi, maar sommige dieren reizen op eigen gelegenheid naar de praktijk. Er was eens een kat die met de auto bij me kwam. Hij zat natuurlijk niet zelf achter het stuur, maar hij zat wel in de auto. Letterlijk. Er kwam een man bij de balie staan, zo op het eerste gezicht zonder dier. 'Wat kunnen we voor u doen?' vroeg ik.

'Het gaat om een kat,' zei hij. Kat? Welke kat? Hij legde het uit: 'Er zit een kat vast in de carrosserie van mijn auto.'

We gingen naar buiten, waar zijn auto stond geparkeerd. Het was een grote Chevrolet Suburban, een type auto dat langs de onderkant is voorzien van een buizenframe met gaten erin. Terwijl wij daar stonden, hoorden we een klaaglijk gemiauw dat ergens onder de motorkap vandaan leek te komen. Zoiets had ik nog niet eerder bij de hand gehad. Ik kroop onder de auto en ja hoor, daar zag ik een staart naar beneden hangen. De kat zat ter hoogte van de as. Ik stak mijn hand door een van de andere gaten, kreeg de staart te pakken en begon te trekken.

Het was een sterk beestje, en het was niet van plan zich uit die buis te laten halen. Geen idee waar hij zich precies aan vastklampte, maar er was geen beweging in te krijgen. Ik zei: 'Goed dan, je hebt er zelf om gevraagd.'

Ik haalde een spuit met een verdovend middel, kroop nogmaals onder de auto en zocht de staart weer. Dat vond hij maar niks, en hij begon weg te kruipen. Ik kreeg zijn achterpoot te pakken en zette de naald erin. Hebbes!

We wachtten een minuut of tien en toen tastte ik weer rond naar de kat. Nu was hij helemaal slap en ontspannen. Ik trok hem aan zijn staart uit de buis en bracht hem naar de spreekkamer. Het was een prachtig siamees katertje, een kitten nog. We castreerden hem, gaven hem een paar inentingen en hebben hem aan de man meegegeven. Toen dat katje in die auto kroop hoorde het bij iemand anders, maar het lot had dit tweetal bij elkaar gebracht.

Een andere keer kwam er een man de spreekkamer binnen met in zijn hand een dichtgeknoopte kussensloop. 'Wat heb je daarin zitten?' vroeg ik.

'Mijn slang,' zei hij. 'Pas goed op, want als ik de knoop eruit haal komt hij er waarschijnlijk meteen uit.'

Ik heb in mijn leven al heel wat slangen behandeld. Vroeger, als jongetje in Nederland, was ik er bang voor. Er werd ons altijd verteld dat je erbij uit de buurt moest blijven omdat ze giftig waren. Ik wist dat ik als dierenarts met slangen te maken zou krijgen en dat ik mijn angst moest overwinnen. Tijdens de opleiding heb ik er eens een vastgehouden. De huid voelde koel en droog aan, het slangenvel deed me een beetje aan schuurpapier denken. Daarna was ik niet bang meer voor slangen.

In die tijd hadden we een assistente, dokter Rachael. Zij was, voordat ze bij ons kwam werken, dierenverzorger geweest bij een dierentuin in Saginaw. Een van haar vaste taken daar was het schoonmaken van het grote slangenverblijf. Zij was dus totaal niet bang voor slangen, hoe groot ze ook waren. Sterker nog, tijdens het schoonmaken van het verblijf hing ze de drieënhalve meter lange boa altijd om haar nek. Hij zou haar nooit iets doen, zei ze. Een boa klemt zich alleen vast wanneer hij honger heeft of wanneer hij zich bedreigd voelt. Ze drapeerde de slang om haar lichaam, maakte het verblijf schoon en legde de slang daarna weer neer.

De klant maakte de kussensloop open en voor ik het wist rees die verdraaide slang inderdaad meteen hoog op boven de onderzoekstafel. Maar ik wist dat hij niet giftig was. Ik pakte hem met mijn linkerhand bij de nek en tilde de slang uit de sloop, waarna hij zich meteen om mijn arm wikkelde. Achter de kop bewoog nog zo'n vijftien centimeter slang vrij rond. Rachael keek me lachend aan en zei: 'Twintig dollar als je hem meeneemt naar het kantoor.'

Naar het kantoor? Naar het kantoor, waar Diane achter haar bureau zat? Ik mocht dan over mijn angst voor slangen heen zijn geraakt, maar mijn vrouw was dat zeker niet. Ze kon geweldig goed overweg met alle dieren, behalve met slangen. Ze was er doodsbenauwd voor. Waarom zou ik zoiets dan doen (afgezien van die twintig dollar natuurlijk)? Iedereen die mij een beetje kent, weet dat ik geen weerstand kan bieden aan een uitdaging. Bij een vraag die begint met 'wedden dat' kom ik meteen in actie. 'Wedden dat jij niet in vrouwenkleren naar de benefietavond durft?' 'Wedden dat je die slang niet aan Diane durft te laten zien?'

Ik antwoordde: 'Oké, moet jij eens opletten.'

Met de slang in mijn hand liep ik het kantoor binnen. Ik ging een meter achter Diane staan en vroeg: 'Moet je kijken Diane, vind je dit nou geen schatje?'

Toen ze zich omdraaide, hield ik de slang vlak voor haar gezicht. Eén ding weet ik zeker: dit doe ik nooit meer. Het was gewoon te erg; ze schrok zich rot en reageerde woedend. Ik kreeg de wind van voren en had ongelooflijk veel spijt, hoewel ik natuurlijk wel blij was met die twintig dollar.

De slang was een beetje verkouden, en dat kan voor een slang echt problematisch zijn. Slangen hoesten namelijk niet. Ze hebben geen middenrif, zoals wij. Dat middenrif stelt ons in staat te hoesten en onze keel te schrapen. Ook kikkers en schildpadden hebben geen middenrif: als die verkouden zijn, loopt het snot zo hun neusgaten uit. Deze slang had waarschijnlijk een te koud verblijf. Een slang moet je houden in een vochtige en warme omgeving. Wordt hij toch verkouden, dan moet je zijn luchtwegen zien te reinigen en er daarna voor zorgen dat hij het niet meer koud krijgt.

Door de jaren heen ben ik aardig handig geworden in het verzorgen van slangen. Er komen wel slangen voor in Michigan, maar ze zijn niet giftig. Veel slangen in gevangenschap krijgen last van pijnlijke lippen. De lippen van een slang zijn anders dan die van ons; ze hoeven er tenslotte niet mee te praten. Als een slang zijn verblijf te warm vindt, dan zal hij proberen eruit te ontsnappen. Hij bonkt met zijn kop tegen het deksel van het terrarium en er kunnen dan rond de bek wondjes en pijnlijke plekken ontstaan. De slang krijgt daardoor pijn bij het eten en krijgt te weinig voedsel binnen. De wondjes helen gelukkig vlug wanneer je ze met alcohol of jodium reinigt en even aanstipt met een antibiotische crème. De eigenaar moet ook de temperatuur in het verblijf precies goed instellen.

Zoals ik al zei komen er in Michigan geen gifslangen voor, maar dat is in New Mexico wel anders. Een aantal jaar geleden heb ik daar deelgenomen aan een project van de Christian Veterinary Mission, waarbij ik ranchers bijschoolde op het gebied van dierverzorging. De boeren daar vertelden me een opmerkelijk verhaal. Of het waar is, weet ik niet, maar zij vertelden me dat slangen daar de gewoonte hebben 's nachts de weg op te kruipen. Het asfalt houdt de warmte van de dag nog lange tijd vast en de slangen liggen daar graag op. Klinkt aannemelijk, toch? Maar als een slang merkt dat er een auto nadert, dan richt hij zich op en spert dreigend zijn bek open. Rijdt de auto dan vervolgens over de slang heen, dan drukt de autoband de bovenkaak zo ver open dat de holle giftanden zich in het rubber boren. De automobilist merkt daar natuurlijk niets van en rijdt gewoon door. Maar met het slijten van de banden komen die giftanden steeds dieper in de band terecht en veroorzaken daar uiteindelijk een lek.

Een vreemd verhaal misschien, maar zo hebben ze het aan mij verteld. En het gekste moet nog komen. Degene die de lekke band moet repareren, laat zijn hand over de buitenkant van de band glijden om te voelen of er misschien iets scherps in zit, een spijker bijvoorbeeld. Raakt zijn huid beschadigd door de tanden van de slang, dan krijgt hij het gif binnen, en moet hij worden behandeld.

Ik vind dit wel een aannemelijk verhaal. Zelfs een kleine hoeveelheid gif kan al een lichamelijke reactie veroorzaken. Ik ben nooit gebeten, maar ik heb wel een keer een vreemd voorval met een slang meegemaakt; het arme beest was aangevreten door een rat. Ik werd gebeld door een vrouw die een paar uur rijden van de praktijk woonde. Ze vertelde dat ze een boa als huisdier hield. Haar slang was ruim een meter lang en ze voerde hem levende ratten. Normaal gesproken zag ze erop toe dat de slang zijn rat opat, maar die dag was ze na het voeren in slaap gevallen. Toen ze wakker werd, zag ze dat de rat al het vlees langs de ruggengraat van de slang had weggevreten. De boa leefde nog. Ze had haar eigen dierenarts gebeld, maar die had gezegd: 'O nee, ik kan je niet helpen. Ik wil die slang niet zien.'

Wij zeiden dat ze bij ons wel welkom was en vroegen haar naar de praktijk te komen. Ze kwam met een grote plastic bak de praktijk binnengelopen. Toen ze de deksel optilde, kwam er een geweldige stank vrij. Ik keek over de rand en wist niet wat ik zag. De rat had alle spierweefsel van de slang weggevreten en daardoor waren de ruggenwervels zichtbaar geworden. De slang leefde nog, maar had zo te zien veel pijn. In zo'n geval moet je doen wat logisch lijkt: we gaven de slang antibiotica en brachten een zalf aan die de huid tijdens het genezingsproces voldoende vochtig zou houden. We lieten de vrouw zien hoe ze de slang een injectie met antibiotica kon toedienen en gaven haar alle benodigdheden voor de behandeling mee. Na het consult vertrok ze, en we hebben nooit meer contact met haar gehad. Wij hadden haar telefoonnummer niet en zij heeft ons ook nooit meer gebeld. Zo gaat het heel vaak, en dan blijft er bij sommige gevallen toch iets 'knagen'. Hoe zou het toch zijn afgelopen met die slang, denk ik dan, of: zou die ene pup het nou gered hebben of niet? Maar ja, sommige klanten zien we maar één keer en daar blijft het dan bij.

Die eerste tijd na mijn aankomst in Amerika hebben Diane en ik echt moeten knokken om ons leven en onze praktijk op poten te zetten, maar we zijn erin geslaagd onze droom te verwezenlijken. De verhuizing naar Mount Pleasant was een sprong in het diepe: we staken bijna al ons geld in de praktijk. Maar we zijn erin geslaagd een bloeiend bedrijf op te zetten, dat kan iedereen die weleens naar het programma kijkt beamen.

De praktijk bleef maar groeien en op een bepaald moment had ik vier dierenartsen en een paar assistenten in dienst. De zaken gingen goed, en op een vrijdagmiddag, het was een paar jaar na de opening van onze praktijk, kreeg Diane een telefoontje van het plaatselijke bankfiliaal. Een van hun klanten had die dag zo'n groot geldbedrag opgenomen, dat ze onvoldoende geld in kas hadden om de pinautomaat bij te vullen. Ze vroegen Diane of zij zo vriendelijk wilde zijn een geldbedrag te komen storten, zodat ze in ieder geval voor het weekend voldoende geld zouden hebben. Dit keer had de bank óns eens nodig en dat was een heerlijk gevoel.

3

Wat kan ik voor je doen?

Op een ochtend kwam er een vrouw naar het spreekuur met een teckel. Het hondje zag er schattig uit, maar het ademde zwaar. Het beestje keek me treurig aan alsof ze wilde zeggen: *kun je me alsjeblieft helpen?* Ik zei tegen de vrouw: 'We gaan kijken wat er aan de hand is en dan helpen we haar.'

Zo'n raspende ademhaling wordt negen van de tien keer veroorzaakt door een bloeding in de longen die is ontstaan doordat het dier rattengif heeft binnengekregen. Veel boeren gebruiken gif om het aantal ratten in hun stallen en schuren binnen de perken te houden, en honden komen hier vaak mee in aanraking. Ik heb weleens in één maand zes honden behandeld die rattengif hadden binnengekregen. Het zijn altijd honden, nooit katten. Katten houden niet van de geur van het gif (of ze zijn gewoon slimmer, dat kan natuurlijk ook).

Ik vroeg het baasje: 'Is ze in aanraking geweest met rattengif?' Nee, zei de vrouw heel beslist.

'En het is niet mogelijk dat ze het ergens gevonden heeft?' Nee.

'Misschien bij de buren?' Absoluut onmogelijk. Nou, dacht ik, dat zullen we dan eens controleren.

Er zijn verschillende manieren om erachter te komen of een dier rattengif gegeten heeft. Ik nam wat bloed af bij de teckel, om de stollingstijd te bepalen en wat bleek? Het bloed wilde totaal niet stollen. Ik wist genoeg. Ik zei tegen de vrouw: 'Je hond heeft rattengif binnengekregen. Ligt er misschien gif onder je aanrecht?'

'O ja, inderdaad. Nu je het zegt.'

'Dit is een teckel, mevrouw. Hij is een stuk slimmer dan je denkt.'

Dit hondje was er slecht aan toe, ik vermoedde dat het al minstens een week geleden was dat ze het gif had binnengekregen. De zware ademhaling werd waarschijnlijk veroorzaakt door een longbloeding en ik moest haar onmiddellijk een bloedtransfusie geven. Mensen hebben zes verschillende bloedgroepen, maar bij honden kun je er maar liefst zesenvijftig onderscheiden. Het scheelt dat die van honden niet zo uniek zijn; er is veel overlap. Er is universeel bloed te koop, maar dat commerciële spul is maar beperkt houdbaar. Als het te lang op de plank blijft liggen, mag je het op een bepaald moment niet meer toedienen. Ik heb hier iets heel slims op bedacht: ik gebruik mijn Duitse doggen als bloeddonors. Het zijn grote beesten, en ze kunnen zo veel bloed geven als we nodig hebben. Maeson, de goeiige Duitse dog van mijn zoon Charles, wist precies wat er van haar werd verwacht. Ik nam haar mee naar de spreekkamer en zei dat ze moest gaan zitten. Je zag haar denken: *o nee, niet weer hè*. Maar ze stak heel trouw haar voorpoot uit en wendde haar kop af, zoals je ook kleine kinderen wel ziet doen als ze een prik moeten hebben. Steeds wanneer ik een buisje hondenbloed nodig had, was het op deze manier binnen een minuut geregeld.

Bij zo'n bloedtransfusie geef ik altijd eerst een klein beetje bloed om te zien hoe de hond erop reageert. Begint hij zwaar te ademen of geeft hij op een andere manier blijk van ongemak, dan laat ik het daarbij. Een beetje vreemd bloed kan geen kwaad.

Het is misschien niet de meest moderne benadering, maar het is altijd zeer effectief, en ik heb op deze manier dan ook heel wat honden kunnen redden.

De teckel reageerde goed op het bloed, en ze krabbelde kort na de bloedtransfusie al wat op. Ze kreeg weer wat aandacht voor haar omgeving en spitste zo nu en dan zichtbaar haar oren. Ze kwispelde zelfs een paar keer aarzelend. Het was alsof je iemand langzaam bij zijn positieven ziet komen, met een blik die wil zeggen: Hè, waar ben ik? Hoe ben ik hier nou terechtgekomen? Dat teckeltje heeft echt geluk gehad, want ze kwam er weer helemaal bovenop en dat gebeurt echt niet in alle gevallen. Zij kon worden gered omdat ik vaker zo'n geval bij de hand had gehad en de symptomen herkende.

Het zou toch mooi zijn als een dierenarts een ziek dier een stoel kon aanbieden en het vervolgens kon vragen wat het probleem was. Geweldig als hij dan zou horen: *ik heb een pijntje in mijn pens, dokter.* Of: *volgens mij heb ik een zwelling bij mijn vetlok.* Of: *ik voel de hele tijd een kloppende pijn in mijn buik.*

Het zou fijn zijn als ik gewoon kon vragen waar het pijn deed. Maar helaas, een dier kan alleen met een hoef slaan als ik de vinger op de zere plek weet te leggen.

Hoe kom je tot een diagnose bij patiënten die je niet kunnen vertellen wat ze mankeren? Je zult mij nooit horen zeggen dat de dieren tegen me praten. Ik ben doctor Dolittle niet. Zelfs de papegaaien vertellen me niets. Toch weet ik bij een ziek dier signalen op te vangen die me in de juiste richting sturen. Door goed op te letten, door te kijken en te luisteren kom ik vaak al een heel eind. Ik ga bij het stellen van een diagnose zelfs af op mijn reuk en smaak.

Hoeveel dieren ik tot nu toe behandeld heb, zou ik werkelijk niet weten, maar het zijn er zo veel dat ik inmiddels precies weet hoe een gezond dier eruitziet. Dus als een dier afwijkend gedrag vertoont of er anders uitziet dan normaal, dan heb ik dat meestal snel in de gaten. Ik zet al mijn zintuigen in. Zie ik bijvoorbeeld een koe met een vacht die net zo vet is als de kuif van Elvis, dan weet ik meteen dat ze luis heeft. Koeien met luis draaien alsmaar rondjes, doen soms gek met hun staart en likken voortdurend hun vacht. Als ik tegen de vleug in strijk, zie ik de luizen zo zitten. Ik kan de koe er iets voor geven, maar van die luizen komt ze nooit helemaal af. Dat is gewoon onmogelijk.

Luizen kunnen schadelijker zijn dan je misschien zou denken. In de begintijd van de praktijk werden we gebeld door een boer die tegen Diane zei dat een van zijn vaarzen door de bliksem getroffen was. Hij wilde dat ik de koe kwam onderzoeken, zodat hij met mijn verklaring in de hand het verzekeringsgeld kon incasseren. Soms vertellen mensen me over de telefoon al wat er met hun dier aan de hand is, maar ik hecht nooit zoveel waarde aan hun oordeel. Ik luister wel, maar de diagnose stel ik altijd zelf. Er worden geregeld koeien door de bliksem getroffen; ze staan tenslotte vaak in het open veld en dan kan zoiets gebeuren. Verzekeringsmaatschappijen spreken in zo'n geval van overmacht en vergoeden het dode dier dan ook meestal. Maar ze eisen wel een verklaring van een dierenarts, waarin deze bevestigt dat het dier door de bliksem is gedood.

Voor ik naar die boerderij ging, vroeg ik aan Diane wanneer het volgens haar voor het laatst geonweerd had. 'In het voorjaar, geloof ik,' zei ze. Als dat klopte, dan was die koe al een hele poos dood. Bij de boerderij aangekomen bleek een autopsie niet eens nodig. De koe lag in de wei, maar er was niets wat wees op een blikseminslag. Sterker nog, ik kon zo op het eerste gezicht geen aanwijsbare doodsoorzaak vinden. Waaraan was ze dan doodgegaan? Ik duwde een van haar oogleden omhoog – de kleur van het weefsel is altijd veelzeggend – en toen begreep ik het. Ik haalde mijn zakmes tevoorschijn en streek ermee tegen de vleug van de vacht in. Ik hield het lemmet op. 'Moet je eens zien,' zei ik.

Het lemmet zat onder de luizen. Dit beest was volledig leeggezogen. De luizen hadden al haar bloed opgedronken.

Ik zei tegen de boer: 'Het spijt me, maar ik schrijf geen brief voor de verzekeringsmaatschappij. Dat kan ik niet doen.'

Het kan best zijn dat deze boer te goeder trouw was. De koe had in de wei gestaan, ze was gezond, de avond ervoor had ze net zo goed gegeten als anders en toch was ze de volgende ochtend dood. Op zich niet vreemd dat hij aan blikseminslag dacht. Maar wat hij niet kon zien, was dat ze aan bloedarmoede leed; ze had die luizen al een hele tijd. Om de een of andere reden waren het er ineens heel veel meer geworden en dat was haar fataal geworden. Het is goed mogelijk dat de boer niet had gemerkt dat ze luis had, anders had hij me er wel eerder bij gehaald.

Ik word regelmatig gebeld door boeren die me vertellen dat een van hun koeien niet meer overeind kan komen. Ze zeggen dan: 'Ik begrijp er niets van, Jan. Gisteravond was er niets aan de hand, maar toen ik vanochtend in de stal kwam, lag ze op de grond en ze wil niet meer opstaan.'

In zo'n geval doen ze er goed aan om de veearts erbij te halen, want dan is er misschien nog een kans dat het dier gered kan worden. Bij koeien die blijven liggen is de kans op herstel groter dan bij paarden.

Paarden zijn vluchtdieren: dreigt er gevaar, dan maken ze zich uit de voeten. Vechten doen ze alleen als het niet anders kan. Dus als een paard niet kan vluchten, loopt hij groot gevaar. Bij het onderzoeken van zo'n liggend dier let ik altijd op symptomen van het West-Nijlvirus. Een paard kan 's avonds gezond op stal gezet worden en 's ochtends uitgestrekt op het stro liggen maar toch gewoon eetlust hebben. Als ik zo'n paard wat hooi voorzet en het blijft op zijn zij liggen om ervan te eten, dan weet ik wat er aan de hand is. Hersenontsteking. Het paard is verlamd, het kan niet meer opstaan. Zou je het overeind hijsen, dan zou het onmiddellijk weer door zijn benen zakken. Tegen de tijd dat een paard met hersenontsteking neergaat, is het te laat. Als de boer merkt dat zijn paard zich vreemd gedraagt waarna het door zijn benen zakt, dan kan ik het een grote dosis cortison toedienen. Dat gaat de zwelling tegen, en daarmee kan een paard in sommige gevallen gered worden. Maar beginnen de hersenen door de ontsteking al op te zwellen, dan is er niets meer aan te doen. Het is heel spijtig, maar in zo'n geval zal ik het paard uit zijn lijden moeten verlossen.

Er kan ook een andere reden zijn waarom een paard blijft liggen. Bij ons in de buurt woonde een heel aardige vrouw die een oud Belgisch trekpaard had. Op een dag belde ze naar de praktijk en zei dat ik vlug moest komen omdat haar paard niet meer op kon staan. Ik schrok toen ik dit hoorde, want ik wist hoeveel ze om dat paard gaf. Ze zou het vreselijk vinden als ik haar paard moest laten inslapen. Ik ging naar haar toe en onderzocht het paard. Hij was niet verlamd, en eigenlijk kon ik helemaal niets ernstigs ontdekken. Ik kreeg een vermoeden: 'Hij heeft geen zin om op te staan,' zei ik tegen haar. 'Het lijkt erop dat hij een beetje last heeft van artrose, maar hij kan echt nog wel opstaan.'

Ik moest eens een hartig woordje met hem spreken. Ik duwde hem rechtop en maakte een hoop lawaai om zijn aandacht te krijgen. Toen gaf ik hem een klap op zijn achterste en trok hem aan de staart. *Goed, goed, ik sta al op*, scheen het paard te denken. Hij krabbelde overeind, in de hoop dat die rare veearts hem dan verder met rust zou laten.

Ook een koe die blijft liggen doet alarmbelletjes rinkelen, maar er hoeft niet altijd iets ernstigs aan de hand te zijn. Als ik zo'n liggende koe onderzoek en ik kan niet direct iets ontdekken, dan pak ik altijd even haar oren vast. Die zijn een natuurlijke thermometer. Voelen ze warm aan, dan is de bloedsomloop in orde. Voelen de oren koud aan, dan schijn ik daarna met een zaklampje in haar ogen. Als haar pupillen zich niet samentrekken is er sprake van een calciumtekort en lijdt ze waarschijnlijk aan melkziekte. Dat komt geregeld voor bij koeien die een kalf geworpen hebben waar ze melk voor moeten maken. Om de melk een constante voedingswaarde te geven, nemen de melkklieren calcium op uit het bloed. Maar de koe heeft ook calcium nodig om te kunnen bewegen, want het is een boodschapperstof tussen de zenuwen en de spieren. Als er niet voldoende calcium in het bloed zit, kan de koe haar spieren niet gebruiken. Die weigeren dan gewoon dienst. Onbehandelde melkziekte kan leiden tot de dood van de koe, maar als ze tijdig een grote dosis calcium toegediend krijgt, dan komt ze er waarschijnlijk wel overheen. Een koe die eerst nog ten dode opgeschreven leek, krabbelt al snel weer helemaal op.

In de begintijd van onze praktijk behandelden we heel veel koeien met melkziekte, en dat zijn zonder uitzondering noodgevallen. In zo'n situatie telt ieder uur. Eerst moet het calciumtekort worden aangepakt. Wat zo'n koe eventueel verder nog mankeert, zoek ik daarna op mijn gemak uit. Zolang een koe haar best doet om op te staan, is er een kans dat ze het redt. Ze hebben een dikke huid, dus ze zullen niets overhouden aan hun verwoede pogingen overeind te komen. Slimme boeren begrepen dat ze kostbare tijd en geld konden besparen door de gevallen van melkziekte zelf te behandelen.

Ik vind het altijd naar om een dier zo te zien liggen. Ze zijn bang, omdat ze zo kwetsbaar zijn, maar ik denk ook dat ze zich een beetje schamen. Een voordeeltje voor mij is dat ik dicht bij ze kan komen om ze te onderzoeken. En een dier dat op de grond ligt, hoef je in ieder geval niet eerst te vangen. Toch doe ik koeien altijd eerst een halster om en zet dat met een touw vast aan hun achterpoot. Zou ze dan toch ineens een poging willen doen om te gaan staan, dan kan ze zichzelf of mij daarbij niet verwonden.

Het komt geregeld voor dat ik bij een visite de patiënt eerst moet vangen en vastzetten voordat ik hem kan onderzoeken. Dat is soms een zeer tijdrovende, frustrerende en zelfs gevaarlijke klus. Een dier dat niet lekker in zijn vel zit, voelt zich kwetsbaar en is gespannen. Het reageert zich fel af op iedereen die het niet vertrouwt. Mij dus.

Het vangen en vastzetten van dieren is in Utrecht, op de opleiding, niet aan de orde gekomen. Daar zeiden ze tegen ons dat de boer de koe moest vastzetten voordat wij kwamen. Dat het paard keurig op stal moest staan en het varken in zijn hok moest zijn opgesloten. Misschien deden de Nederlandse boeren dat ook wel, maar in de tijd dat ik voor dokter Hentschl werkte ontdekte ik al snel dat het er in de Thumb anders aan toeging. De meeste boeren beschikken wel over een paar kleine verblijven die de dieren maar weinig bewegingsruimte geven. Ze zijn zo smal dat het dier zich er niet in kan omdraaien. We proberen de dieren van de grotere hokken naar die kleinere te drijven. Lopen ze echter vrij rond, dan moeten we een andere manier verzinnen om ze binnen handbereik te krijgen.

Wat er ook gebeurt, ik zal nooit achter een dier aan gaan en een sprintje zie je mij al helemaal nooit trekken. Trouwens, dat heeft ook helemaal geen nut, want zelfs het traagste dier is mij nog te vlug af. En stel dat ik er eentje zou weten te bereiken dan zou ik nog niet weten hoe ik hem moet laten stoppen met rennen. Ook kan ik me in zo'n geval niet in veiligheid brengen. Voordat ik een omheinde ruimte met een dier erin betreed, kijk ik altijd eerst wat de beste vluchtroute is. Want je wilt natuurlijk zeker weten dat je zo'n verblijf ook weer levend zult verlaten. Dieren kunnen gevaarlijk zijn. Ik zorg er altijd voor dat ik in de buurt van het hek blijf, zodat ik er in geval van nood vlug overheen kan springen. Maar lukt dat om de een of andere reden niet, dan is het bij grotere dieren vaak al voldoende om vlug een stap opzij te doen. Want koeien en stieren zijn geen lichtvoetige dieren. Ze zullen in de meeste gevallen gewoon rechtdoor denderen en als jij opzij springt, zullen ze het doel dus missen. De meeste dieren zijn er niet op uit om iemand kwaad te doen, en wraakgevoelens kennen de meeste ook niet. Ze proberen je soms alleen te vlug af te zijn.

Een van de eerste dingen die ik in Amerika leerde, was hoe je een dier met een touw vastzet. In Nederland had ik heel wat Amerikaanse westernfilms gezien, maar een echte cowboy was ik daar natuurlijk niet van geworden. Ik weet hoe je een lasso werpt, maar iedereen die me weleens een poging heeft zien doen, weet dat ik er geen ster in ben. Ik maak de lus zo groot mogelijk en ga dan zo dicht mogelijk bij het dier staan om het touw te werpen. En dan begin ik weer van voren af aan.

Ik weet op deze manier nog weleens een koe te vangen, want zij gaan er niet zo snel vandoor. Met paarden ben ik minder succesvol, want zij hebben een veel kortere reactiesnelheid. Als een paard je met dat touw ziet aankomen is-ie al weg, terwijl je een koe ziet denken: *eh... wat is die van plan?*

Bij de opnames voor het programma maakten we een keer iets moois mee. Ik moest een Texas Longhorn vangen om haar te kunnen helpen bij het afkalven. Het was een prachtig dier met hoorns met een spanwijdte van zo'n twee meter. Ik maakte een grote lus en wierp de lasso, die precies over de beide hoorns viel. Dat was voor mij die keer niet het moeilijkste deel van de exercitie; lastiger vond ik het om mijn verbazing hierover te verbergen. En ik weet nog dat ik dacht: o, ik hoop maar dat ze dit erop hebben staan, want het zal wel even duren voor ik zo'n kunstje nog eens flik.

Soms moet je een dier te slim af zijn, en gelukkig ben ik altijd iets slimmer dan de meeste dieren waar ik mee werk. Op een zaterdagochtend werd ik gebeld om te assisteren bij de verlossing van een vleeskoe. Het was een nukkig beest met grote hoorns, en ze was gevaarlijk. Ze liep rond in een vrij grote paddock. En elke keer dat ik me daarin waagde, kwam ze dreigend op me af. Ik zou haar alleen kunnen helpen als ik haar ving en stevig wist vast te zetten. De lasso was geen optie, want ik kon haar niet dicht genoeg naderen. Daarom klom ik maar op het houten hek en begon haar te sarren. Ik riep: 'Kom maar op als je durft, stomme koe.'

Ik raapte wat steentjes op en wierp die naar haar. Na een tijdje had ze er genoeg van; ze kwam woedend op me af gestormd. Toen ze langs me rende, liet ik de lasso over haar kop vallen en trok het touw strak aan. Hebbes! Ze sprong zowat uit haar vel van woede en begon te bokken, maar we slaagden erin haar naar een klein hok te leiden waarin ze zich niet kon omdraaien. Ik deed nog een touw om haar kop, zodat ik haar aan twee kanten aan het hek kon vastzetten. En nog gaf ze de strijd niet op. Ze ging zo tekeer dat ze bijna stikte, dus we moesten de touwen iets losser doen. En toen ze eindelijk rustig was, kon ik het kalf eruit trekken. Het was dood. Ik zei tegen de boer: 'Luister. Deze koe blijft vandaag en morgen in dit hok. En maandagochtend gaat ze linea recta naar het slachthuis.'

De boer vertelde me toen dat deze koe al eens een vaars had

doodgetrapt die net een kalf had geworpen, omdat ze het kalf voor zichzelf wilde hebben. Dit dier was onhandelbaar geworden en er zat dus maar één ding op.

Ongeveer een jaar later belde diezelfde boer me weer op. Hij vroeg of ik meteen kon komen; ook dit keer ging het om een moeilijke verlossing bij een van zijn koeien.

'Waar is de koe nu?' vroeg ik.

'O, die loopt ergens met de kudde bij de rivier.'

'Oké,' antwoordde ik. 'Bel maar terug zodra je haar gevangen hebt. Dan kom ik er meteen aan.'

Ik heb niets meer van hem gehoord. Ik doe wat ik kan, maar als een boer niet bereid is om mee te werken, help ik liever een andere klant.

Bij het vangen van dieren moet je altijd voorzichtig blijven, om welke diersoort het ook gaat. Veel mensen denken bijvoorbeeld dat koeien echte lieverds zijn, maar dat beeld klopt niet. Koeien zijn grote beesten, en ontzettend sterk bovendien; ze zijn veel sterker dan paarden. Wie met koeien werkt, moet goed beseffen dat deze dieren zich niet van hun eigen kracht bewust zijn. En ze kunnen ook behoorlijk onberekenbaar zijn. Ik heb wel koeien over een hek zien springen zonder dat aan te raken. Iedereen die voor ons komt werken, leg ik daarom uit dat ze de dieren die ze behandelen nooit ofte nimmer de rug mogen toekeren.

Ik heb nog nooit een varken hoeven vastzetten. Dat is gewoon niet nodig. Iedereen heeft weleens grappige beelden gezien van mensen die een snoekduik maken om een varken te pakken te krijgen. Maar ik weet één ding heel zeker: varkens hebben helemaal geen zin om de strijd met je aan te gaan. Een varken dat los loopt moet je niet proberen te vangen, want dat heeft geen enkele zin. In Harbor Beach lieten we een varken net zolang rondrennen tot het er uit zichzelf mee ophield. Dan liepen we er behoedzaam op af, spraken het op kalme toon toe en als we het dicht genaderd waren, dan gooiden we een plastic emmer over de kop. Dat bracht het varken zo in verwarring dat het bleef staan.

Dokter Arbaugh heeft ervaren dat het soms beter is om varkens op een andere manier in bedwang te houden. Hij moest eens een keer een druk varken behandelen. Het lijkt misschien alsof varkens geen nek hebben, maar in werkelijkheid hebben ze enorm sterke nekspieren. Toen dit varken de emmer over zijn kop kreeg, probeerde hij die er meteen weer af te schudden. Hij gooide zijn kop daarbij in een felle beweging omhoog en de rand van de emmer raakte dokter Arbaugh precies onder zijn neus. Al zijn voortanden zaten los en er moesten er zelfs een paar worden vastgezet. Na deze pijnlijke tik was hij een paar dagen uit de running.

Ik heb ook rare dingen meegemaakt met grote varkens. Een man uit een aangrenzende county wilde zes beren laten castreren.

'Hoe zwaar zijn ze?' vroeg ik.

'Een kilo of vijftig,' antwoordde hij.

Ik vertelde hem dat ik voor deze klus een grote ton nodig had. Toen ik op de boerderij aankwam, zag ik dat hij er bij zijn schatting van het gewicht zeker vijftig kilo naast gezeten had. Deze varkens waren flink uit de kluiten gewassen, en hadden al maanden eerder gecastreerd moeten worden. Ze hadden mij nog niet gezien of ze zetten het op een lopen... je zou haast denken dat ze al wisten wat ik kwam doen. Toch kostte het ons niet veel moeite om ze te vangen. We plaatsten de ton aan het eind van een smalle doorgang en dreven de varkens er een voor een naartoe. Zodra het varken in de ton zat, zetten we hem rechtop zodat het varken zo'n beetje op zijn kop stond. Vervolgens pakten we zijn achterpoten beet en trokken ze een eindje uit elkaar, zodat ik de ballen eraf kon knippen. Dat klinkt misschien naar, maar het is niet extreem pijnlijk voor ze. Zodra ik klaar was, kantelden we de ton weer, zodat het varken er achterwaarts uit kon komen. Daarna gingen ze er in een noodtempo vandoor. Voor we het wisten, hadden we ze alle zes onder handen gehad.

Terwijl ik met de castraties bezig was, vroeg de boer of ik de testikels schoon wilde houden, en dat vond ik nogal een vreemd verzoek. Toen ik vroeg wat hij ermee van plan was, zei hij dat hij ze ging opeten. 'Ze smaken heerlijk,' zei hij. Voor ik vertrok, nodigde hij me uit voor het eten. Ik was er misschien iets minder snel vandoor dan die varkens, maar veel scheelde het niet.

Geiten vangen is gemakkelijk; ik heb ze meestal zo te pakken. Ik denk dat we er elk jaar een stuk of duizend onthoornen. Geiten rennen meestal niet weg, want het zijn nieuwsgierige dieren. Als je door een kudde schapen of geiten loopt, dan komen ze allemaal naar je toe om te zien of je soms voer bij je hebt en om aan je zakken te snuffelen. Wil je vriendschap sluiten met een geit, geef hem dan iets te eten. Het maakt niet uit wat, ze eten alles. Er is een oude mop, waarin wordt gevraagd: 'Wist jij dat er veel geiten zaten in het Saharabos?'

'Het Saharabos? De Sahara is een woestijn, hoor.'

'Nu wel, ja.'

Maar goed, geiten zijn dus niet al te lastig te vangen, en heb je ze te pakken, dan blijven ze staan en wachten af wat je met ze wilt doen. Toch konden geiten vroeger, toen ze nog niet onthoornd werden, soms best gevaarlijk zijn. Ik weet nog dat ik eens een geit moest behandelen die hoorns had van wel vijftig centimeter lang. Ze had de punten scherp geslepen door ermee langs een rotsblok te schuren. Met haar hoorns heeft ze een paard aan één oog blind gemaakt: het paard stak zijn hoofd om het rotsblok en kreeg de punt van haar hoorn in zijn oog.

Schapen zijn een stuk lastiger te vangen. Het zijn kuddedieren;

de groep biedt ze wel enige bescherming, maar verder zijn ze nogal hulpeloos. Eén schaap blijft misschien nog wel staan, maar een kudde zet het bij de geringste dreiging meteen op een lopen. En als het moet, rennen ze gewoon over je heen.

Op een dag moest ik een wel heel vreemd dier zien te vangen. Diane kreeg iemand aan de telefoon die op zenuwachtige toon vroeg of ik meteen kon komen. 'Wil je Jan hierheen sturen? Er staat een heel grote vogel door het keukenraam naar binnen te kijken.'

Een vogel voor het keukenraam? Dat is toch niet zo heel vreemd? Bij ons zitten er zo vaak vogels op de vensterbank bij ons naar binnen te turen. Maar toen Diane vroeg of ze de vogel kon beschrijven, zei ze: 'Hij staat op de grond en kijkt door het raam. Hij is ongeveer twee meter hoog.'

'Aha. Wat is het voor een vogel?'

'Ik heb geen idee. Daarom bel ik jullie.'

Mijn zoon Charles was toen nog klein. We stapten in onze jeep en reden naar het adres waar die reuzenvogel zich zou ophouden. Het bleek een emoe te zijn. Hij kwam van een emoefokkerij die kort daarvoor daar in de omgeving geopend was. Het zijn grote vogels. Ze rennen en springen, maar kunnen niet vliegen. Later heb ik er zelf een tijdje een paar gehad. Ik vind het leuke dieren, ze zien er grappig uit en ik moet vaak om ze lachen. Ik had er toen nog nooit eentje van dichtbij gezien, maar deze jongeheer (of jongedame, het verschil is nauwelijks te zien) zag er een beetje verlopen uit. Het was duidelijk dat hij erge honger had, daarom stond hij waarschijnlijk ook zo naar binnen te kijken. Hij was een beetje schichtig, maar ik wist er dichtbij te komen en trok vlug een sok over zijn kop. Ik drukte op zijn rug en toen ging hij liggen. Net als struisvogels denken ze dat hun niets kan overkomen wanneer ze hun kop in het zand steken. Best vreemd als je erover nadenkt. Waarschijnlijk denken ze: als ik jou niet zie, zie jij mij ook niet. Maar ze zijn twee meter hoog, dus je ziet ze echt wel! Het betekent alleen dat zij het gevaar niet zien.

Ik tilde de vogel op, zette hem in de auto en instrueerde Charles: 'Zorg ervoor dat hij zijn kop omlaag houdt.'

En de hele rit lang duwde Charles iedere keer weer voorzichtig de kop naar beneden. We zetten de emoe bij de paarden, die schichtig naar dat gekke beest keken. Eerst vluchtte de emoe zo ver mogelijk bij de paarden vandaan, maar hij raakte algauw een stuk tammer en at op een gegeven moment zelfs uit onze hand.

Een tijd later kreeg ik een telefoontje van de dierenbescherming in Clare. Een ontsnapte emoe zorgde voor problemen langs een doorgaande weg. Een weggebruiker had de hondenvanger gebeld. Die had de vogel gevonden, maar wist niet hoe hij hem moest vangen. 'Nou,' zei hij tegen me, 'hoe gaan we dit aanpakken?'

'Laat mij maar even,' zei ik.

Ik had inmiddels aardig wat ervaring met emoes opgedaan en ik wist dat ze zich als ze bang zijn helemaal oprichten en dat ze hun lichaam horizontaal houden wanneer alles rustig is. Rechtop betekent 'gevaar', voorovergebogen betekent 'veilig'. Ik liep op de vogel af en zag dat hij probeerde in te schatten of ik een gevaar vormde of niet. Hij nam het zekere voor het onzekere en creëerde wat afstand. En toen boog ik me vanaf mijn heupen zo ver mogelijk voorover. De vogel vond dit heel opmerkelijk en keek me met een opzij gekanteld koppie aan. Hij besloot kennelijk dat ik te vertrouwen was en liet zijn kop een stuk zakken. Zo stonden we elkaar een poosje aan te kijken. Ik kwam voorzichtig nog iets dichterbij en deed een hondenriem om zijn nek. 'Kom maar mee,' zei ik. 'We gaan naar de auto.' En zo haalde ik hem daar weg.

Toen de vogel veilig en wel in de auto zat, vroeg de hondenvanger me: 'Hoe heb je dat nou voor elkaar gekregen? Van wie heb je dat geleerd?'

'Nou, van de emoes zelf,' zei ik.

Sommige dierenartsen gebruiken een verdovingsgeweer om dieren rustig te krijgen. Ik niet; ik heb er niet eens een in huis. Zo'n verdovingsgeweer werkt op perslucht en je kunt er een buisje met een naald op de punt mee afvuren, over een afstand tot wel vijftien meter. In sommige gevallen kan dit misschien wel handig zijn, maar ik begin er niet aan. De boeren moeten hun eigen vee maar vangen, daar ben ik niet voor. Als ik zo'n ding standaard in mijn auto heb liggen, dan verwachten ze straks dat ik er alle lastige koeien mee ga platspuiten.

Er zijn situaties waarin je niet onder een verdoving uit komt. Er waren in Clare County eens acht vleeskoeien ontsnapt en die waren het bos in gerend. Veel mensen denken dat koeien maar slome beesten zijn die zich in het wild absoluut niet kunnen redden, maar dat beeld klopt niet. Deze koeien wisten zich heel snel aan hun nieuwe leefomgeving aan te passen. En ze waren de mensen die ze probeerden te vangen steeds te slim af. Die koeien hebben het een paar maanden in het bos weten uit te houden. Er werd op ze geschoten met verdovingsgeweren, maar de schutter kon ze steeds niet dicht genoeg naderen. Uiteindelijk hebben ze de koeien met een groep mensen het bos uit gedreven. In het open veld werden ze opgewacht door een jager die ze alle acht heeft doodgeschoten.

Als ik een dier moet verdoven, dan bedenk ik een manier om hem de injectie zelf toe te dienen. Er was vlak bij ons een boerderij die werd gedreven door een vrouw en haar twee zoons. Een boerenbedrijf dat door een vrouw wordt geleid is een zeldzaamheid. Haar man had een paar jaar daarvoor met een stel vrienden een golfbaan vernield door er met een terreinwagen overheen te scheuren. Uit angst dat hij voor de schade zou moeten opdraaien, had hij de boerderij op naam van zijn vrouw laten zetten. En hij heeft haar vast niet goed behandeld, want drie maanden later gooide ze hem het huis uit.

Op deze boerderij hadden ze een lastige stier. Meestal krijgt zo'n beest een ring door zijn neus met een ketting eraan, maar dit was echt een heel imposant exemplaar. Hij was nauwelijks benaderbaar. 'Hoe kunnen we hem nou het beste vangen, dokter?' vroeg de vrouw.

'Ik weet wel iets. Kijk maar eens hoe ik dat doe,' zei ik. Maar ik voegde eraan toe: 'Haal me vlug uit het hok als hij me aanvalt.'

De stier en ik keken elkaar aan. Ik liep behoedzaam het verblijf in, waar ook nog een paar koeien stonden. Ik zorgde ervoor dat zij de hele tijd tussen mij en de stier in bleven. Voor koeien ben ik nooit bang; ik geef ze gewoon een zetje als ze in de weg staan. Ik ging op mijn doel af, veilig van de ene koe naar de andere lopend. Na een tijdje was ik de stier zo dicht genaderd dat ik met een vlugge armbeweging de naald in zijn achterhand kon prikken. Hij draaide zich vliegensvlug naar me om, maar ik was het hok al uit. Nu was het een kwestie van tijd. Na vijf minuten begon hij slaperig te worden en na nog eens vijf minuten was hij compleet onder zeil. Ik liep naar hem toe en bracht de neusring in, hing de ketting eraan en liep het verblijf weer uit. Daarna gebeurde er iets heel opmerkelijks. Iets wat ik zelfs nooit voor mogelijk had gehouden.

Die stier moet echt heel lelijk hebben gedaan tegen zijn koeien, want toen ze merkten dat hij uitgeschakeld was, namen ze hem te grazen. Och, wat waren die koeien gemeen. Ze gaven hem kopstoten en sommige liepen dwars over hem heen. Die stier kreeg er flink van langs. Ik zei tegen die vrouw: 'Die koeien moeten daar weg, anders weet ik niet of hij het wel overleeft.'

'Ja, daar zou je weleens gelijk in kunnen hebben,' zei ze, maar het leek net of ze het de koeien wel gunde om eens stoom af te blazen. Misschien dacht ze zelfs wel aan wat haar was overkomen met haar man. Gelukkig was ze zo verstandig om met haar zoons de koeien naar een ander deel van de stal te jagen en ze buiten te sluiten.

Terwijl ik bij die stier in het hok stond, hebben we elkaar geen moment uit het oog verloren. Hij keek me nieuwsgierig, maar wantrouwend aan. Zijn lichaamstaal loog er niet om: als je leven je lief is, blijf dan bij me uit de buurt. Wie oog heeft voor de signalen, weet precies hoe de vlag er bij een dier bij hangt. Je kunt in zijn ogen lezen hoe het over je denkt. Die ogen vertellen je of het dier boos, bang of welwillend is. Het kost alleen de nodige tijd om hun lichaamstaal te leren doorgronden.

Toen onze praktijk nog maar een paar maanden open was, moest ik op een Murphy Beef-boerderij een aantal dieren onderzoeken. Ze hadden daar toen een kudde vaarzen. We dreven er een stel in een verblijf en ik weet nog dat ik erbij ging staan om ze naar een kleiner hok te drijven, waar ze minder manoeuvreerruimte hadden. Ik zwaaide met mijn armen en schreeuwde tegen ze. Een van die vaarzen draaide haar kop mijn kant uit. Even later deed ze dat nog een keer en voor ik het wist smeet ze me tegen het hek. Een paar omstanders pakten me beet en sleurden me uit het verblijf. 'Doc, zag je dat niet?' vroeg een van de boerenknechten.

'Wat?' Ik zag eigenlijk alleen sterretjes.

'Als ze je eerst over hun ene en dan over hun andere schouder aankijken, dan moet je echt wegwezen, want dat betekent dat ze gaan aanvallen.'

Ze had me gewaarschuwd, en ik had haar signalen niet opgepikt. Ik was nog nooit eerder door een dier aangevallen en het was een goede les, want in het vervolg was ik veel alerter op hun lichaamstaal. Een kwaaie koe zwaait fel met haar staart, zo probeert ze je te vertellen dat je maar beter heel snel kunt ophoepelen. Paarden vertellen je dingen met hun oren en hun lichaamstaal, en als ze met opengesperde neusgaten snuiven is het echt foute boel. Dan weet je zeker dat ze geen zin hebben in een bezoekje van de veearts.

Ook kleine dieren geven volop signalen en ik herken de meeste ondertussen wel. Behalve die van katten, want die geven hun zielenroerselen niet zomaar bloot. Ik ben er inmiddels achter dat bij de meeste dieren de kans op een beet of andere aanval minimaal is als je oogcontact houdt. Behalve bij chihuahua's. Waarom weet ik niet, maar met dit hondenras kan ik echt niet overweg.

Ik ga altijd als volgt te werk. Eerst bekijk ik het dier en luister ik naar wat de eigenaar me erover vertelt. Vervolgens onderzoek ik het dier en na het stellen van de diagnose vertel ik de eigenaar wat de prognose is en start ik de behandeling. Bij zo'n onderzoek let ik op heel veel verschillende zaken. Ik luister goed naar wat de eigenaar me vertelt, maar soms gaat hun verhaal het ene oor in, het andere oor uit. 'Ja, ja,' zeg ik vaak, 'dat zou kunnen. Maar ik denk dat er iets anders aan de hand is.'

En vervolgens stel ik mijn eigen diagnose. Mensen zijn heel behulpzaam, maar ze zien veel over het hoofd. Of ze durven niet onder ogen te zien dat hun huisdier ernstig ziek is en stellen de zaken daarom rooskleuriger voor dan ze zijn.

Veel mensen bellen met vragen naar de praktijk omdat ze ons van tv kennen. Officieel mag ik via de telefoon geen adviezen geven, maar ik stel me vaak behulpzaam op. Zo werd ik eens gebeld door een amish-boer die aan de rand van ons verzorgingsgebied woonde. 'Dokter,' zei hij, 'een van mijn koeien eet niet meer. Wat kan ik daaraan doen?'

Tja, wat moest ik daar nu over zeggen? 'Zou het kunnen dat ze iets heeft ingeslikt? Iets wat ze niet kan verteren?'

'Dat is mogelijk,' zei hij. 'want ze heeft op het land gestaan. Maar het zou ook longontsteking kunnen zijn. Ze gedraagt zich anders dan anders en ze geeft veel minder melk.'

Afgaande op zijn beschrijving kon ik absoluut geen diagnose stellen. Er kon van alles aan de hand zijn, variërend van een vreemd object in de maag tot longontsteking of een slag in de maag. Soms hebben de dieren hierbij verhoging, maar soms ook niet. Het was typisch voor de manier waarop mensen de klachten van hun dier omschrijven. Ik stelde hem nog wat vragen waarop ik even vage antwoorden kreeg, en toen zei ik tegen hem: 'Als ik jou was, dan zou ik haar een magneet laten inslikken, haar antibiotica geven en dan kijken hoe ze er over een paar dagen aan toe is.'

Koeien slikken vaak van alles en nog wat in. En als de kwalen van de koe een totaal andere oorzaak hebben, dan kan zo'n magneet absoluut geen kwaad. De magneet komt in de netmaag terecht, een kleine maag die voornamelijk vocht bevat. Hij is meestal zo'n vijftien centimeter in doorsnee, maar als hij zich samentrekt, wordt hij snel drie keer zo klein. Als een koe per ongeluk iets heeft ingeslikt – een stukje ijzerdraad bijvoorbeeld – dan prikt dat bij een samentrekking door de wand van de netmaag. Dat doet veel pijn en daarom zal de koe stoppen met eten. Laat je zo'n koe een magneet inslikken, dan zal het metaal zich daaraan hechten en zo zijn weg naar buiten vinden.

Twee dagen later hing hij weer aan de telefoon. 'Geen verbetering. Kunt u komen? Ik kan deze koe echt niet missen.'

Toen ik de koe zag, wist ik meteen wat er aan de hand was, de boer had daar zelf niet op kunnen komen. Zijn koe had aan de rechterzijde een slag in haar maag, een ernstige aandoening.

Normaal gesproken zou ik hem hebben aangeraden de koe te laten slachten, maar in dit geval was dat niet mogelijk omdat hij haar antibiotica had gegeven.

En opereren was niet alleen peperduur, maar zou in dit geval ook geen verbetering brengen. Slechts een op de vier dieren overleeft zo'n ingreep, en deze koe zou het sowieso niet redden. Als de boer haar symptomen nou iets nauwkeuriger had omschreven, dan zou ik hem nooit die antibiotica hebben aangeraden. Dit is dus de reden waarom ik nooit al te veel aandacht besteed aan de suggesties van de eigenaar. Deze koe had een compleet andere aandoening, maar dat betekende niet dat ik haar zomaar aan haar lot zou overlaten.

'We laten haar omrollen,' zei ik tegen hem. Ik had zo'n geval weleens vaker bij de hand gehad en ik wist hoe ik het probleem kon verhelpen. Met behulp van touwen trokken we de koe tegen de grond. We rolden haar om en lieten haar vijf minuten op haar rug liggen. Je hoorde het gas in de verdraaide maag vrijkomen en dat was een heel goed teken.

De belangrijkste vraag is altijd: waaraan merk je dat het dier zichzelf niet is? Dieren hebben vaste gewoonten en als er iets verandert in hun gedrag is daar duidelijk een aanleiding voor. Tijdens de opleiding in Utrecht heb ik geleerd om bij de diagnose al mijn zintuigen in te zetten. Kijk naar het dier, raak het aan, beluister hartslag en ademhaling, ruik aan zijn adem en schroom niet zelfs je smaak te gebruiken. Ik heb ondertussen voldoende ervaring om te weten hoe een gezond dier eruitziet, aanvoelt, klinkt en ruikt.

Natuurlijk geef ik altijd eerst mijn ogen goed de kost. Ik weet hoe een gezond dier eruitziet en hoe het hoort aan te voelen. Doet zich iets afwijkends voor, dan zal het me zeker opvallen.

Tegen de tijd dat ik erbij word gehaald, is het dier meestal al behoorlijk ziek. Wij gaan bij bepaalde symptomen meteen naar de huisarts, maar bij dieren duurt het vaak wat langer voor de eigenaar opmerkt dat er iets niet in orde is. Ik krijg daardoor zelden de kans een probleem in de kiem te smoren.

Aan een hond kun je vaak goed zien of hij ziek is. Zijn ogen zijn dan dof, de hartslag is niet goed, de vacht oogt mat. Vervolgens laat ik mijn handen over zijn lijf glijden, waarbij ik let op de lymfeklieren en de stevigheid van de huid, en om te voelen of er ergens knobbels zitten. Bij grote honden stuit ik soms op knobbels van wel vijftien centimeter doorsnee. Op grond van de informatie die ik zo vergaar, kan ik meestal wel een voorlopige diagnose stellen.

Meestal. Want soms zijn de symptomen zo vaag dat ik er niet snel uit ben. Ik had eens een rat op de behandeltafel die aan beide zijden opgezette melkklieren had. Bij ratten moet je altijd heel alert zijn op tumoren, maar ik wist dat er met dit beestje iets anders aan de hand was. Er zat vocht in de tepels en de enige logische verklaring hiervoor was een schijnzwangerschap. Dit komt bij honden vrij vaak voor, maar ik had nooit eerder een rat met opgezette melkklieren gehad. Goed, dat was dus het symptoom, maar wat er de oorzaak van was? Ik had geen idee.

Ik had een hele reeks onderzoekjes kunnen doen, maar daarmee zou ik niet gegarandeerd het probleem achterhalen. En als dat wel lukte, dan was het allerminst zeker dat ik de rat er vanaf kon helpen. Ik kon dus niet zoveel doen voor dit beestje. Ik stelde een behandeling met koude kompressen voor en zei dat we er dan maar het beste van moesten hopen. Een poosje later kwam dezelfde vrouw bij me langs met een andere rat. Ze vertelde me dat de kompressen niet geholpen hadden en dat ze hem door een andere dierenarts had laten onderzoeken. Die had tegen haar gezegd dat het tumoren waren en had de rat meteen afgemaakt. Ik wist zeker dat hij een verkeerde diagnose had gesteld. Kennelijk wist hij geen enkele andere oplossing en had hij niet geaarzeld voor hij het beestje – het was toch 'maar' een rat – liet inslapen.

Ik neem bij een diagnose ook de geur van de adem mee. Die ruikt bij katten en honden niet al te fris, maar dat is normaal. Bij kleine dieren kun je het ruiken als de nieren niet goed werken, hun adem bevat dan een vleugje ureum. En ook problemen met het gebit, of een abces in de bek verraden zich in de adem. Al die aandoeningen hebben hun eigen, herkenbare geur.

Bij koeien komt ook een aandoening voor die met de neus kan worden opgespoord. Het gaat om ketose, een stofwisselingsstoornis die tot verschillende problemen kan leiden. Sommige boeren pikken, wanneer ze goed aan de melk ruiken, een aceton-achtige geur op. Het is een naar, zoetig geurtje. Je moet een goede neus hebben om zoiets op te merken, en over het algemeen zijn vrouwen er beter in dan mannen. Op familiebedrijven waar de man en de vrouw vroeger samen de koeien molken, was het vaak de vrouw die alarm sloeg. Ik had goede klanten bij wie het zo ging. 'Bel Jan, we hebben ketose,' klonk het dan.

Als een van de zes koeien aan de melkmachine het had, pikte zij haar er zo uit. Mij lukte dat pas na heel wat jaren oefening. Een waardevolle vaardigheid, die ik me maar wat graag eigen wilde maken. Op een dag ving ik bij een onderzoek een vleug van de adem van een koe op en zei spontaan: 'Hé, wacht eens even. Het is ketose.'

Hoe het mogelijk is dat ik er toch ineens gevoelig voor bleek weet ik niet, maar zo is het gegaan. Een nuttige vaardigheid.

Een veelvoorkomende infectie van de melkklieren van een koe is mastitis. Die infectie zorgt voor een sterke toename van de witte bloedlichaampjes en verandert de samenstelling van de melk. De kwaliteit van de melk neemt af. Hoe minder witte bloedlichaampjes in de melk, hoe langer hij houdbaar is. En hoe langer houdbaar, hoe hoger de prijs. Boeren zijn dus altijd op zoek naar manieren om de hoeveelheid witte bloedlichaampjes zo laag mogelijk te houden. Een uitbraak van mastitis kan rampzalige gevolgen hebben voor een melkveehouderij omdat de melk niet verhandeld kan worden.

In de tijd dat ik veearts was in de Thumb, werkten veel boeren nog met verouderde melkmachines. Eigenlijk was het niet veel meer dan een emmer en een heel dunne, gegalvaniseerde slang die een vacuüm creëerde, maar het systeem voldeed voor de hoeveelheid melk die de koeien toen gaven. Dat veranderde naarmate de boeren de melkproductie steeds verder wisten op te krikken. De luchtstroom in het systeem was niet sterk genoeg om de melk te kunnen transporteren. Het duurde even voor de boeren begrepen dat dit tot mastitis leidde. De problemen die ontstonden door de verouderde melkmachines zijn diverse bedrijven bijna fataal geworden.

Maar hoe kun je mastitis herkennen? Soms voelen de melkklieren wat harder aan dan normaal. Het kan ook zijn dat er vlokken in de melk drijven of dat de melk niet helderwit is, maar waterig oogt. Aan het gedrag van de koe lees je het niet altijd even gemakkelijk af, soms is ze gewoon alleen wat sloom. Een oude baas in Nederland gaf me ooit deze tip: 'Als je vermoedt dat een koe mastitis heeft, dan moet je de melk proeven.'

Nou, zo deed ik dat dus in de Thumb. Ik spoot gewoon wat melk in mijn handpalm en stak het puntje van mijn tong erin. Van zo'n klein beetje melk word je niet ziek en door ervan te proeven kon ik vaststellen of de melk zoutig smaakte.

We overtuigden de boeren van de noodzaak om nieuwe melkmachines aan te schaffen en behandelden vervolgens al hun vee.

De boeren konden hun melk weer verkopen en hun bedrijven waren gered.

Ook de ademhaling en de hartslag vertellen een dierenarts veel over de gezondheid van een dier. Soms ligt de oplossing voor de hand. Een boer die Dave Livermore heette belde naar de praktijk met de vraag of ik meteen kon komen omdat een van zijn alpaca's het erg benauwd had. Ik reed zo snel als ik kon naar zijn bedrijf om het dier te onderzoeken. Het was een jonge alpaca, die inderdaad naar adem snakte. Het was overduidelijk dat de slokdarm geblokkeerd werd. 'Wat voer je hem?' vroeg ik.

'O, hij krijgt speciale korrels,' zei de boer.

Dat dacht ik al. Die korrels bestaan meestal uit een mengsel van droge granen, waaronder mais, havervlokken, gerst en sojabonen. Het probleem is alleen dat die korrels uitzetten wanneer ze in aanraking komen met vocht. Als een dier te snel eet, kan hij niet voldoende speeksel produceren om het voer goed te kunnen doorslikken. Er ontstaat dan een bal van voer in de slokdarm.

Ik tastte de hals van de alpaca zorgvuldig af om erachter te komen waar de klont zich bevond. Toen ik hem gevonden had, kneep ik er stevig in, net zolang tot hij in stukken uiteenviel. Toen de alpaca slikte, voelde ik het eten gewoon wegglijden richting de maag. En dat zonder dat ik een buis in zijn keel had hoeven steken. Binnen een minuut klonk de ademhaling van de alpaca weer normaal. Ik legde Dave uit dat dit probleem zich nooit meer zou voordoen als hij voortaan wat extra haver door het voer zou mengen.

Een dier hoort vanbinnen een bepaalde klank te hebben. Als ik dat vertrouwde geluid niet hoor, dan kan het betekenen dat er iets niet in orde is. Ik heb daarvoor een soort menselijke sonar ontwikkeld. Het kan bijvoorbeeld zijn dat een koe niet goed meer eet en dat ze minder melk geeft dan normaal.

Hoe vaak zou ik wel niet hebben gehoord: 'Ik weet niet wat haar mankeert, Jan. Ze is gewoon zichzelf niet. En ze geeft minder melk dan anders.'

In zo'n geval druk ik mijn stethoscoop tegen haar linkerflank en tik ik met mijn vinger op haar buik. Klinkt er daarna een bepaald geluid, een soort pingeltje, dan heeft de koe waarschijnlijk links een slag in haar maag. Echt ongebruikelijk is dit niet, de melkproductie vraagt best veel van een koe. En die stelt ook aardig wat eisen aan haar voeding. Het komt weleens voor dat de lebmaag, de vierde maag van de koe, zich verplaatst. Dit komt door het vele energierijke voer dat de koe krijgt. De lebmaag zit onder in de buik van de koe, maar onder bepaalde omstandigheden kan hij als een ballon opstijgen, waarna hij aan de zijkant van de buik klem komt te zitten.

De vierde maag van de koe vertoont wel wat overeenkomsten met een mensenmaag. Hij is gevuld met zuren en gas, en wordt als het goed is op zijn plek gehouden door de veel grotere pens, die erboven zit. Krimpt de pens om wat voor reden dan ook een beetje in, dan kan de met gas gevulde lebmaag zich erlangs omhoog werken.

Hij komt gelukkig meestal aan de linkerkant terecht, waar het probleem makkelijker te verhelpen is dan aan de rechterzijde van de koe. Als veearts kun je zo'n opgestegen lebmaag op verschillende manieren corrigeren. Mijn voorkeur gaat uit naar wat ik weleens omschrijf als omrollen-en-vastzetten. Je legt de koe op haar rug, waardoor de lebmaag weer in beweging komt. Maar omdat de koe op haar rug ligt, komt de maag dus in werkelijkheid weer onder in de buikwand terecht. Nadat ik hem daar met hechtdraad heb vastgezet, kan de koe weer op haar borst worden gedraaid. Don't try this at home… je hebt voor deze exercitie wel de hulp van een paar sterke mensen nodig. De koe begrijpt namelijk totaal niet waar je op zo'n moment mee bezig bent, en ik kan je vertellen dat ze het niet zo heel geweldig vindt. De hechtingen houden de lebmaag op zijn plek totdat de pens weer zo goed is gevuld dat de lebmaag er niet meer langs kan glippen. Na een dag of zeven kunnen de hechtingen worden verwijderd.

Er zijn veel handige hulpmiddelen op de markt die het stellen van de juiste diagnose een stuk makkelijker maken. Als ik denk dat iets goed van pas kan komen, dan aarzel ik geen moment om het aan te schaffen; ik ben dol op nieuwe dingen. Zo zijn er tegenwoordig heel veel handige doe-het-zelftests waar we uiteenlopende aandoeningen mee kunnen opsporen.

Vroeger was dat heel anders. Als we bijvoorbeeld een kat op het spreekuur kregen die sloom en weinig alert was, dan dachten we al snel aan het feline leukemievirus. Maar om deze diagnose te bevestigen moesten we een bloedmonster naar een laboratorium sturen en dan een week op de uitslag wachten. Tegenwoordig maken we in zo'n geval gebruik van de SNAP-test, en dat gaat een stuk sneller. We doen wat bloed van de patiënt in een plastic buisje met een strookje papier erin, voegen een reagens toe en hop! Het papiertje vertelt me of het bloed positief of negatief getest is. De uitslag is er binnen acht minuten en dit testje is ook nog eens veel goedkoper dan zo'n omslachtig laboratoriumonderzoek. En zo zijn er voor nog veel meer ziekten handige testmethoden verkrijgbaar.

In onze praktijk hebben we de beschikking over een röntgenapparaat, een echoapparaat en een apparaat voor bloedonderzoek. Tijdens operaties en bij de behandeling van diverse aandoeningen gebruiken we laserapparatuur. Daarnaast kunnen we dieren onder narcose brengen en hebben we een heel goede microscoop die is voorzien van een camera. Bij het stellen van diagnoses maken we dankbaar gebruik van al deze apparatuur, maar toch werk ik het liefst met de microscoop (zelfs al moet ik er, kleurenblind als ik ben, soms iemand bij roepen om te vragen wat hij ziet). Vooral bij het opsporen van darmparasieten vertrouw ik vaak op mijn microscoop. Zo werd ik een keer midden in de winter gebeld door een jonge kerel die een heel eind bij de praktijk vandaan woonde. Hij zei tegen me: 'Ik heb een zieke gans en mijn eigen dierenarts wil hem niet onderzoeken.'

'Waarom niet?' vroeg ik.

'Dat weet ik niet. Hij zei alleen dat ik niet langs mocht komen.'

'Nou goed, kom dan maar bij ons.'

De jongen hield de gans in het kader van een project van 4H, een wereldwijd netwerk van jongerenorganisaties dat ik een warm hart toedraag. Hij kwam met de gans onder zijn arm de spreekkamer binnen en zette het dier op de behandeltafel.

Ik streelde de gans over zijn rug en begroette hem. 'Wat is er met jou aan de hand?' vroeg ik. De gans was opmerkelijk tam en liet zich zonder problemen door mij onderzoeken. Hij had geen verhoging, maar toen ik zijn borst bevoelde, viel het me op dat er weinig spierweefsel op zat. 'Wat krijgt hij te eten?' vroeg ik.

Terwijl de jongen die vraag beantwoordde, deed de gans wat ganzen nu eenmaal heel veel doen, en hij deed het boven op mijn behandeltafel.

'Oké,' zei ik 'Hartelijk dank daarvoor. Daar zat ik net op te wachten.'

Een dierenarts is altijd blij met een beetje ontlasting van zijn patiënt. Nou ja, een beetje, er was meer dan genoeg voor het onderzoek. Ik legde de mest onder de microscoop. Aha! Het monster wemelde van de wormen. Nu begreep ik wat er mis was. Ik vroeg hem: 'Waar houd je hem?'

'In de schuur, omdat het buiten zo koud is.'

Ondertussen stond de gans ontspannen gakkend op de onderzoekstafel, hij had het reuze naar zijn zin. Ik liet de jongen door de microscoop kijken en hij zag de wormeitjes ook.

Ik reikte hem een medicijn aan. 'Ik geef je dit wormmiddel mee,' zei ik. 'Behandel hem ermee en houd zijn verblijf zo goed mogelijk schoon.' Ik heb nooit meer iets van hem gehoord, dus het is vast goed gegaan.

Toch zijn er ook zaken die mijn microscoop niet 'ziet'. Veel honden en katten hebben last van hartworm, een parasiet die wordt verspreid door muggen. Is een dier eenmaal besmet, dan trekken de wormen door de bloedvaten en brengen ze grote schade toe aan het hart, de longen en andere organen. Onbehandeld kan hartworm levensbedreigend zijn. Het is dus een ernstige aandoening, maar gelukkig wel eentje die goed te behandelen is.

Jaren geleden kwam hartworm nauwelijks voor in Michigan, maar dat is nu anders. Hartwormen kunnen dertig centimeter lang worden. Doordat ze in een gesloten stelsel van bloedvaten leven kunnen ze geen eitjes leggen. In plaats daarvan zijn ze, net als sommige slangen, levendbarend. De jongen worden microfilariae genoemd. Vroeger legden we een druppel bloed onder de microscoop om te zien of een dier hartworm had; als we kleine wormpjes zagen kronkelen, dan wisten we genoeg. Maar ook als we ze niet zagen startten we, afhankelijk van de symptomen, vaak een preventieve behandeling. Nu kijken we niet meer of we microfilariae zien, maar testen we op de aanwezigheid van antistoffen die het dier produceert om van de hartworm af te komen. Op deze manier kan de parasiet in een veel eerder stadium worden ontdekt dan vroeger en kunnen we hem op een veilige manier bestrijden.

Er zijn tegenwoordig dus tal van betrouwbare doe-het-zelftests beschikbaar waar we meer aandoeningen mee kunnen opsporen dan ooit tevoren. En het mooiste is dat de uitslag veel sneller bekend is en dat het onderzoek in veel gevallen ook nog eens goedkoper is dan vroeger.

Nu is de verleiding groot om volledig op deze hulpmiddelen te vertrouwen en tientallen jaren van ervaring te negeren. Ik doe dat niet, maar jonge dierenartsen tuimelen maar al te vaak in die valkuil: zij doen voor honderden dollars aan tests om te achterhalen wat een dier mankeert. In een ziekenhuis doen de artsen dat ook, maar in Amerika is dat vaak uit vrees dat de patiënt hen aanklaagt als er toch iets mis blijkt te zijn. Gelukkig hoeft een dierenarts daar geen rekening mee te houden; koeien dreigen niet met rechtszaken. Ik stel een voorlopige diagnose op grond van mijn ervaring en onderzoek, en doe een testje om te controleren of ik het bij het juiste eind heb. Wordt mijn vermoeden niet door de test bevestigd, dan zal ik mijn diagnose heroverwegen.

Natuurlijk hecht ik waarde aan de uitslag, maar ik vaar er ook weer niet blind op. Een apparaat kan er namelijk ook naast zitten. Zo komt het weleens voor dat een dier een heel slechte leverfunctie heeft, terwijl het bloedonderzoek geen aanleiding gaf tot bezorgdheid. Als ik na de dood van het dier sectie uitvoerde, bleek soms toch dat de lever sterk was aangetast. Er waren nog net voldoende enzymen geproduceerd om een goed testresultaat te krijgen. Zelfs een röntgenfoto biedt niet altijd uitsluitsel, zoals ik helemaal aan het begin van mijn opleiding al had geleerd.

Vroeger in Harbor Beach hadden we niet eens een röntgenapparaat. Er kwam eens een vrouw op het spreekuur met haar hond. Hij wilde niet meer eten en in zo'n geval kan er van alles aan de hand zijn. We onderzochten de hond, maar konden zo op het eerste gezicht niets ongewoons ontdekken. We voerden alle standaardonderzoeken uit en alles leek in orde… behalve dan dat gebrek aan eetlust. Dokter Hentschl zat in het bestuur van het plaatselijke ziekenhuis, waar ze hem soms gebruik lieten maken van het röntgenapparaat. Om ervoor te zorgen dat onze patiëntjes mooi stil bleven liggen, dienden we ze een verdoving toe. Tegenwoordig is dat veel minder gebruikelijk, want er kleven de nodige risico's aan. Nu houden we het dier liever vast. Op die manier duurt het onderzoek misschien iets langer, maar toch doe ik het tegenwoordig liever zo.

Ze hadden op die röntgenafdeling een zeer ervaren technicus in dienst. Hij nam een foto en bestudeerde hem goed. Niets te zien. Nog een poging dan. De volgende dag werd er weer een röntgenfoto genomen, maar ook daarop was niets afwijkends te zien. In die tijd werkten we niet met barium, omdat we dan om de paar uur een foto zouden moeten nemen. Kort daarna overleed de hond. Als ik niet weet waarom een dier is doodgegaan, dan wil ik altijd graag sectie doen, zodat ik iets kan leren van zo'n geval. Toen we de hond openmaakten, snapten we meteen waarom hij niet wilde eten. Hij had een kastanje ingeslikt, en die had zijn hele spijsverteringskanaal geblokkeerd. Maar een kastanje zie je niet op een röntgenfoto. Het was net zo'n geval als toen met die koe die – lang geleden – een stuk van een bezem had binnengekregen.

Ik was destijds de derde in rang op de praktijk en hield me daarom op de achtergrond, maar eigenlijk vond ik dat we die hond hadden moeten opereren. Dokter Hentschl was echter zeer terughoudend op dit gebied, en dat begreep ik ook wel weer. Het zou een dure operatie zijn geweest en het was vooraf totaal niet zeker of het enig verschil zou maken.

Een van de problemen met röntgenfoto's is dat je er, afgezien van botten en stenen, niet zo veel op ziet. En toch geeft zo'n vaag beeld soms net voldoende informatie voor een juiste diagnose.

Soms zien we bijvoorbeeld op een röntgenfoto voorin een bel gas, met een volstrekte leegte daarachter. Dat betekent dat het spijsverteringskanaal ergens volledig door wordt afgesloten. In zo'n geval opereren we het dier om de blokkade op te heffen.

'Zeg, bent u misschien een handschoen kwijt?' vroeg ik eens aan de eigenaar van een hond.

'O jee. Heeft hij er echt een naar binnen gewerkt?'

Ik had de buikwand van de hond opengesneden, de handschoen er in zijn geheel uit gevist en de boel daarna weer dichtgemaakt. De hond kreeg twee dagen lang geen voer, maar alleen vocht via een infuus en was daarna weer helemaal de oude.

Ik waarschuw mensen altijd dat hun hond de gekste dingen kan opeten, vooral wanneer er bloed op zit. De baas van deze hond had met die handschoen aan een dier gevild en de handschoen rook daardoor naar vlees. Het is ongelooflijk wat we aantreffen in zo'n hondenmaag: sokken, panty's en soms zelfs stenen. Zo kwam er eens een man bij me met zijn jachthond. De klacht had ik al honderden keren gehoord: mijn hond wil niet eten. Ik liet mijn handen over de buik van de hond glijden en voelde iets hards. Tijdens de operatie bleek dat hij drie stenen had ingeslikt. De eigenaar begreep wel wat er was gebeurd. Hij had een hert geslacht en daarbij was wat hertenbloed op de grond terechtgekomen. De hond had het bloed van de stenen afgelikt en ze daarbij per ongeluk ingeslikt. Met drie stenen in zijn maag was de lol er voor de hond snel af.

Als iets naar eten ruikt, dan heb je kans dat een hond het opeet. Ouders met een baby die flesvoeding krijgt, gebruiken soms een dopje dat lekken uit de speen moet voorkomen. Ik heb eens een hond geopereerd die vijf van die dingen had binnengekregen. Ze roken naar melk en leken de hond wel lekker.

'Hoe kon dit nou gebeuren?' vroeg ik aan de eigenaar.

'Ik zou het echt niet weten,' zei hij. 'We merkten alleen dat er steeds ringetjes zoekraakten.'

Katten slikken bij mijn weten nooit stenen in, die hebben een voorkeur voor langgerekte voorwerpen. Kort na Kerstmis kwam er een docent van een kleine universiteit bij me met een kitten dat niet meer wilde eten. Ik voelde de bui al hangen; ik weet wat er in de kerstperiode in ieder huis te vinden is. Ik onderzocht het katje en ja hoor, de buik voelde opgezet. Dat betekende dat er sprake was van een verstopping, want dan hoopt er zich daarbinnen van alles op.

'Ze heeft met de slingers in de kerstboom gespeeld,' zei de man.

'O, en ben je er nu soms eentje kwijt?' Ik had al zo'n vermoeden wat het antwoord op deze vraag zou zijn.

'Dat zou ik echt niet weten.'

Tijdens de operatie haalde ik een stuk zilverkleurige kerstslinger van wel dertig centimeter uit de buik. Het glimmende spul had natuurlijk de aandacht van het speelse katje getrokken, en uiteindelijk had ze het opgegeten. Gelukkig had de slinger geen schade aangericht. Ik hechtte de wond en een dag later was de kitten weer de oude.

Ik heb ondertussen voldoende ervaring opgedaan om goed te kunnen inschatten wanneer er een röntgenfoto gemaakt moet worden, maar er zijn altijd mensen die erop staan dat het gebeurt. In een van de afleveringen van onze serie behandel ik een kalf dat zijn voorpoot brak toen er een koe op ging staan. Nu heb ik in mijn leven ontelbare gebroken poten behandeld, dus wanneer het weer eens zo ver is, dan weet ik precies wat ik moet doen. Een röntgenfoto is meestal overbodig, want dat het bot gebroken is weet ik al. Bovendien kost het de boer tweehonderd dollar, terwijl het kalf zelf maar honderd dollar waard is. Het is goedkoper om het kalf te laten afmaken. Dat klinkt misschien bruut, maar zo werkt het nu eenmaal in de veehouderij. Ze brachten het kalf naar de praktijk en ik kon de breuk voelen. Bij het zetten van de poot kon je de botdelen langs elkaar horen schieten. De cameraman vertrok zijn gezicht van afschuw. Daarna omwikkelde ik de poot met watten, legde er twee stroken dun, buigzaam hout tegenaan en zette die stevig vast met tape. Tjongejonge, wat heeft een van de kijkers zich daar kwaad over gemaakt. Ze diende een officiële klacht over mij in omdat ze vond dat ik een röntgenfoto had moeten maken. Ze was van mening dat ik geen botbreuk kon behandelen die ik niet had gezien. Maar ik had die breuk wél gezien… met mijn handen. Ik heb me aardig opgewonden over die klacht.

Wanneer ik dat nodig acht, maak ik bij mijn werk graag gebruik van technische hulpmiddelen, maar als ik niet verwacht dat het tot nieuwe inzichten zal leiden, of als ik dezelfde informatie gemakkelijk op een andere manier kan verkrijgen, dan doe ik dat niet. Zo maken veel veeartsen echoscopieën om vast te stellen of een koe drachtig is of niet. Heel modern, maar zo werk ik niet. Ik gebruik liever mijn handen, want naar mijn mening is het maken van zo'n echo tijdrovender en duurder en het resultaat is hetzelfde. Een echo is een nuttig hulpmiddel, maar bij een drachttijd langer dan drie maanden heb je er niet veel aan. Als de koe een of twee maanden onderweg is, dan kun je het rustig doen. Ook bij drie maanden gaat het nog, maar wij moeten ook vaak koeien onderzoeken die al vier of vijf maanden drachtig zijn. Ik moest eens een stel vaarzen bekijken die al zes maanden of langer onderweg waren. Ik maakte een echo en toonde de boer het resultaat. 'Wat zie je?' vroeg ik.

'Ik zou het niet weten,' gaf hij toe.

'Nou,' zei ik, wijzend op een vage vorm, 'dat is de poot van de foetus.'

Hij kneep zijn ogen tot spleetjes en zei: 'O ja, nu zie ik het.'

De informatie die zo'n echo biedt, kan ik net zo goed met de hand vergaren. Ik breng mijn arm naar binnen – soms moet ik eerst wat mest verwijderen, en toegegeven, dat is niet het leukste onderdeel van mijn werk – en zoek de baarmoeder op. Ik voel eraan en weet binnen tien seconden of de koe drachtig is of niet. Vervolgens tast ik de baarmoeder nog eens af, ditmaal om vast te stellen hoelang ze al drachtig is. Ik doe dit omdat ik er weleens naast heb gezeten. Soms voelt de baarmoeder opgezet en goed doorbloed, maar merk ik dat hij vol zit met pus. Ik heb eens een koe behandeld die bijna vijf liter pus in haar baarmoeder had. We hebben het eruit weten te krijgen en de koe heeft het gered.

Meestal weet ik na een eerste onderzoek vrij zeker wat er met een dier aan de hand is. Ik stel de eigenaren daar meteen van op de hoogte en vertel hen wat ze kunnen verwachten. Ik speel op zo'n moment altijd volstrekt open kaart. Als het probleem verholpen kan worden, dan zeg ik erbij hoeveel het gaat kosten. Als er verschillende mogelijkheden zijn, dan neem ik die met hen door. En heel vaak krijg ik dan de vraag: 'Maar dokter, weet u het zeker?'

Ik antwoord dan: 'Ja, ik weet het echt zeker.'

Het komt weleens voor dat mensen het niet met me eens zijn, en dan zoeken we uit wie er gelijk heeft. Sommige klanten vinden me een beetje bot, maar ik kan niet liegen. Ik kan niet gewoon zeggen: 'Hier heb je een potje pillen. Geef die aan je hond en over een week is hij helemaal beter,' terwijl ik beter weet. Bij mij weet iedereen waar hij aan toe is. Ik doe mijn uiterste best om hun dier in leven te houden, maar ik kan natuurlijk ook niet toveren; er zijn grenzen.

Vooral bij kleine huisdieren hebben eigenaren de neiging hun kop in het zand te steken. Ik heb ontelbare baasjes horen zeggen dat het maar 'een verkoudheidje' is, of 'nierbekkenontsteking', terwijl het dier in werkelijkheid aan kanker leed en nog maar een paar weken of maanden te leven had. Natuurlijk doe ik in zo'n geval mijn best om het proces goed te begeleiden. Ik zal waar mogelijk de pijn bij het dier bestrijden en ervoor proberen te zorgen dat het zo min mogelijk ongemak ervaart.

Dieren vertonen, net als mensen, soms symptomen die zich niet goed laten duiden. Ik kan in zo'n geval geen diagnose stellen, en dat is behoorlijk frustrerend. We weten dat er iets niet goed zit, maar wat? Ik vertel de eigenaar dan dat ik niet precies weet wat er met zijn dier aan de hand is. Ik stel een behandeling voor die de symptomen verhelpt en dan kijken we het meestal eerst een tijdje aan.

Dieren die zijn uitgedroogd, geef ik weleens het sportdrankje Gatorade. Ik weet dat niet alle dierenartsen dit goedkeuren, maar ik doe het al een hele tijd en het heeft nog nooit een dier geschaad. Gatorade werkt bij dieren net zo goed als bij mensen: het levert veel mineralen en vult het vochtgehalte aan. Veel honden zouden het uit zichzelf niet zomaar drinken, maar als een hond steeds moet overgeven of last heeft van diarree, dan geef ik hem er wat van. Gatorade is in dergelijke gevallen gewoon een fantastisch drankje. Bij bepaalde virussen kan een dier compleet genezen, alleen al door het een tijdlang voldoende gehydrateerd te houden. Misschien moet ik eens meewerken aan een reclamefilmpje voor dit merk.

Ook aspirine is een heel eenvoudig maar zeer doeltreffend middel. Het is een ontstekingsremmende pijnstiller die bij de meeste dieren net zo goed werkt als bij mensen. Voor koeien heb je aspirines van zo'n zeven centimeter lang. Ze zijn ongeveer tachtig keer sterker dan de pillen die wij bij de drogist voor onszelf halen. Op een dag was ik met een barstende koppijn visites aan het rijden. Ik voelde me zo beroerd dat ik zelfs moeite had met autorijden. Ik baalde flink dat ik geen aspirine bij me had, tot ik ineens een slimme ingeving kreeg. Ik zette de auto stil, haalde een pot koeienaspirine tevoorschijn en likte aan een van die enorme pillen. Binnen een paar minuten kon ik er weer helemaal tegen; mijn hoofdpijn was weg. Maar goed, als ik soms niet weet wat een dier mankeert, dan schrijf ik aspirine voor en wacht af.

Ik dien dieren die overgeven ook weleens Pepto-Bismol of Kaopectate toe. Dat laatste is in grote verpakkingen verkrijgbaar en het werkt goed bij kalveren. Ik schenk er wat van door hun melk omdat het een beschermlaagje aanbrengt in het maag-darmstelsel. Beide medicijnen zijn bovendien maagzuurremmers. Zodra de kalveren niet meer overgeven en weer melk kunnen binnenhouden, heb ik mijn doel bereikt.

Als ik iets kan verzinnen waar een dier mogelijk baat bij heeft, dan zal ik niet aarzelen om het uit te proberen. En heeft de behandeling niet het gewenste effect, dan probeer ik iets anders. Er bestaat een ziekte die alleen paarden treft: uveïtis, ook wel maanblindheid genoemd. Paarden kunnen er blind van worden, maar meestal beperkt de schade zich tot één oog. Deze ziekte kwam ten tijde van Alexander de Grote al voor. Toen dacht men dat de blindheid werd veroorzaakt door veranderingen in de maancyclus. Het is een infectie die gaat woekeren als er niets aan wordt gedaan. Ik heb het in Michigan regelmatig gezien bij paarden op amish-farms en mijn zus heeft het ook meegemaakt op haar boerderij in Canada. Meestal probeer ik de ontsteking met antibiotica tegen te gaan, maar dat helpt vaak niet. Toen er uveïtis werd vastgesteld in de kudde van een amish-boer, besloot ik eens iets nieuws te proberen. Er bestaat een bacteriële infectie bij honden, we noemen het rattenziekte (Leptospirose), die met een bepaald vaccin goed bestreden kan worden. Er bestaat geen variant van voor paarden, maar het hondenvaccin kon ik wel krijgen. Ik bestelde een dosis van 25 cc en stuurde die op naar de amish-boer. Het lijkt erop dat dit goed heeft gewerkt, want de maanziekte ging niet over op de andere paarden op die boerderij. Soms moet je creatief zijn en dan maar hopen op een goede afloop.

Ik gooi niet snel de handdoek in de ring. Als ik iets probeer en het werkt niet, dan verzin ik iets anders; aan ideeën geen gebrek. Maar als de omstandigheden uitwijzen dat er niets meer aan te doen is, dan accepteer ik dat. In zo'n geval probeer ik het dier verder leed te besparen. Maar zolang er hoop is, zeg ik altijd tegen mijn klanten, en zolang zij bereid zijn een poging te wagen, sta ik voor ze klaar. Ik heb niets te verliezen.

Toch leggen sommige klanten mijn diagnose naast zich neer. Er kwam eens een man bij me met zijn hondje. Deze man, meneer Rupert, was een ex-militair die in Korea had gediend en hij kwam al heel lang bij ons op de praktijk. Zijn vorige hond, waar hij zielsveel van gehouden had, was aan diabetes overleden. We hadden zijn leven zo lang mogelijk gerekt, maar zagen ons uiteindelijk genoodzaakt hem een spuitje te geven. Die man was zo aan zijn hond verknocht dat ik vreesde dat hij daarna zelf ook het loodje zou leggen. Gelukkig had ik het mis; hij ging niet zitten sippen, maar reed net zolang alle dierenasiels in de omgeving af tot hij precies zo'n hondje gevonden had. Hij bracht hem bij me op een dag waarop ik de filmploeg van Nat Geo Wild over de vloer had. Terwijl de camera liep, vertelde Rupert me dat zijn hond niet wou eten.

Ik zag al meteen wat er mis was: de hond was te dik. Ik onderzocht hem, maar kon niets vinden dat deze gewichtstoename kon verklaren. Ik vroeg meneer Rupert: 'Wat geef je hem te eten?'

'Hij eet wat ik eet,' vertelde hij me. 'Hij krijgt kipfilet, soms een biefstuk…'

Dat was dus het probleem; die hond werd zo verwend dat het hem nog eens zijn leven zou kosten. Ik herinnerde me wat ze ons jaren geleden op de opleiding hadden gezegd en zei: 'Je hond is niet ziek. Hij eet niet omdat hij gewoon niet zo'n honger heeft. Je mag hem geen eten van jouw eigen bord meer geven. Dat is niet goed voor hem.'

'Maar hij vindt het zo lekker,' wierp meneer Rupert tegen.

'Als je een gezonde hond wilt, dan moet je daar echt mee ophouden,' zei ik.

Het was overduidelijk dat hij dit niet wilde horen. De filmploeg volgde hem toen hij mopperend met zijn hond naar de auto liep.

'Dokter Pol zegt dat je te dik bent en dat ik je niet zoveel te eten moet geven. Hoor je dat? Je bent te dik...'

Zoals altijd had de hond niet zoveel tekst.

4

Een afwisselend bestaan

Op een dag kwam er een man naar de praktijk met een doodzieke hond in zijn armen. Het was een grote hond, een prachtig dier met een gewicht van zo'n vijftig kilo, schatte ik. Maar hij oogde totaal versuft en had hoge koorts. De hond had het erg benauwd en hield zo te zien ook vocht vast.

'Heb je enig idee wat er met hem aan de hand kan zijn?' vroeg ik.

'Ik heb geen idee,' zei hij. 'Ineens was hij zo. Ik ben meteen gekomen. Wat denk je dat er met hem aan de hand is?'

'Ik vertrouw het niet,' zei ik tegen hem. 'Ik weet niet wat hij heeft, maar het is niet best.'

Op dat moment kon ik niet zoveel voor deze hond doen. 'Vind je het goed als ik hem vannacht hier houd? We kijken het even aan, misschien dat ik morgen iets voor hem kan betekenen.'

Ik richtte een kooi in voor de hond, verzorgde hem zo goed ik kon en ging toen naar huis voor het avondeten. Toen ik een paar uur later nog even bij hem ging kijken leek hij iets rustiger, maar toen ik de volgende ochtend om halfacht de praktijk binnenkwam, was de hond dood.

Ik had geen idee wat de doodsoorzaak was. Ik belde de eigenaar op om hem op de hoogte te stellen. Ook vroeg ik toestemming voor een autopsie. Ik wilde begrijpen wat er was gebeurd, ik wilde van dit geval leren voor een volgende keer. Hij vond het goed en zodra ik de buikwand had opengemaakt, begreep ik wat er was gebeurd. De eigenaar zou het geen fijn bericht vinden, maar hij moest het weten. 'Hebben jullie onlangs een feestje gegeven?' vroeg ik, hoewel ik het antwoord allang wist.

En inderdaad, dat was zo. 'Hebben jullie de gasten hapjes geserveerd?' Jazeker. Dat wist ik omdat ik een vijftien centimeter lange houten prikker in de maag van zijn hond had aangetroffen.

De prikkers waren gebruikt voor kaas en de andere hapjes, en toen de laatste gast naar huis was gegaan, hadden ze die lange, scherpe dingen in de vuilnisbak gegooid. En omdat ze sterk naar eten geurden, had de hond gedaan wat honden nu eenmaal doen: hij had in de vuilnisbak gewroet en zo'n prikker opgegeten.

De scherpe punt had zijn maagwand geperforeerd en daar had hij een buikvliesontsteking aan overgehouden. Je kunt zoiets vergelijken met een blindedarmontsteking bij mensen. Als ze die hond eerder bij me hadden gebracht dan had ik hem kunnen behandelen. Maar toen zijn symptomen eenmaal zichtbaar werden, was het al te laat.

Een ongeluk zit in een klein hoekje, en veel mensen bellen eerder de dierenarts dan het noodnummer. In een plattelandsgemeenschap houdt de dierenarts niet strak vast aan de kantooruren. Als er iemand over een ziek of gewond dier belt, kom ik langs. Je moet er zijn als zo'n dier jouw hulp nodig heeft, en je moet ook nog eens niet al te teergevoelig zijn. Soms gebeuren er dingen die je niet voor mogelijk had gehouden en er zijn gevallen die je echt wat doen.

Zo werd ik op een avond ik gebeld door een boer die vroeg of ik meteen langs wilde komen. 'Een van mijn koeien mist een hoef.'

Ik ging de stal binnen en hij bracht de koe bij me. Ik hoorde haar aankomen; het was net of ik iemand met een houten been hoorde lopen: tonk, stap, stap, tonk, stap, stap klonk het. Dat arme beest steunde bij het lopen op het bot van haar onderbeen. Maar ze kwam vooruit. 'Wat is er gebeurd?' vroeg ik.

De boer vertelde dat zijn koe in een loopstal had gestaan. Er zijn grofweg twee soorten stallen, een grupstal waarin de koe aangebonden staat en nergens heen kan, en een loopstal waarin de koe zelf kan bepalen waar ze gaat herkauwen. Deze koe was naar de voerplek gelopen om iets te eten. Op hetzelfde moment werd de mestgoot schoon geschraapt. Deze goot loopt over de gehele lengte van de stal en alle koeien mesten erin. De boer duwde met een tractor een grote metalen bak voor zich uit. Doordat deze bak voortdurend over de betonnen vloer schraapte, waren de randen vlijmscherp geworden. De koe was achterwaarts van haar ligplek af gekomen, was uitgegleden op de met mest besmeurde stalvloer en had in haar val tegen de stalen bak geschopt. Als die tractor net een meter verder doorgereden was, dan was er niets aan de hand geweest. Maar de koe had pech en ze viel precies op het moment dat hij voorbij reed. De boer besteedde verder geen aandacht aan het voorval en werkte door. Toen hij klaar was met de mestbak, zette hij zich aan de volgende klus.

Die avond kwam de koe hinkend aan bij de melkmachine om zich te laten melken. Hij hoorde haar aankomen en toen hij eens goed naar haar poot keek, zag hij dat ze een hoef miste, ze liep op het bot. Het was een naar ongeluk.

Ik kon niets meer doen voor deze koe; op drie poten kon ze niet overleven. Ze zag er niet slecht uit en haar poot bloedde niet meer, maar vroeg of laat zou die open wond gaan ontsteken. Ik zei tegen de boer dat hij haar maar beter kon laten slachten nu ze nog gezond was. Dan zou hij in ieder geval nog een redelijk bedrag voor haar beuren.

Een dier dat zijn eigen gewicht niet kan dragen en dat zich niet vrij kan verplaatsen, heeft geen toekomst. Deze koe was niet meer te redden en het zou onmenselijk zijn geweest om haar in leven te laten.

Toch hoeft een ernstige verwonding voor een dier niet altijd het einde te betekenen. Ik heb eens een paard behandeld dat een vergelijkbaar ongeluk had meegemaakt en dat herstelde volledig. Het had echter veel slechter kunnen aflopen. Een amish-boer ging met zijn wagen een eindje rijden met zijn kleindochter, die jarig was. Onderweg raakte er bij een van de paarden een riem los, het onderdeel van het tuig dat ervoor zorgt dat de wagen niet tegen de achterbenen aan kan komen. Die riem fungeert eigenlijk als een soort rem, en toen hij loszat kon de wagen geen vaart meer minderen. Je kunt in zo'n geval de leidsels wel korter nemen, maar dan heb je kans dat de wagen de paarden verwondt. De grootvader probeerde de wagen tot stilstand te brengen door het span paarden in een wijde cirkel tegen een heuvel op te sturen. Hij had echter de pech dat ze dwars door een krakkemikkig metalen hek heen reden, waarachter zich een schroothoop bevond. In die berg rommel verloor een van de paarden minstens een derde van zijn hoef. Het weefsel was simpelweg verdwenen. Nadat ik de hoef goed bekeken had, zei ik tegen de boer dat ik niet zo goed wist wat ik ermee aan moest.

'Het is een braaf paard,' zei hij. 'Hij loopt heel goed voor de wagen, dus als je denkt dat hij nog een kans maakt…'

'Goed, dan gaan we het proberen,' zei ik tegen hem. Er restte het paard nog net voldoende hoef om op te steunen. 'Als blijkt dat het niet gaat, dan moet hij worden afgemaakt. Maar we kijken het eerst een tijdje aan.'

Bij een gewond dier is het van belang de boel eerst te stabiliseren. Je probeert te voorkomen dat de verwonding verergert en daarna neem je maatregelen om infectie tegen te gaan. Veel dieren overleven het eigenlijke ongeluk wel, maar lopen daarna een levensbedreigende infectie op. De verwonding bij dit paard was minder ernstig dan bij de koe, die haar hele hoef verloor, maar het was niettemin een zorgwekkend geval. Aan de hoef zelf kon ik eigenlijk niet veel doen. Ik spoelde de wond schoon en desinfecteerde de hoef. Daarna pakte ik hem in, gaf de boer een flinke hoeveelheid medicijnen voor het paard en zei tegen hem: 'Doorzetten hoor, er is een kans dat hij het redt.'

Binnen een paar weken liep dat paard weer rond. Zijn hoef wikkelde niet meer zo strak af als eerst, waarschijnlijk waren er wat pezen doorgesneden, maar daar zou nog wel wat verbetering in komen. Het belangrijkste was dat het been het gewicht van het paard nog kon dragen.

Wanneer ik op de praktijk een gewond dier binnenkrijg, weet ik nooit of ik het zal kunnen redden. In zo'n situatie moet er snel gehandeld worden, en vaak moet je er maar het beste van hopen. Op een plattelandspraktijk als de onze behandelen we veel honden die zijn aangereden. Een van de meest spraakmakende afleveringen van het programma begon met een aardig echtpaar dat bij me langskwam met hun bostonterriër. Mister Pigglesworth was er na een aanrijding heel slecht aan toe. Het arme beest had een diepe wond op zijn kop, zat onder de bloedende sneeën en een van zijn ogen hing uit de oogkas. Ik vermoedde dat hij inwendige bloedingen had. De vrouw stond er huilend bij – dat zie ik wel vaker – en vroeg steeds of ik dacht dat hij het zou redden. Het is een vraag die ik wel vaker krijg, en eentje waarop ik liever nooit antwoord geef. Ik wilde niet liegen, dus ik zei alleen dat ik mijn uiterste best voor hem zou doen. Ik gaf haar een knuffel (die ze heel hard nodig had) en ging aan het werk.

Mijn zoon Charles was erbij om me te helpen. Onze drie kinderen, Kathy, Diane junior en Charles hielpen al mee in de praktijk toen die nog in de garage gevestigd was. Kathy, die later verpleegster wilde worden, hielp altijd met de operaties, zelfs toen ze nog zo klein was dat ze op een emmer moest staan. Charles ging als vierjarige al geregeld mee als ik visites reed, die heb ik er altijd graag bij.

Nadat ik de hond had verdoofd, nam ik een paar röntgenfoto's om na te gaan of er sprake was van ernstige inwendige verwondingen. Vanwege de wond op zijn kop vreesde de vrouw dat zijn schedel gebroken was. Ik dacht van niet, want het hondje kon nog lopen. Een dier dat kan lopen, heeft geen hersenschade. Dat lijkt me logisch. Op de röntgenfoto zag ik dat zijn bekken gebroken was, maar dat zou vanzelf helen. Toen ik zag dat zijn schedel onbeschadigd was, wist ik dat hij het ongeval zou overleven.

Maar aan dat oog was niets meer te doen. Voorzichtig verwijderde ik het losse weefsel eromheen en sneed het oog los. Dat klinkt erger dan het in werkelijkheid is; veel dieren passen zich uitstekend aan zo'n beperking aan. Toen Charles me vroeg of hij zich met één oog wel zou redden, zei ik: 'Hij ziet met één oog nog altijd beter dan jij met twee.' En toen ik bedacht dat Charles een bril droeg, voegde ik eraan toe: 'Of vier.'

Nadat ik de wonden had ontsmet en het oog had dichtgenaaid, legden we het hondje in een kooi, zodat hij een beetje op adem kon komen. Binnen twee uur zat hij alweer rechtop en afgezien van dat oog zag hij er alweer redelijk goed uit. Hij keek me met dat ene oog aan alsof hij wilde vragen: *zeg dokter Pol, waarom heb je me hier opgesloten?*

Na de uitzending begon een dierenarts publiekelijk heel erg op mij af te geven. Ik had werkelijk alles verkeerd gedaan: ik had de hond onvoldoende verdoofd en ik had te weinig aan pijnbestrijding gedaan. De behandeltafel was niet steriel genoeg geweest en ik had de hond niet geïntubeerd (dan duw je een slang in de keel om de ademhaling te vergemakkelijken).

Toen ik dat allemaal hoorde, schudde ik meewarig mijn hoofd. Ik weet dat je nooit iedereen tevreden kunt stellen, maar die hond was zeer ernstig gewond geraakt. Zijn leven had aan een zijden draadje gehangen, en toch drentelde hij de volgende dag kwispelend de praktijk uit.

Geloof me, na al die jaren weet ik echt wel hoeveel verdoving een dier nodig heeft en ik wist precies hoe die hond erop zou reageren. Ik word niet zo snel kwaad, maar als mensen zeggen dat ik niets om dieren geef, dan doet me dat echt iets. Ik werk al mijn hele leven met dieren en ik kan het niet aanzien als ze mishandeld worden.

Op een dag, we woonden nog in de Thumb, stuurde dokter Hentschl me naar een boerderij om drachttests uit te voeren bij een tiental koeien. Ik had nog nooit een boer meegemaakt die zijn vee zo slecht behandelde. Hij schreeuwde tegen zijn koeien en hij sloeg ze ook nog. Hij was een stuk groter dan ik, maar daar trok ik me niets van aan. Ik ging voor hem staan en zei: 'Als je niet ophoudt die arme beesten zo te slaan, dan sla ik je helemaal in elkaar.'

En ik meende het, hoor. Het was mijn laatste visite op dat bedrijf, want hij moest zijn koeien van de hand doen. Hij behandelde ze zo slecht dat ze geen melk meer gaven.

Ik zou een dier nooit opzettelijk pijn doen, en ik weet dat een ernstig gewond dier heel kwetsbaar is. Die bostonterriër was in shock en ik heb een aardige kluif aan hem gehad, maar ik heb geen enkel moment gemerkt dat hij pijn had.

Als ik iets heb geleerd, is het wel dat dieren heel anders op pijn reageren dan mensen. Ik heb eens een hond behandeld met een gebroken voorpoot. Hij was aangereden door een auto, maar was toch nog in staat om naar huis te rennen. Toen zijn baasjes hem binnenlieten, zagen ze meteen dat hij gewond was. En toch stond hij te kwispelen. Mensen reageren heel anders op een botbreuk. Ik herinner me nog goed dat Diane helemaal niet vrolijk keek toen ze haar pols brak.

En mensen die klagen over een niet-steriele behandeltafel hebben duidelijk geen enkele ervaring met het soort noodgevallen waar een dierenarts mee te maken krijgt. Als een koe haar ingewanden eruit heeft geperst, dan moet ik zeker eerst de hele stal steriel zien te krijgen. Dat hondje had een flinke smak gemaakt en zat onder het gruis. Bovendien hing zijn oog los uit de kas. De behandeltafel was niet steriel, en dat had hij niet kunnen worden ook.

Ik heb heel wat aangereden honden behandeld. Eén geval herinner ik me nog heel goed. Er werd een hond bij me gebracht die zo'n klap had gehad dat zijn ingewanden uit de buikwand puilden. Kan ik zo'n dier volledig steriel maken? Nee, natuurlijk niet. Het was een noodgeval en ik diende hem een verdoving toe, maakte alles zo goed mogelijk schoon, zocht naar de snee en duwde alles voorzichtig weer naar binnen. Daarna gaf ik hem antibiotica en wat pijnstillers en dat was dat. Die hond is volledig hersteld.

Mensen als die vrouwelijke dierenarts die zich over mij beklaagde, dichten dieren menselijke eigenschappen toe. Zij vinden dat een dier dezelfde behandeling moet krijgen als een mens. Maar dieren zijn geen mensen, het zijn dieren. En je doet wat je kunt om ze het leven te redden.

Een collega van mij, dokter Kurt, had dienst toen er op een avond rond middernacht een noodgeval werd gemeld. Hij werd naar de praktijk geroepen door een jager, zijn hond was heel ernstig gewond geraakt. Kurt vertelde me later dat hij destijds nauwelijks kon geloven dat die teef nog leefde, want het leek wel of ze met een blikopener gevochten had. 'Ze lag helemaal open. Ik zag één grote, gapende wond, die begon aan de binnenkant van de achterpoot en doorliep langs de hele buikwand.'

We hebben een paar klanten die beroepsmatig jagen met honden. Het merendeel houdt een roedel kostbare jachthonden, waarmee ze bijvoorbeeld helpen bij de bestrijding van ongedierte. Het zijn stuk voor stuk stoere kerels die hun emoties niet zo snel zouden tonen, maar ze raken heel sterk gehecht aan hun honden. Deze klant zei tegen Kurt: 'Probeer deze hond te redden, het kan me niet schelen wat het kost. Doe maar wat jou het beste lijkt.'

'Wat is er gebeurd?' vroeg dokter Kurt.

'Dit is een van mijn beste jachthonden,' vertelde de eigenaar hem. 'Ze zat achter een wasbeer aan, maar die klom in een boom. Ze dacht dat zij dit ook wel kon en ze wist een hoogte te bereiken van ruim vier meter. De wasbeer sprong van de ene boom over op een andere en zij wilde er weer achteraan. Toen ze zich afzette, boorde zich een tak door haar vel, vlak achter een pees.'

Ze werd als het ware aan die tak gespietst. En de jager heeft een hele tijd naar haar moeten zoeken. Ze hoorden haar janken, maar ze keken bij het zoeken naar de grond, en niet omhoog. Tegen de tijd dat ze haar eindelijk gevonden hadden, was ze er slecht aan toe.

Kurt had zijn handen vol aan de wond, die hij heel zorgvuldig schoonmaakte en vervolgens dichtnaaide met hechtdraad. Veel meer kon hij niet doen. De behandeling was duur, maar gelukkig verliep het herstelproces voorspoedig. De eerste paar weken na het ongeluk is de hond nog een paar keer terug geweest voor controle en ze hield een lelijk litteken aan dit avontuur over, maar nog een maand later deed ze al weer volop mee met de jacht.

Ik ken mijn beperkingen. Dat kan ook haast niet anders, ik

zit al zo lang in het vak. Soms wordt mijn hulp ingeroepen bij verwondingen waarvan ik weet dat ik ze niet kan behandelen. Na onze verhuizing naar Michigan werd de familie McConnell een van mijn eerste klanten. Ik ben jarenlang hun vaste veearts geweest. John McConnell bezat een slachthuis maar hij hield ook wat koeien, en zijn vrouw Diane had een paar peperdure quarter horses. Een daarvan was een prachtige hengst die ze vanuit het westen van de VS naar Michigan had gehaald. Tijdens een pittige onweersbui had de hengst zijn schutstal opgezocht, maar die werd door een stevige windvlaag omver geblazen. Wat er precies is voorgevallen weet ik niet, maar hij hield er een lelijke wond op zijn rechterschouder aan over. De McConnells belden me 's ochtends vroeg om te vragen of ik meteen kon komen. Ik haastte me naar hun boerderij en schrok behoorlijk toen ik hun paard zag. Het versplinterde hout van de schutstal had een flinke jaap in zijn hals gemaakt. De nekspieren waren bijna helemaal doorgesneden en het zag ernaar uit dat er ook een paar halswervels beschadigd waren. Ik had nog nooit zo'n wond gezien. Ik spoelde de wond zo goed mogelijk schoon en haalde er wat botscherven en losse haren uit. En toen zei ik: 'Dit is een ernstig geval. Het lijkt me beter dat je hem voor verdere behandeling naar de Michigan State University brengt, waar ze betere faciliteiten hebben.'

We gaven het paard antibiotica, dienden hem pijnstillers toe en brachten hem erheen. Hij is daar ruim twee weken onder behandeling geweest, en hij heeft het gered. De plek in zijn nek bleef zichtbaar en hij liep een beetje kreupel, maar hij kon nog als dekhengst worden gebruikt. De McConnells zijn goede mensen, die hier in de streek veel mensen van werk voorzien, en ik geloof echt dat ik er goed aan heb gedaan te erkennen dat hun paard beter af was bij de veeartsen van de universiteit.

Paarden genezen vaak wonderwel. Dat komt doordat ze, in

tegenstelling tot honden, niet continu op hun hechtingen lopen te kauwen. Daardoor krijgt hun wond de tijd om te helen. Ik heb een aantal heel nare wonden behandeld. Zo was er eens een paard dat dwars door het draad van een omheining heen was gedenderd. Hij hield er een spiraalvormige snee aan over die doorliep van zijn schouder tot bijna helemaal aan de hoef. In zo'n geval kan ik niets anders doen dan hechten, hechten en nog eens hechten. Ik diende het paard een verdoving toe – of eigenlijk een mengsel van drie soorten kalmerende middelen – en heb hem centimeter voor centimeter dichtgenaaid. Om infectie te voorkomen moet je zo'n wond drie à vier dagen zo goed als continu met de tuinslang afspuiten; op die manier spoelen niet alleen veel bacteriën weg, maar je gaat in één moeite door ook de zwelling tegen. Dat werkt heel goed.

Paarden zijn ongelooflijk taai. Het gebeurt maar al te vaak dat het niemand opvalt dat een paard zich heeft verwond. Het gedraagt zich volstrekt normaal; het komt als je het roept, het eet, alles gaat zijn gangetje... totdat de eigenaar ineens een gapende wond ontdekt. Dat boeit het paard totaal niet. Het denkt: *mijn voerbak is vol, mij hoor je niet mopperen.*

In Mount Pleasant worden ieder jaar wedstrijden gehouden waarbij ik als dierenarts assistentie verleen. Op een dag werd er een beroep op me gedaan: een van de paarden had geprobeerd zich onder de deur van een trailer door te wurmen en had daarbij een gapend gat boven op zijn kont opgelopen. Het was een klassieke winkelhaak van zo'n vijftien centimeter aan beide zijden. Wat dieper in de wond ontbrak zelfs een deel van het vlees. Ik gaf het paard een verdoving, drukte de wond dicht en begon te hechten. De eigenaar kwam erbij staan. Hij zei dat de wedstrijd over twee uur begon en dat hij er toch graag aan wilde deelnemen als dat kon. Twee uur. 'Nou,' zei ik, 'ik denk dat dat wel gaat lukken.'

Twee uur later was de verdoving uitgewerkt. Die man reed met zijn paard de ring in en won ook nog eens de eerste prijs. Het was een ongelooflijk spannende middag, daar kun je zo een film van maken.

De meeste mensen maken zich er totaal niet druk om hoe hun dier eruit zal zien nadat de wond is geheeld. Het gaat hen erom dát hij heelt. Maar ik heb ook eens een showpaard behandeld dat zijn neusvleugel ergens aan had opengehaald. Er hing een stukje losse huid aan zijn neus. Voor een hechting draai ik normaal gesproken mijn hand niet om, maar dit was een peperduur wedstrijdpaard. Het deed mee aan een soort Miss America-verkiezingen voor paarden en mocht dus geen enkel oneffenheidje vertonen. De eigenaar vroeg of ik de neus niet gewoon weer dicht kon naaien.

Ik zei: 'Nee, dat kan niet. De bloedsomloop in dat losse stukje is al gestopt. Maar ik zal de huid weer netjes sluiten.'

Nooit gedacht dat ik me nog eens zou ontpoppen tot plastisch chirurg voor paarden, maar ik sneed het losse stukje huid weg en hechtte de neus van binnenuit. Dat paard was weer zo goed als nieuw. Toen de huid was geheeld, zag je er niets meer van.

Een ongeluk vraagt om maatwerk, en improvisatie is daarbij vaak een sleutelwoord. Soms moet ik creatief zijn om een dier te helpen. In een van de afleveringen van de serie kwam er een boer naar de praktijk met een twee dagen oud kalf. Het had een gebroken poot. Ik kon de breuk voelen, zette de poot en wikkelde er een laag watten omheen. Ik gebruikte geen gips, maar legde een paar dunne houten latjes van een rieten mand langs de poot en tapete die stevig vast. Ik gebruik heel vaak materiaal van manden om botbreuken te zetten en dat werkt uitstekend. Speciaal daarvoor heb ik een heel stel geschikte manden in huis;

de 'latjes' daarvan zijn breed en plat en geven stevigheid, maar ze buigen ook net voldoende mee met de bewegingen van het dier.

Zo'n spalk kan gemakkelijk een paar weken blijven zitten, want hij geeft zoals gezegd iets mee en hij kan tegen water. En als de breuk geheeld is, heeft de boer hem er in een oogwenk af.

Voor een paard betekent een gebroken been vaak het einde, maar koeien genezen meestal goed genoeg om nog door te kunnen leven. Maar goed ook, want het komt bij koeien regelmatig voor. Een boer hier uit de omgeving was bezig een volwassen koe in een lage trailer te drijven toen de koe haar voorpoot tegen de laadklep stootte. Ze brak daarbij haar poot. 'Het is een beste koe, dokter,' zei die boer tegen me. 'Het zou mooi zijn als je haar voor me kon behouden.'

Ik ben altijd bereid een poging te wagen. We verdoofden de koe, legden haar op de grond en spalkten haar poot met dunne latjes. Ik had dit keer heel veel watten en tape nodig, want het was een groot beest. Die poot is volledig hersteld. Hij bleef een beetje krom, dat wel, maar de koe kon er prima op steunen en ze heeft een lang leven kunnen leiden.

Ik heb eens een kalf geholpen dat me later cadeau werd gedaan. Op een dag trok een goede klant van me een mooi kalf bij zijn Jersey-koe. Toen het ongeveer een week oud was, zette hij het in een trailer om het mee te nemen naar de jaarlijkse kalverparade op de markt. Hij had gedacht dat het kalf onderweg wel in het stro zou gaan liggen, maar het sprong – heel verrassend – onderweg uit de trailer en brak zijn poot. Veel boeren hadden het direct laten afmaken omdat de behandeling meer zou kosten dan het kalf waard was, maar dit waren aardige lui. Hij bracht het kalf naar de praktijk en vroeg of ik er iets aan kon doen. Ik spalkte de poot zoals ik dat altijd deed en toen de breuk was geheeld, zei de boer dat ik het kalf mocht hebben. Nou, dat wilde ik wel.

We noemden haar Elsie. Ze groeide uit tot een prachtige, grote koe. Het was een ongelooflijk mak beest en toen ze een jaar oud was, nam mijn dochter Kathy haar mee naar de jaarmarkt om de kinderen een rondje op haar rug te laten rijden. Het tweede jaar ging ze er weer heen om te worden gekeurd, maar tijdens haar showrondje besloot Elsie er even lekker bij te gaan zitten. Dat deed ze midden in de ring. Er was geen beweging meer in te krijgen. Elsie keek om zich heen en leek niet te begrijpen waarom iedereen nou zo moest lachen.

We hebben vier jaar lang haar melk gedronken, maar toen de kinderen naar de middelbare school gingen, kregen ze steeds minder tijd voor haar, en ik had het druk met mijn werk. Toen Diane ons er ook nog op wees dat het vetgehalte van haar melk zo'n 5 à 6 procent bedroeg en dat ons dat was aan te zien, verkochten we haar aan een melkveehouder die we goed genoeg kenden om te weten dat hij zijn dieren goed behandelde.

Een interessant geval dat in het programma te zien is geweest, was dat van de kleine schnautzer Zeke. Hij hinkte zo erg dat ik dacht aan een gebroken poot of ontwrichte heup. Zijn baasje waarschuwde ons: 'Kijk goed uit met hem, want hij is hartstikke vals.'

Ik weet echt wel hoe ik met dieren moet omgaan, maar ze had gelijk, dit was echt een gemeen beestje. Je hoefde maar naar hem te kijken of hij probeerde je al te bijten. Misschien was hij als pup mishandeld – Joost mag weten waardoor hij zo geworden was – maar in ieder geval: hij hield iedereen op afstand.

Ik had een beetje medelijden met hem, maar dat gevoel veranderde snel toen hij de hele tijd probeerde zijn tanden in m'n vel te zetten. Ik diende Zeke een verdoving toe, maar hij bleef zich verzetten; hij weigerde zich eraan over te geven. Zelfs toen de verdoving wel goed werkte hadden we onze handen nog vol aan hem. Een verdoofd dier heeft geen controle meer over zijn sluitspieren, en terwijl Charles hem vanuit de röntgenkamer weer naar boven droeg, pieste Zeke hem onder.

Dat hondje besefte niet hoeveel mazzel hij had; niet veel baasjes zouden zulk slecht gedrag tolereren en ze zouden al helemaal geen geld overhebben voor de dierenarts.

Ik trok me niet zoveel aan van zijn wangedrag; ik had wel voor hetere vuren gestaan en het was mijn hond niet, dus ik hoefde hem niet dagelijks om me heen te hebben.

Allereerst maakte ik een paar röntgenfoto's, maar tot mijn verbazing zag ik daar geen enkele afwijking op. Hij was nog heel jong, dus artritis kon het ook niet zijn. Maar waarom hinkte hij dan zo? Ik moest hem nog eens wat beter onderzoeken.

'Als ik hem straks bij je terugbreng,' waarschuwde ik de vrouw, 'dan is hij helemaal kaal.' Zeke was een langharig hondje. Hij had een dichte vacht die vol met enorme klitten zat. Ik had weleens een hond behandeld die zoveel klitten had dat zijn vacht over zijn gat was dichtgegroeid. Het was zelfs zo erg dat hij niet meer kon poepen, maar dat bleek bij Zeke niet het geval te zijn. Zijn klitten moesten worden doorgeknipt. Zekes baasje had me verteld dat hij een jaar geleden de hondentrimster had gebeten en dat zijn vacht sindsdien nooit meer was verzorgd omdat niemand het aandurfde. Dat verbaasde me niets.

Charles en ik begonnen hem te kortwieken. Eerst probeerden we er met onze hondenhaarschaartjes doorheen te komen, maar dat was geen doen. Er zaten zoveel klitten in de vacht dat we al snel overstapten op de koeienscharen. En toen ik bijna zijn hele achterpoot had kaalgeknipt, begreep ik ineens wat er aan de hand was: zijn haar zat zo strak om zijn achterpoot gewikkeld dat er een diepe snee in de huid was ontstaan. Zeke had een grote open wond op zijn achterpoot. Ik had nog nooit zoiets gezien.

Ik maakte de plek goed schoon en hechtte de wond.

Dierenartsen moeten vaak improviseren; er is namelijk vaak meer dan één manier om een probleem te verhelpen. Soms is het goed om eens iets nieuws te proberen, al was het maar omdat het heerlijk is om tevreden terug te kijken op een geslaagde behandeling. Zolang het een dier niet schaadt, zal ik een onorthodoxe benadering niet uit de weg gaan. Zo werd er eens een grote Duitse dog bij me gebracht. Het beest had zijn poot gebroken, maar op zo'n manier dat ik de boel met een pen bijeen moest houden. De pennen die ik op de praktijk had, waren veel te klein voor deze grote hond. Ik belde het plaatselijke ziekenhuis op met een ongebruikelijk verzoek.

'Ik heb een lange pen nodig voor een hond,' zei ik.

'Voor een hond?'

'Ja, waarom niet?'

'Goed dokter,' zeiden ze. 'Kom maar even langs.'

Ik kreeg een hele doos lange pennen van het ziekenhuis, zette er eentje in de poot van de hond en zei tegen de baasjes dat ze hem een tijdje zo veel mogelijk binnen moesten houden.

Een week later kwamen ze weer met hem langs. De stalen pen in zijn poot was verbogen! 'Hebben jullie hem laten rennen?' vroeg ik.

Ze vertelden me dat hij was ontsnapt. Dat was heel jammer. Ik kon die verbogen pen niet meer verwijderen, dus de poot heelde met die pen erbij. Bij de laatste controle zei ik tegen die mensen: 'Hij is helemaal in orde, hoor. Je kunt op het vliegveld alleen niet met hem door het detectiepoortje.'

Een ongelukje kan nog lange tijd problemen geven terwijl het letsel allang geheeld is. Wij hadden vroeger een Jeep Wrangler en Maeson, de hond die ik gebruikte als bloeddonor, was dol op die auto. Als ik ergens heen moest, dan wilde ze altijd mee. We hadden haar gekregen van mensen in Lansing die het zielig vonden om zo'n groot beest in de stad te houden. En Maeson wilde altijd graag naar buiten. Op een dag sloeg ik het portier net iets te vlug achter haar dicht, waardoor het puntje van haar staart ertussen kwam. Ik trok het portier meteen weer open, maar het puntje had een aardige tik gehad. Dit soort ongelukjes komt vaker voor bij honden en het is pijnlijk voor ze, maar niet levensbedreigend. Een hond kan ook zonder staart heel goed functioneren; kijk maar naar jachthonden, die zich dankzij hun gecoupeerde staart gemakkelijk door het dichte struikgewas kunnen voortbewegen. Ik behandelde Maesons staart en wikkelde hem in verband, maar ze kon er geen moment vanaf blijven. Ze bleef er maar aan likken en dat hinderde het genezingsproces. Sterker nog, ze maakte het erger. De wond heelde zo slecht dat ik tot drie, vier keer aan toe een stukje van de staart moest afsnijden. Ze zat er de hele tijd aan te likken. Vanaf die tijd zat ze, tot ze haar laatste adem uitblies, op die staart te kauwen als ze boos op ons was of lang alleen was geweest. Ze heeft me die kleine misstap goed ingewreven!

Door de jaren heen heb ik heel wat gedenkwaardige en ongelooflijke dingen meegemaakt. Een paar jaar geleden werd ik gebeld door een jonge boer die met heel weinig personeel een klein melkveebedrijf probeerde te runnen.

'Dokter,' zei hij, 'kunt u meteen komen?'

Toevallig was ik net bij hem in de buurt en ik reed als de bliksem naar hem toe. Ik was er binnen vijf minuten en ik kon mijn ogen niet geloven. Hij had een loopstal waarin met metalen buizen diverse ligplekken waren afgebakend. Een van die buizen was losgeraakt, misschien was hij door roest aangetast of niet goed vastgezet. Hoe het ook zij, er stak een dertig centimeter lang stuk buis boven de betonnen vloer uit. Een van zijn koeien was uitgegleden en had daarbij haar buikwand volledig opengereten. Maar het ongelooflijkste was dat de koe drachtig was geweest en op deze manier eigenhandig een keizersnee had uitgevoerd. Haar baarmoeder lag helemaal open en het kalf had zich eruit weten te werken. Het oogde gezond en wakker en het lag naast zijn moeder met de kop te schudden. De koe bloedde niet, maar het was een levensbedreigende verwonding. Ik vroeg de boer: 'Wat wil je dat ik met haar doe?'

Hij schudde zijn hoofd en zei dat hij het niet wist.

Ik kon niets meer voor die koe doen; haar ingewanden lagen naast haar op de grond en haar baarmoeder was doormidden. Dit soort verwondingen zijn te ernstig om nog te kunnen hechten. En zou ik haar wel helemaal dicht weten te krijgen, dan was er een enorme kans op infectie. Ik moest hem zeggen waar het op stond: 'Ga het pistool halen. Jij bent een vleeseter. Je krijgt er een heleboel vlees bij.'

Er zijn vaak mensen die me vragen of ik dit soort dingen zielig vind, en het antwoord is natuurlijk ja. Ik heb in zo'n geval echt te doen met het dier en met de boer. Het is voorwaar niet gemakkelijk om een boerenbedrijf te runnen en het wordt ieder jaar moeilijker. Vooral keuterboeren hebben nauwelijks een kans om winst te maken en elke dollar telt. Dit was een hardwerkende jonge kerel die zijn best deed om zijn brood te verdienen met een klein bedrijf. Zo iemand heeft geen spaarpotje achter de hand voor onvoorziene kosten voor de veearts of een nieuwe koe. Ik denk altijd maar zo: Ik help hem om zijn vee gezond te houden. Wordt er toch een dier ziek, dan probeer ik daar iets aan te doen.

Maar we weten allemaal dat een ongeluk in een klein hoekje zit. Soms zie ik geen andere mogelijkheid dan het dier af te maken. We waren eens op een boerenbedrijf wat drachttests aan het doen. De boer had een loopstal met hooi, waarin zijn koeien konden gaan liggen waar ze maar wilden. Om de drachttests te kunnen uitvoeren, hadden we de vaarzen achter een hek gedreven. We hadden er vier of vijf gedaan, maar de volgende koe was niet van plan om aan het onderzoek mee te werken. Ze liet zich niet vangen. We begonnen haar op te drijven zodat ze een hoek om moest om door het hek te gaan. Er rende een jonge stalhulp naast haar mee, maar de koe nam de bocht niet, ze rende in volle vaart tegen de muur. Ze brak haar nek. Na een paar stuiptrekkingen blies ze haar laatste adem uit.

Op zo'n moment weet je precies wat de doodsoorzaak van een dier is. Maar soms sterft een dier nadat we ons tot het uiterste hebben ingespannen om het te helpen. Vaak vraag ik de eigenaar dan of ik sectie mag verrichten. Daar breng ik geen kosten voor in rekening; ik doe het om erachter te komen wat er mis was. Heel vaak kan de eigenaar de dood van zijn huisdier daarna makkelijker een plekje geven. Want mensen zijn soms bang dat ze iets verkeerd hebben gedaan, dat hun dier nog zou leven als ze beter hadden opgelet.

In de zomer van 2013 kwam er een man bij me met zijn hond die 's ochtends nog vrolijk aan het spelen was geweest en 's middags ineens was ingestort. De hond leefde toen hij werd binnengebracht, maar overleed nog voor we iets hadden kunnen doen. Voor zijn eigen gemoedsrust wilde de eigenaar heel graag weten waarom zijn hond was doodgegaan. Allereerst tilde ik de lippen op om het tandvlees van de hond te kunnen zien. Het was helemaal wit, en dat betekende dat de hond was doodgebloed; het weefsel was niet meer doorbloed. Maar waarom niet? Ik liet mijn handen over zijn buik gaan. Die was niet opgezet, maar het verbaasde me niet dat ik een knobbel ontwaarde.

'Moet je eens voelen,' zei ik tegen dokter Sandra. Dat was een slimme, pas afgestudeerde dierenarts, maar wel eentje die wat meer zelfvertrouwen kon gebruiken. Met dit soort gevallen kon ze mooi wat ervaring opdoen. Toen ik die knobbel een beetje indrukte, verdween hij bijna helemaal. Dat had ik niet verwacht. 'Laten we haar eens openmaken,' zei ik.

Na jaren als praktiserend dierenarts ben ik nog steeds gefascineerd door de werking van het lichaam en waarom het er soms ineens mee ophoudt.

Ik voerde de autopsie uit. De knobbel die ik had gevoeld zat in de milt, en was door de druk van mijn vingertoppen uit elkaar gespat. De milt was al helemaal vergaan. Deze hond had een hemangiosarcoom, een bloedvattumor in zijn milt. De tumor was gescheurd en daardoor was de hond binnen een uur doodgebloed. De eigenaar hoefde zichzelf niets te verwijten. In sommige gevallen kun je opereren, maar de prognose is eigenlijk altijd hetzelfde. De milt had in zijn geheel verwijderd moeten worden. Als die operatie zou slagen, dan was de kans nog groot dat het sarcoom al uitgezaaid was naar andere organen. Het dier was dan na een paar niet zo geweldige maanden alsnog doodgegaan.

Veel mensen voelen zich schuldig over de dood van hun huisdier. Het is dan ook voor hen heel fijn om te weten dat ze het niet anders of beter hadden kunnen doen. Dat het hun schuld niet was. En voor boeren speelt er nog iets anders mee. Zij willen de doodsoorzaak achterhalen om te weten of de rest van hun veestapel ook gevaar loopt.

In de tijd dat dokter Ashley nog bij ons in de praktijk werkte, werden we op een dag gebeld door een boer in Clare. Het was geen vaste klant; hij belde altijd een dierenarts die een eind verderop gevestigd was. Dat vind ik prima hoor, mensen bouwen een band op met hun veearts en houden daarom liever vast aan die persoon. Maar die dag belde hij ons dus. Die week waren er vier van zijn veertig koeien doodgegaan, en hij had enkele koeien die ziek leken. Hij vroeg of we meteen konden komen.

Zo snel als we konden gingen Ashley en ik naar hem toe. Ik werkte heel graag met haar samen; zij was ook zo ongeveer de enige die me bij kon houden. Ze had kleine, sterke handen die goed van pas kwamen bij inwendige onderzoeken. Ze is tien jaar aan onze kliniek verbonden geweest, totdat ze naar North Carolina verhuisde om daar haar eigen praktijk te openen.

We liepen tussen de koeien door en merkten dat veel dieren zwaar ademden. Ze kregen nauwelijks lucht. De boer voerde ons mee naar het kadaver van de laatste koe die was overleden en ik sneed haar open. Er was van het longweefsel van die koe bijna niets meer over. 'Ze hebben longontsteking,' zei ik tegen de boer.

Longontsteking kun je vrij gemakkelijk herkennen. De longen verharden en de koe krijgt nauwelijks nog lucht. Soms werkt er nog maar een heel klein deel; als de longen van een koe bijvoorbeeld dertig centimeter diep zijn, dan functioneert er soms nog maar tien centimeter of nog maar de helft daarvan. En de koe krijgt dan zo weinig zuurstof binnen dat ze sterft.

Toen we erachter waren waar zijn vee aan doodging, was het zaak snel te handelen. We hadden net gehoord dat er een nieuw vaccin tegen longontsteking op de markt was gekomen. We hadden het nog niet gebruikt en hadden het ook niet in huis. We belden de fabrikant, het was zaterdagochtend, en we legden uit dat we het eigenlijk de volgende dag al wilden hebben. We kregen het vaccin snel in handen en entten de rest van de koeien in. We adviseerden de boer wat meer frisse lucht in de stal te laten, het klimaat daarbinnen nog wat verder te verbeteren en we dienden alle koeien oraal antibiotica toe. Na ons bezoek zijn er op dit bedrijf geen koeien meer doodgegaan.

Vroeger, in Harbor Beach, voerden we vaak autopsies uit, vooral in gevallen waarin we geen diagnose hadden kunnen stellen. Dokter Hentschl vond het goed omdat we er allemaal veel van leerden. Veel boerderijdieren vertonen vergelijkbare symptomen, en na zo'n autopsie herkenden we ze een volgende keer des te beter en konden dan snel een passende behandeling starten.

Soms weet je meteen wat er aan de hand is. Als een koe diarree heeft, dan testen we haar op boviene virale diarree, een levensbedreigend virus. Veel boeren sturen het oormerk van een kalf op naar het lab om het op dit virus te laten testen. Is de uitslag positief, dan is het kalf geen lang leven beschoren.

Veel andere aandoeningen zijn moeilijker te diagnosticeren. We ontdekten bij een autopsie weleens een abces op de lever. Een abces kan worden veroorzaakt door verschillende bacteriën. Zit het op de lever of de longen, dan valt het heel lastig te ontdekken. Het lichaam probeert het aan te vallen met witte bloedlichaampjes. Deze maken pus, en die pus produceert op zijn beurt weer gifstoffen die door het lichaam trekken en daar bepaalde symptomen veroorzaken. Het gevolg: zonder aanwijsbare reden voelt een dier zich ineens niet goed. De eerste paar keer dat ik met zo'n abces te maken kreeg, had ik er nog te weinig ervaring mee om aan deze mogelijkheid te denken. Bij sectie op zieke dieren die niet op mijn behandeling hadden gereageerd, bleek een paar keer een abces de doodsoorzaak te zijn. Gelukkig had ik het na een tijdje door. Een volgende keer zou ik de symptomen wél herkennen. Dat bleek toen ik bij een andere boer geroepen werd. Hij had een groot stierkalf dat niet in orde was. Ik onderzocht het kalf en zei tegen de boer: 'Hij heeft een abces op zijn lever.'

'Hoe weet je dat?' vroeg hij.

Tja, ik kon natuurlijk niet door de huid van dat kalf heen kijken. 'Ik herken de symptomen,' zei ik. 'Hij heeft geen verhoging, maar dit kalf oogt sloom. Hij eet en drinkt nog wel, maar de mest is een beetje papperig. Dat hoort niet. Ik raad je aan dit dier te laten slachten. Wie weet komt het vlees nog door de keuring.'

Ze brachten het kalf naar het slachthuis. Het vlees moest echter worden weggegooid, want, zo is me verteld, op de lever zat een abces dat bijna zo groot was als een voetbal.

Bij een onderzoek kan ik aan de buitenkant vaak niet zoveel zien aan een dier. Soms blijkt de oorzaak van het ongemak pas bij een autopsie. Dan ontdek ik bijvoorbeeld dat de milt compleet verkankerd is en vraag ik me af hoe dat arme dier het in vredesnaam zo lang heeft kunnen volhouden.

Op een frisse voorjaarsdag vroeg een amish-boer me bij een van zijn paarden te komen kijken. Het vertoonde geen specifieke symptomen, maar volgens de boer deed het 'anders dan anders'. Het at niet, het had een lichte verhoging en stond er wat sloom bij. Met deze symptomen kon ik niet zoveel, ze waren te vaag en te algemeen. We gaven het paard antibiotica om te zien of dat verbetering zou brengen. De volgende dag was het dood.

'Dokter,' zei de boer, 'ik wil graag weten wat er is gebeurd.'

Het was een groot paard en het lag ergens achteraf in een weiland. Ik zette mijn mes in zijn buik. Zodra ik de buikwand open had, begreep ik wat het paard had gemankeerd. Het was gestorven aan buikvliesontsteking. Ik had daar wel aan gedacht, maar kon er niet direct een oorzaak voor vinden. Zelfs niet bij nadere inspectie van de buik… tot ik de ingewanden opensneed. Die zaten helemaal vol lintwormen. Toevalligerwijs begon het tijdens de autopsie te sneeuwen. Lintwormen zijn wit, kort en breed en ze verschilden dus niet zo heel veel van de sneeuwvlokken. Dit paard was helemaal wit bespikkeld, een vreemde mengeling van lintwormen en sneeuw. Een van die lintwormen had een gaatje in de ingewanden gemaakt, waarna er bacteriën in de buikwand terecht waren gekomen. Een hoogst ongebruikelijke doodsoorzaak, en dit geval is me daarom altijd bijgebleven.

Soms kan het mysterie alleen worden opgelost door sectie te verrichten. Zo werd mijn hulp eens ingeroepen bij een drachtige merrie die last had van constipatie. Dat is niet zo heel ongebruikelijk, maar er moet wel even naar gekeken worden. Ik behandelde het paard vlak voor het weekend: ik gaf haar een grote hoeveelheid minerale olie en liet haar daarna flink water drinken. Ik zei tegen de boer: 'Nu eens zien of er wat uit komt.'

Die maandagochtend was dat nog altijd niet gebeurd. Ik begon me nu echt zorgen te maken om dit paard. De boer vroeg wat de volgende stap zou zijn en ik zei: 'Meer kan ik niet doen. Waarom breng je haar niet over naar de kliniek van Michigan State University, eens zien wat ze daar zeggen.'

Een operatie bracht de oorzaak van de constipatie aan het licht: de darm werd geblokkeerd door een keiharde bal van mest. 'Aha,' zei ik, toen ik hiervan op de hoogte werd gesteld, 'nu begrijp ik het.' Dat was het dus. De boer nam zijn merrie weer mee naar huis, waar alles ongeveer een maandlang goed ging. Maar toen kreeg ze diarree en werd ik er weer bij geroepen. De merrie had geen verhoging. Ik behandelde haar voor een infectie en daarna knapte ze wel iets op, maar het bleef modderen. Ze at een poosje, maar vertoonde daarna tekenen van ongemak. Dokter Brenda, die in 1992 was afgestudeerd aan Michigan State University, was in die tijd net voor ons komen werken. Zij diende het paard via een infuus diverse vloeistoffen toe, maar nog steeds niet met het gewenste effect.

De boer wilde haar niet nog eens naar de universiteitskliniek sturen. Dat had volgens hem geen zin. Ik ben nog eens bij hem langsgegaan; ik heb tenslotte de langste armen van ons allemaal. Ik stak mijn arm naar binnen en stuitte op nog zo'n grote, keiharde mestbal. Ik kon er eigenlijk net niet bij; ik krabde hem met mijn vingertoppen uit elkaar en verwijderde de mest vervolgens stukje bij beetje. Daarachter zat normale mest. Die had er gewoon niet uit gekund, dat was alles. Toen ik de mest eruit had, zei ik tegen de boer: 'Nu ben ik benieuwd.'

Een week later belden ze weer: het paard at niet meer. De merrie had wat water gedronken, maar leek aan het eind van haar krachten. Ze hadden besloten haar te laten inslapen. Dat is in sommige gevallen het beste. Dit dier was ernstig ziek en we konden niets meer voor haar doen. Ik stemde ermee in. Dokter Brenda zou het paard laten inslapen, maar ik vroeg of ik de volgende ochtend sectie mocht verrichten.

Ik ontdekte dat het darmkanaal helemaal slap geworden was. Met andere woorden, de darm, die normaal gesproken zo'n twintig centimeter in doorsnee is, was twee keer zo wijd geworden. En hij zat helemaal vol met mest. Zoiets had ik nog nooit gezien, deze diagnose had ik dus niet kunnen stellen. De darm kon niet meer voldoende samentrekken om het voedsel voort te stuwen. Wat er precies is gebeurd, valt niet meer te achterhalen, maar ik vermoed dat die eerste harde bal de darm zo had opgerekt dat het spierweefsel beschadigd was geraakt. De darmfunctie was hierdoor ernstig verstoord en het eten bleef dus steken. Hoe meer het paard at, hoe wijder de darm werd. Tot de spijsvertering uiteindelijk volledig tot stilstand kwam en de darm langzaam maar zeker vol met eten kwam te zitten.

Ik kon ook zien dat de operatie in de universiteitskliniek heel goed was uitgevoerd: er was niets ontstoken, niets verkleefd, niks. Alles zag er perfect uit. Niemand kon hier iets aan doen, het was gewoon zo gelopen.

Een autopsie heeft alleen zin als ze inzichten oplevert over de doodsoorzaak. Als je stukjes metaal vindt in de maag, dan weet je wat er is misgegaan. Maar meestal moet je goed zoeken, in de hoop iets afwijkends aan te treffen. Zo heb ik eens een geval meegemaakt van een jonge boer die – schijnbaar zonder duidelijke oorzaak – acht van zijn negen koeien verloor. Hij had flinke koeien die er gezond uitzagen en toch waren ze, compleet onverwacht, dood neergevallen. Bij het uitvoeren van de autopsies viel me op dat ze één ding gemeen hadden: de lever zag geel. Dat kan verschillende oorzaken hebben, en daarom stelde ik de boer een paar vragen. Zo kwam ik erachter dat deze koeien zo dik waren omdat hun rantsoen bijna geheel bestond uit kuilmais en snijmais. De grond bij Harbor Beach was heel vruchtbaar en leende zich heel goed voor het telen van mais, waar de boeren dan ook graag hun vee mee voerden. Bij stierkalveren is dat ook prima, want hoe groter die zijn, hoe meer ze opbrengen. Maar voor melkvee is dat voer niet geschikt en deze man voerde zijn drachtige vaarzen hetzelfde als zijn stierkalveren. Melkvee kun je beter hooi geven, dat kunnen ze goed verteren. De vaarzen probeerden het vet om te zetten in energie, maar hun lever kon de toevloed niet aan. Het teveel werd gedeeltelijk verteerd en een ander deel werd opgeslagen in de lever, maar er bleef nog meer vet over. Deze boer voerde zijn koeien dood. Toen ik hem vertelde waarom zijn vee gestorven was, haalde hij zijn schouders op.

'Ze zullen het hiermee moeten doen, iets anders heb ik niet.'

Ik zei tegen hem: 'Als ik jou was, zou ik volgend jaar wat meer hooi inslaan, want anders moet je nog veel meer nieuwe vaarzen kopen.' Ik durf te wedden dat hij mijn advies ter harte heeft genomen.

In een van de afleveringen van de serie voerde ik een autopsie uit op iemands huiskip. De eigenaar had er zelfs meer dan één thuis rondlopen. Sommige mensen vinden dit een beetje raar, maar elk dier heeft een eigen karakter. Voor deze vrouw was dit niet zomaar een kip; ze was er net zo aan gehecht als andere mensen aan hun hond of kat. En toen haar kip niet meer goed kon lopen, bracht ze hem zelfs naar de dierenarts. Toen ik het beestje onderzocht, voelde ik een harde bult in haar buik. Door de plek en de vorm van de bult dacht ik aan een tumor. 'Daar is niets meer aan te doen,' zei ik tegen de vrouw. 'We moeten haar een spuitje geven.'

Ik moest de kip laten inslapen, want ik kon niets voor haar doen. De vrouw ging schoorvoetend akkoord, maar vroeg of ze de dode kip mee naar huis mocht nemen. Ze wilde haar bij een paar andere overleden kippen in haar tuin begraven. Ik vroeg of ik sectie mocht uitvoeren voor ze de kip terugkreeg.

Toen ik de kip opensneed, zag ik iets wat me nogal verbaasde. Ik trof in de buik geen tumoren aan, maar wel een gebroken dooier. Die had een dodelijke buikvliesontsteking veroorzaakt. Haar hele buik zat vol met uitgedroogde eidooiers.

'Je kon er helemaal niets aan doen,' zei ik tegen de vrouw. 'Dit had niet voorkomen kunnen worden en een behandeling is er ook niet voor.'

'In ieder geval heeft ze niet geleden,' zei de vrouw, die wel verdrietig was maar ook opgelucht dat haar niets te verwijten viel.

Ik heb trouwens vaker sectie verricht op kippen. De meeste boeren in de omgeving houden ook een toompje kippen. Als er eentje doodgaat, kijkt de boer daar eigenlijk niet zo van op. Zoiets hoort er nu eenmaal bij en kippen leven gewoon niet zo heel lang. Maar sterft er kort daarna nog eentje, dan vraagt de boer zich af wat er aan de hand kan zijn. Ze bellen me meestal na de dood van de tweede kip, omdat ze de rest van de kippen graag willen behouden. In de winter van 2013 kwam er een boer bij me met drie dode kippen. Ze waren die nacht overleden, maar hadden vooraf geen enkel teken van ziekte vertoond. Ik sneed de kippen open en kon aanvankelijk geen afwijkingen ontdekken. De kam, het rode vlezige kopversiersel, was echter donkerrood en dat kan een teken zijn van zuurstoftekort. Toen ik de organen onderzocht, ontdekte ik kleine steentjes in de krop. Dat is de plek waar het voedsel eerst wordt opgeslagen voor het naar de maag of de spiermaag gaat. Omdat ik hier nog niet zoveel mee opschoot, stelde ik de boer wat vragen.

Het was een vrij koude winter met redelijk wat sneeuw; een winter zoals we die gewend zijn in het hart van Michigan. Op een ijzig koude middag had de boer wat zout over zijn gladde erf gestrooid. Van gewoon zout krijgen dieren pijnlijke poten, maar dit zout zou geen irritatie veroorzaken, zo had hij begrepen. De kippen zagen het zout aan voor steentjes of voer en pikten de korrels op, met zoutvergiftiging tot gevolg. Ze kregen zo veel zout binnen dat hun bloed hypertoon werd: het trok weg naar de periferie van hun lichaam. Dit verklaarde ook waarom die kammen zo donkerrood waren, het merendeel van het bloed was daarheen gedrukt. De bloedsomloop verslechterde zo dat er niet meer voldoende zuurstof werd rondgepompt en dat was de kippen fataal geworden.

Het vreemdste geval dat ik ooit heb meegemaakt, begon met een telefoontje van een boer die zei dat hij die ochtend drie dode koeien in zijn stal had aangetroffen.

'Ik kom er meteen aan,' zei ik.

Toevallig was ik de dag daarvoor nog op zijn bedrijf bij een van zijn koeien geweest. De boer was toen zelf niet aanwezig, maar ik had de koe onderzocht. Ze had aan de linkerzijde een slag in haar maag. Zo'n gedraaide maag kun je meestal verhelpen door de koe om te rollen, maar zonder zijn hulp kon ik dat niet doen. Ik liet een bericht voor de boer achter dat ik de volgende dag terug zou komen. En nu was die koe dood en was die boer heel boos op mij. Hij vond dat ik mijn werk niet goed had gedaan.

Onderweg naar zijn bedrijf vroeg ik me af wat er gebeurd kon zijn. De koe mankeerde iets, zeker, maar zo'n gedraaide maag is niet levensbedreigend. En er waren ook twee andere dode koeien. Hoe zat het daarmee? Het was een broeierige nacht geweest: boven de 27 graden en heel mistig, met een luchtvochtigheid van honderd procent. Het was benauwd geweest, en sommige koeienrassen reageren niet zo goed op extreme weersomstandigheden. Holsteins bijvoorbeeld voelen zich het lekkerst bij een temperatuur tussen de -10 en 15 graden. Als het warmer is, worden ze nerveus. En stijgt de luchtvochtigheid sterk, dan voelen ze zich helemaal ongemakkelijk. Op dagen dat het boven de 25 graden is, stoppen ze met eten en geven ze geen melk meer. Houdt het warme weer aan, dan kan de melkproductie met een kwart dalen. Het kon dus maar zo zijn dat de hitte en de hoge luchtvochtigheid tot de dood van deze koeien hadden geleid.

Bij aankomst zei ik tegen hem: 'Ik wil weten wat er met je koeien is gebeurd. Mag ik sectie verrichten?'

De eerste (de koe die ik de dag tevoren had onderzocht) had inderdaad een gedraaide maag. Ze had niet willen eten en was, mede door de stress over de warme en benauwde nacht, overleden. De tweede koe had een ontstoken hartzakje, in vaktermen pericarditis genoemd. Haar hart ging schuil onder een dikke laag littekenweefsel. Een gezond hart zit ingepakt in een zakje met een kleine hoeveelheid vocht dat fungeert als een soort smeermiddel. Maar het hart van deze koe kon door al dat littekenweefsel niet meer goed samentrekken. Dat ze door het broeierige weer minder zuurstof binnenkreeg, had uiteindelijk geleid tot haar dood. Ook de derde koe had een draai in haar maag, maar die zat rechtsom en dat is de lastigste variant. Het probleem is met de nodige moeite wel te verhelpen, maar de kans op complicaties is vrij groot. Ook deze koe was bezweken aan de stress door het benauwde weer. De boer had drie van zijn zestig koeien verloren, dat was heel erg, en alle drie de sterfgevallen waren te wijten aan de combinatie van hoge luchtvochtigheid en de grote hitte.

Hij heeft het me via een omweg nog betaald gezet door failliet te gaan voor hij mijn rekening had betaald.

Helaas moet ik tijdens een sectie ook weleens vaststellen dat ik iets over het hoofd heb gezien. Het overkwam me bij een koe die een kalf had gebaard maar de nageboorte er niet uit kreeg. Dat is iets wat wel vaker voorkomt en zo'n achterblijvende placenta is op zich geen ernstig probleem. Ik ging erheen en trof een doodzieke koe aan. Ze had 40 graden koorts en een enorme infectie in haar baarmoeder. Ik behandelde de koe met antibiotica om de baarmoeder te genezen. Ik legde de boer uit dat hij hier drie tot vier dagen mee door moest gaan en dat het dan hopelijk over zou zijn.

Twee dagen later ging de koe dood. Daar begreep ik niets van; dat met die baarmoeder was geen levensbedreigende aandoening. Ik deed een autopsie en zag meteen wat er werkelijk met haar aan de hand was geweest. 'O jee,' zei ik. 'Moet je dit eens zien.' In haar maag vond ik een stuk ijzerdraad. 'Wie had dat gedacht?'

Deze boer had zijn weilanden afgerasterd met hoog gaas, van het type dat ook wel wordt gebruikt om herten te weren. Gaas geeft, in tegenstelling tot een hek van prikkeldraad, minder kans op verwondingen. Het heeft geen scherpe randjes, maar vormt alleen een barrière voor het vee. Een goed onderhouden gaashek is niet gevaarlijk, maar als het ouder wordt kan het metaal gaan roesten. En er breken dan weleens stukjes van zo'n vijftien centimeter af. Van een koe die zoiets binnenkrijgt, is het einde nabij. De stukjes draad zijn net lang genoeg om in de maag terecht te kunnen komen en net scherp genoeg om door de maagwand heen in het hart te prikken.

Als een boer het gras in zo'n weiland maait om er hooi van te maken, en als hij niet weet dat die stukjes ijzerdraad daar liggen, dan komt het metaal in de balen hooi terecht. En zo was het in dit geval gegaan. De koe had met het hooi een stuk draad binnengekregen. Haar baarmoeder werkte niet goed en toen ze moest persen om haar kalf eruit te krijgen, drukte ze dat stukje draad door haar maagwand in haar hart. En dat was haar fataal geworden.

Met die mogelijkheid had ik geen rekening gehouden. Door de infectie in haar baarmoeder, die dezelfde symptomen kon veroorzaken, had ik niet aan een ander probleem gedacht. Ik geloof niet dat er in dit geval een schuldige valt aan te wijzen, maar sindsdien ga ik bij vergelijkbare gevallen wel altijd na of er geen metaal in het maag-darmkanaal zit.

Gelukkig kunnen dit soort problemen vrij gemakkelijk voorkomen worden. Ik weet dat de meeste boeren goed opletten, en toch slingeren er nog te vaak deeltjes metaal rond op het terrein. Bij het binnenhalen van de mais of het hooi zou er in de machine eigenlijk een grote magneet moeten zitten die al het metaal eruit trekt.

Soms hoeft er geen volledige autopsie te worden uitgevoerd om de doodsoorzaak te achterhalen. We hebben natuurlijk onze reguliere werkzaamheden in de praktijk, maar daarnaast werken we zo nu en dan ook mee aan forensisch onderzoek. CSI voor dierenartsen, zeg maar. Op een snikhete zomerdag, ik geloof dat het in 2003 was, ging er aan de andere kant van Mount Pleasant een man naar het casino. Hij liet zijn langharige Duitse herder achter onder de canvas overkapping van zijn pick-uptruck. Hij zou toch maar heel even binnen blijven, gewoon een paar gokjes wagen en dan naar huis. Maar hij bleek een geluksdag te hebben; hij bleef maar winnen. Terwijl de man binnen was, liep er echter een parkeerwachter langs zijn auto en die zag dat de herder in de laadruimte een aanval had. De parkeerwachter bevrijdde de hond, die nog een paar aanvallen kreeg en toen doodging. Het casino haalde de dierenbescherming erbij, en de man werd aangeklaagd wegens nalatigheid. Hij had zijn hond nooit mogen achterlaten in die kokendhete laadruimte.

De dierenbescherming bracht de hond naar onze kliniek met de vraag of wij konden bevestigen dat hij door oververhitting om het leven was gekomen. Ze hadden de dode herder bij ons in de garage neergelegd en dokter Eric bereidde de sectie voor. Hij werkt het liefst met kleine dieren, vooral met honden en katten, en hij zou me assisteren. Ik vroeg hem: 'Heb je zijn temperatuur opgenomen?'

'Nee,' zei hij. 'Hij is al meer dan vier uur dood.'

'Laten we het toch maar even doen,' zei ik. Vier uur na zijn dood had die hond nog steeds een temperatuur van 45 graden. Vijfenveertig graden! Lieve hemel. Natuurlijk hield deze hond met zijn lange vacht extra veel warmte vast, maar jeetje, dit was zes graden warmer dan normaal. Zijn dood was honderd procent zeker veroorzaakt door oververhitting.

De openbaar aanklager van Isabella County zei tegen me: 'Hier zal hij niet mee wegkomen. Deze man moet drie maanden achter de tralies.'

Ik vroeg: 'Waarom? Hij is stom geweest. Hij had een goeie dag in het casino en vergat daardoor zijn hond. Pak hem zijn gokwinsten af, doe er nog een boete bovenop en laat vastleggen dat hij de komende vijf jaar geen hond mag hebben.'

De aanklager ging mee met mijn voorstel en ik hoorde dat de eigenaar van de herder het heel erg vond dat hij geen hond meer mocht hebben. Als je gewend bent aan een hond in huis, dan is het vreselijk als dat ineens niet meer mag. Ik zou niet weten waar ik het zoeken moest als ik het vijf jaar zonder moest zien te stellen.

Dit leek mij een veel zwaardere straf dan drie maanden zitten.

Het komt ook voor dat de doodsoorzaak zelfs na een autopsie nog niet duidelijk is. Heel frustrerend. Toen ik nog in Harbor Beach werkte, ging daar ineens de melkproductie sterk omlaag. Niet op een enkele boerderij, maar in de wijde omgeving. Na een tijdje gingen er ook koeien dood. Deze situatie hield zo'n drie jaar aan. De aantallen vielen nog mee, maar elke dode melkkoe is er een te veel. Alle veeartsen in Michigan hadden met deze mysterieuze gevallen te maken, maar er leek niets aan te doen. Niemand begreep wat er aan de hand was. Autopsies leverden geen bruikbare inzichten op. Wat we ook probeerden, de ellende hield aan. Maar op een bepaald moment merkte een boer in Battle Creek dat ook de muizen en ratten in zijn stallen doodgingen. Wacht eens even, dacht hij, dat ongedierte eet van het graan dat naast de voerbakken valt. Deze boer had scheikunde gestudeerd en hij stuurde de dode ratten en muizen voor onderzoek naar de universiteit van Michigan. Sectie leverde eerst niets op, tot ze een nieuwe vorm van onderzoek lieten uitvoeren die chromatografie wordt genoemd. Dit is een moderne techniek waarbij een stof in al zijn componenten uiteen wordt gehaald. In het vet werd een chemische stof aangetroffen die ze niet konden thuisbrengen. Uiteindelijk lieten ze de stof bekijken door een expert uit New York, die hem gelukkig al eens eerder was tegengekomen.

Het ging om de chemische stof polybroom-bifenyl of PBB, een brandvertrager waar in die tijd kinderkleding mee werd behandeld. Deze stof is verwant aan polychloor-bifenyl, en dat is een giftige stof. Maar er was natuurlijk schreeuwende behoefte aan een antwoord op de volgende vraag: hoe is het mogelijk dat we brandvertrager aantreffen in koeienstallen in de hele staat Michigan? Het kostte het nodige speurwerk, maar uiteindelijk ontdekte de overheid wat er was misgegaan.

Een chemische fabriek in de omgeving van Saint Louis produceerde niet alleen de brandvertrager, maar ook een mengsel van fosfor en calcium dat wordt toegevoegd aan veevoeder. Beide producten werden verpakt in gelijke kleurige zakken met bijna gelijkluidende namen: FireMaster voor de brandvertrager en NutriMaster voor het voedingssupplement voor vee. Toen de zakken voor de FireMaster op waren, was een van de fabrieksarbeiders op het lumineuze idee gekomen om de brandvertrager in de NutriMaster-zakken te doen. 'Dat kan geen kwaad,' dacht hij. En zo kwam het dat de PBB in NutriMaster-zakken over heel Michigan werd verspreid.

De tussenhandelaren viel niets te verwijten, maar de gevolgen van deze vergissing waren enorm. De chemische stof was schadelijk voor de gezondheid van consumenten die de melk of het vlees van deze koeien binnenkregen. De instanties maakten zich grote zorgen, want de stof is kankerverwekkend en kan leiden tot aangeboren afwijkingen. De ratten die het hadden binnengekregen, ontwikkelden kanker. Toen artsen vaststelden dat de stof voorkwam in de moedermelk van vrouwen die net bevallen waren, wisten ze dat de PBB in de voedselketen terechtgekomen was.

Zodra we wisten waar we op moesten letten, zijn we het vee gaan testen. Van alle koeien die rijp waren voor de slacht, moesten we een vetmonster nemen. Bevatte zo'n monster meer polybroombifenyl dan was toegestaan (en dat was heel weinig), dan moesten de kadavers vernietigd worden. Helaas waren het er aardig wat.

Er moesten duizenden koeien worden gedood. Een bijkomend probleem was dat de kadavers niet verbrand konden worden; ze hadden immers brandvertragende stoffen in hun lijf en die zouden bij verbranding in de lucht terechtkomen. De dode koeien moesten worden begraven. Op last van de staat werd er op een militaire basis in Kalkaska County boven een kleilaag een enorme kuil gegraven. Daar was ik wel nieuwsgierig naar, en ik besloot er met het hele gezin een kijkje te gaan nemen.

Sommige mensen nemen hun kinderen mee naar Disneyland, wij gingen naar Kalkaska om te zien wat ze met die koeien deden. Bij het plaatselijke politiebureau vroeg ik waar we de kuil konden vinden. Ik legde de agent uit dat ik dierenarts was en dat er veel vee van mijn klanten begraven werd. Ik legde uit dat ik er graag even wilde rondkijken.

'Nou, het spijt me, dokter,' werd er gezegd, 'we mogen u hier geen informatie over geven. Overheidsbeleid.'

Eerlijk waren ze in ieder geval wel. Ik reed naar de dichtstbijzijnde benzinepomp en vroeg: 'Waar begraven ze al die afgekeurde koeien?'

'Dat is bij Gera in de buurt,' kreeg ik te horen.

'Goed, hartelijk dank. Dan ga ik daarheen.'

Gera was een doods stadje; er was niemand op straat aan wie we konden vragen waar we moesten zijn. Ik durf te wedden dat het bij de militaire basis is, dacht ik. Dus daar gingen we naartoe. Onderweg zag ik een onverharde zijweg die eruitzag alsof hij onlangs was verbreed. Aha! Ik reed een eindje achteruit, draaide het pad op en reed een heel eind het bos in.

Na een paar kilometer zag ik overal veewagens en generatoren staan, maar voor ik het wist, kwam er een lid van de National Guard op me af gelopen met een wapen in zijn hand. Het was een boomlange vent, stevig gebouwd. 'Help, wat nu,' zei ik.

Het was net alsof we een terrein hadden ontdekt waar de overheid in het geheim met duistere zaken bezig was. Ik stak mijn handen in de lucht en liep naar de bewaker toe. Ik legde hem uit waarom ik gekomen was. 'Ik ben dierenarts. De koeien van mijn klanten worden hier begraven. Ik zou graag even rondkijken als dat mag.'

'Dat is niet toegestaan,' zei hij.

Gelukkig richtte hij zijn wapen niet op me. Ik keerde de auto, reed een paar honderd meter door en wilde toen stoppen om wat foto's te nemen, maar dat ging niet door. We werden namelijk door een andere auto gevolgd, net zolang tot we de hoofdweg weer hadden bereikt. Goed dan, dacht ik, misschien de volgende keer toch maar naar Disneyland.

5

Met mijn laarzen in de mest

Als man van het platteland weet ik als geen ander hoe zwaar het boerenbestaan is. Je zou je kunnen afvragen waarom mensen er dan toch voor kiezen. Want hoe hard je ook werkt, de volgende dag begint alles weer van voren af aan. De natuur werkt zelden mee en rijk word je er ook al niet van. Mijn broer, die net als ik Jan Pol heet, zegt altijd: een boer leeft arm en sterft rijk. En toch zijn sommige mensen alleen gelukkig op een boerenbedrijf.

Mijn vader had zestien hectare land en daarop hielden we dertig koeien, een paar Friese paarden en wat varkens. We hadden kippen voor de eieren en verbouwden onze eigen aardappels en soms ook suikerbieten. Die leverden aardig wat op. En we verbouwden altijd tarwe en haver. Mijn vader ging als boer met zijn tijd mee, en dat werd in de streek waar wij woonden niet door iedereen gewaardeerd. Er zijn nu eenmaal altijd mensen die alles bij het oude willen laten. Zo molk mijn vader zijn koeien niet met de hand, zoals sinds mensenheugenis werd gedaan, maar kocht hij een melkmachine. En daarna kwam er een machine waar hij het hooi mee kon keren, zodat het sneller droogde. We hebben het altijd zonder ook wel gered, dacht men bij ons in het dorp en mijn vader kreeg het nodige commentaar op zijn machinerie. Toen de andere boeren echter zagen hoe handig die machines waren, gingen ze overstag.

Ik moest in mijn jeugd elke middag de koeien melken. Na school was ik altijd buiten aan het spelen en als het tijd was om te melken, dan brachten we eerst de paarden naar de wei. Dat ging ongeveer zo: ik sprong op de rug van het ene paard, pakte het andere bij de manen, en galoppeerde gewoon zo, zonder zadel, naar het hek van het weiland en sprong er daar weer af. Ik was echt een buitenkind en was nergens bang voor. Ik was zes jaar oud toen ik voor het eerst op een paard zat. Op een onbewaakt moment klauterde ik op een kar en vanaf de bok klom ik op de rug van het paard. En ik viel er niet eens vanaf. Ik ben nog steeds niet gewend aan een zadel, maar geef mij een ongezadeld paard en ik rijd er zo op weg.

Al onze koeien hadden mensennamen. Alle afstammelingen van, laten we zeggen, Dina kregen een nummer, bijvoorbeeld Dina 3 of Dina 4. Ik leerde thuis hoe je met dieren moest omgaan, vooral met koeien. Ik wist dat er melkkoeien waren waar je alles mee kon doen en andere die bij het minste of geringste geïrriteerd een poot hieven. Voor die koeien moest je altijd geweldig oppassen. Als je heel goed naar mijn neus kijkt, zie je dat ik niet altijd vlug genoeg heb gereageerd.

Op het eerste gezicht lijkt het misschien of elke boerderij weer anders is, maar toch ademen ze allemaal eenzelfde sfeer. Als je, net als ik, het geluk hebt gehad om op te groeien op een boerderij, dan voel je je op je gemak zodra je een stal binnengaat. Boeren spreken een bepaalde taal. Een taal waarin heel wat boerengeschiedenis en ervaring besloten ligt, en waarmee ze blijk geven van hun respect voor de grond en de dieren. En spreek je die taal ook, dan ben je welkom op vrijwel ieder boerenbedrijf.

Na het openen van mijn eigen praktijk heb ik een hele tijd niets anders gedaan dan visites rijden. Als je van schone kleren houdt en altijd lekker wilt ruiken, moet je zeker iets anders gaan doen. Ik heb mijn werk moeten doen in alle denkbare weersomstandigheden. Het kan 's zomers in Michigan zo heet zijn dat het zweet je al uitbreekt wanneer je uit de auto stapt. En 's winters kan het hier bitter koud zijn en zo hard sneeuwen dat je de weg alleen kunt vinden door van elektriciteitspaal naar elektriciteitspaal te rijden.

Een dierenarts die groot vee behandelt, heeft vier dingen nodig: zijn materialen en benodigdheden, de nodige ervaring, het vermogen om zijn reukorgaan te negeren en een goede wasmachine. Het is niet de vraag óf je vies wordt van dit werk, maar hóé vies. Wie met dieren werkt, gaat naar dieren ruiken. Ik heb ontelbare dagen en eindeloos veel nachten door de modder en de mest gebanjerd, ik heb op koude en vuile vloeren gelegen en rondgetast in het inwendige van dieren. Als veearts heb je niets te zeggen over je werkomstandigheden; jij doet je werk daar waar het dier zich op dat moment bevindt. En het vreemde is: het is altijd te warm of te koud, er is te weinig werkruimte, het is te donker, te modderig of te stoffig. Het is in ieder geval nooit precies goed.

Ik moest eens een stel zieke varkens onderzoeken die gehouden werden in een schutstal naast een grote veeschuur. En er is één ding dat ik nooit begrepen heb: hoe kan het dat varkens zo stinken en toch zo goed kunnen smaken? Maar goed, in dat varkensverblijf stapte ik met een van mijn voeten ineens in een gat van een halve meter diep. Het was tot de rand toe gevuld met varkensmest en voor ik het wist was mijn laars helemaal volgelopen. Ik stoor me nooit zo aan vieze geuren – mijn neus kan zowat alles verdragen – maar hier had zelfs ik moeite mee.

'Sorry,' zei de boer, 'ik had je even moeten waarschuwen. Er hadden daar nog wat palen de grond in gemoeten, maar het is er nooit van gekomen.'

Daar stond ik dan, met mijn ene been tot aan de knie in de varkensmest. Maar de boer had zijn oprechte verontschuldigingen aangeboden, dus ik knikte. Daarna trok ik mijn laars uit en spoelde hem vanbinnen en vanbuiten schoon, waste mijn been, en reed met blote voeten naar huis omdat alles nog zo vreselijk stonk. Thuis nam ik een lange, hete douche en ging weer aan het werk.

Ik sta altijd in de mest en na een inwendig onderzoek bij een dier ziet mijn arm groen, dat soort dingen hoort er in mijn vak nu eenmaal bij. Koeien zijn niet zindelijk. Ze mesten tijdens het eten en daarom is elke stal voorzien van een speciale goot waar de meeste koeien hun mest in laten vallen. Vroeger verwijderden de boeren de mest daaruit door er met de trekker een metalen bak doorheen te duwen. Aan deze werkwijze kleeft een nadeel dat al aan de orde is geweest: die bak schuurt steeds over de vloer en krijgt vlijmscherpe randen waar de koeien zich ernstig aan kunnen verwonden. Zo'n mestgoot moet regelmatig worden schoongemaakt, want anders komt er een dikke, glibberige laag mest en urine in te staan. En niet alleen de koeien hebben dan moeite hun evenwicht te bewaren, ook ik ga soms bijna onderuit.

Op een dag ging ik kijken bij een koe met melkziekte en bij aankomst in de stal zag ik die koe in de mestgoot zitten. Ze was gevallen en kon niet meer overeind komen. Tja, ik moest haar dus wel op die plek onderzoeken, met mijn laarzen in de mest.

Toen ik klaar was, probeerde de koe weer te gaan staan, maar zonder succes; haar hoeven schoten alle kanten uit, het was echt naar om te zien. De Amerikaanse overheid heeft trouwens een peperduur onderzoek laten uitvoeren naar dit probleem. De uitkomst? Mest is glibberig spul. Hartelijk dank, maar dat had iedere boer het onderzoeksteam ook wel kunnen vertellen.

Ik kreeg ineens een goed idee. 'Ga je trekker eens halen,' zei ik tegen de boer. We bevestigden een lange ketting om de nek van de koe en maakten die vast aan de achterkant van de trekker.

'Nu voorzichtig een eindje vooruit rijden,' zei ik tegen de boer. We hadden de ketting zo bevestigd dat ze haar kop omhoog zou kunnen houden. De boer gaf een beetje gas en de koe gleed in een poel van mest achter de trekker aan, met haar neus omhoog, alsof ze aan het waterskiën was. Toen ze het einde van de mestgoot had bereikt, maakten we haar los. De koe stond op en liep weg.

Als dierenarts ben je wel gewend aan vieze geuren – lekkere luchtjes kom je eigenlijk bijna nooit tegen – en bovendien raakt je reukzin in de loop der jaren een beetje afgestompt. Maar er zijn dingen die zo verschrikkelijk stinken dat de geur je nog lang bijblijft. Op het melkveebedrijf van Steve Fox probeerde een koe een dood kalf te werpen. Er hingen al twee poten naar buiten en ik rook iets heel smerigs. De koe liep onbekommerd door de stal; zij voelde zich kennelijk prima. We slaagden erin een touw om de poten van het kalf te knopen en begonnen te trekken. Steve Fox hielp me een handje en hij zei: 'Oef, wat een stank, vind je ook niet dokter?'

Ik zei: 'Ai, dit is vreselijk. Dode kalveren stinken meestal niet zo erg. Ik weet niet welke bacterie hier aan het werk is, maar de geur is in ieder geval niet te harden.'

Ik trok het kalf er in delen uit en moest het touw een paar keer goed uitspoelen voor ik het terug kon leggen in mijn auto.

De zwaarste aanslag op mijn reukorgaan deed zich voor toen ik eens bij een kreupele koe geroepen werd. Ik bond de koe vast, verzorgde haar hoef en bracht er een verband om aan. Maar toen ik naar mijn auto wilde lopen, zei de boer: 'Dokter, als u toch hier bent, kunt u dan even naar een andere koe kijken? Ze zou een week geleden al afkalven.'

Tuurlijk. Zoiets had ik al honderd keer bij de hand gehad.

Ik kalmeerde de koe en stak mijn arm naar binnen. Ik voelde twee hoeven. Nou, en als je twee hoeven voelt, dan trek je eraan. Kijken wat eruit komt. Ik trok.

Dat had ik beter niet kunnen doen. Het leek wel of ik de stop eruit getrokken had. De koe loeide en plotseling kwam er een compleet vloeibaar geworden kalf naar buiten. Er waren stukjes bot, stukjes huid, en er waren, tja, wat waren het eigenlijk? Het stonk verschrikkelijk! Vlak achter de koe ontstond een enorme plas van wel vijftien centimeter diep. We keken elkaar wat verbouwereerd aan. Niemand wilde in aanwezigheid van de anderen gaan staan braken, maar we konden ons maar net goed houden. Zoiets is een kwestie van trots. Kijk mij eens flink zijn! Maar ik geef je op een briefje: als een van ons was gaan braken, dan had niemand zich nog kunnen beheersen. Mijn werk zat er helaas nog niet op; ik moest controleren of er niets in de baarmoeder was achtergebleven. Ik stak mijn arm weer naar binnen, vond nog wat restjes van de schedel en haalde ze tevoorschijn. Daarna diende ik de koe een flinke stoot antibiotica toe en daarmee was de koe gered.

Geloof me, iedere veearts – en hetzelfde geldt voor zijn of haar levensgezel – kan sterke verhalen vertellen over de gekke dingen die ze in hun loopbaan over zich heen hebben gekregen. Een tijdlang kregen veel koeien groeihormonen toegediend. Ze gingen er meer van eten en een koe die meer eet, geeft meer melk. Na een paar jaar stopten we ermee, omdat het gebruik van het middel verboden werd. De injectie moest worden toegediend in een kleine, met vet gevulde holte net naast de staart. De koe dekt haar anus altijd af met haar staart, die dan ook steevast onder de mest zit. En aangezien koeien hun bips nooit afvegen, ontstaan er regelmatig abcessen in dat gebied. Op een middag voerde ik, al pratend met de boer, een aantal drachttesten uit. Bij een van de koeien ontdekte ik daarbij een groot abces op haar achterwerk. Het barstte open, precies op het moment dat ik mijn hand naar binnen stak. De pus spatte in mijn gezicht en kwam zelfs in mijn mond terecht. De boer schoot in de lach en ik zei: 'Getver, dit is echt helemaal niet lekker.'

En toch hoefde ik ook deze keer niet over te geven. Dat is zelfs nog nooit gebeurd, ook niet bijna. Dat kunnen niet al mijn assistenten zeggen. En Charles? Tja, Charles is een geval apart. Ik kan me nog precies voor de geest halen op welk moment ik besloot dierenarts te willen worden, maar Charles weet nog exact wanneer hij besloot dat hij van zijn levensdagen niet in mijn voetsporen zou treden. Toevalligerwijs waren we op dat moment allebei een jaar of twaalf.

Op een winterse avond kregen we na het eten een telefoontje van een amish-boer die zei dat een van zijn merries moeite had met het werpen van een veulen. Een dergelijk bericht is automatisch een noodgeval, dus wat ik ook aan het doen ben, na zo'n telefoontje spring ik meteen in de auto. Het was vreselijk weer; het vroor dat het kraakte en er trok een ouderwetse sneeuwstorm over het land. De wind was zo fel dat de sneeuw horizontaal langs de ramen vloog. Ik vroeg Charles of hij mee wilde. Langs de weg lagen hopen stuifsneeuw zo hoog als onze auto. Als ik van de weg zou raken of vast zou komen te zitten, dan kon hij me helpen. Er lag heel veel sneeuw op de weg en we kwamen maar langzaam vooruit. Ik reed dwars over die sneeuwrichels heen; gewoon een kwestie van het gaspedaal flink intrappen.

Ik onderzocht de merrie. Het veulen was waarschijnlijk al een dag dood, maar het moest er evengoed uit. Met behulp van een ketting trok ik het eruit, en in het kielzog van het veulen kwam er een boel stinkend vocht mee. Lieve hemel, wat stonk het daar in die stal.

Ik keek opzij naar Charles. Hij trok wit weg en ik zag dat hij zijn best deed om zich goed te houden. Maar ineens trok er een siddering door zijn lijf en daar kwam het braaksel. Toen alles eruit was, verdween hij stilletjes richting de stationwagon om daar op me te wachten. Hij hield het geen seconde langer meer uit in die stal. Op dat moment wist Charles dat hij geen dierenarts wilde worden.

Hoe slecht het weer ook is, een veearts moet de boerderijen van zijn klanten zonder problemen kunnen bereiken. Ik stel dan ook hoge eisen aan mijn auto, die ik beschouw als een verlengstuk van mijzelf. De auto's van alle veeartsen hebben één ding gemeen: ze zien er niet uit. Ze zijn vies en zitten vol deuken. Het ruikt er niet al te fris, en als er minder dan honderdvijftigduizend kilometer op de teller staat, dan is-ie zeker net nieuw. In Harbor Beach hadden we kleine pick-uptrucks, maar die bevielen me niet zo goed.

Toen ik mijn eigen praktijk opende, koos ik aanvankelijk voor stationwagons van Buick of Oldsmobile. Gewoon, omdat die ijzersterk waren en nooit dienst weigerden. In 1996 werd de productie ervan stilgelegd – dit had te maken met de opkomst van SUV's – maar die van ons hielden het nog tien jaar vol. Er vragen nog steeds weleens mensen: 'Dokter Pol, wat is er met je stationwagon gebeurd?' en ik zeg dan: 'Hij heeft het uiteindelijk toch begeven.'

Later zijn we overgestapt op Jeeps. We hebben er bij ons in de praktijk maar liefst zeven; vijf voor dagelijks gebruik en twee als reserve. Ook deze auto's gaan eindeloos mee. De auto die in de serie te zien is, heeft een krappe vierhonderdduizend kilometer op de teller staan. De vering heeft zijn beste tijd gehad, maar dat maakt me niet zoveel uit. De achteras is een ander verhaal. Als daar iets mee is, dan moet-ie meteen vervangen worden.

Op een dag in februari werd ik gebeld door een boer die me vertelde dat zijn drachtige koe op het punt stond haar kalf te werpen. Ik wist dat het pas in april werd verwacht; er was dus iets mis. 'Kun je haar naar stal halen, denk je?' vroeg ik hem.

'Ik zal het proberen,' zei hij.

Maar toen ik bij hem aankwam, zag ik haar staan, midden in het weiland, vastgebonden aan de tractor. Er lag zo'n dertig centimeter sneeuw. De tractor had er een spoor door getrokken, maar dat was te breed voor mijn wielen. Ik zette mijn auto in de terreinversnelling, reed een halve kilometer door de sneeuw de wei in, bracht een dode kalfjestweeling ter wereld, ging weer in mijn auto zitten en reed naar huis. Mijn oude Jeep laat me nooit in de steek.

In de achterbak van die Jeep bevindt zich mijn kantoor. Een huisarts heeft genoeg aan een zwarte dokterstas, maar een veearts heeft een grote auto vol benodigdheden. Zonder al die spullen kan hij zijn werk niet doen. We hebben allemaal zo onze eigen opbergmethodes, maar het draait natuurlijk vooral om deze gouden regel: leg je spullen altijd op dezelfde plek terug. Dan kun je ze probleemloos terugvinden, zelfs in het pikkedonker. Stel je voor dat je in een noodsituatie eerst een hele berg zooi moest doorspitten voor je dat ene instrument gevonden had; dat zou heel vervelend zijn. Soms helpt Charles me met opruimen. Hij haalt dan mijn spullen uit de auto en maakt alles netjes schoon, maar jammer genoeg legt hij niet alles op dezelfde plek terug. Als hij bezig is geweest, kan ik niks meer vinden. Het was eens zo erg dat we samen de hele auto hebben leeggehaald om al die blinkend schone spullen vervolgens op mijn manier weer terug te leggen. Ik heb nu eenmaal mijn eigen systeem, en hetzelfde geldt voor dokter Kurt en dokter Brenda.

Ook heeft elke veearts een voorkeur voor zijn eigen instrumenten; je werkt nu eenmaal het liefst met vertrouwde spullen. Kort nadat we onze eigen praktijk hadden geopend, zag ik een advertentie in het *Michigan Veterinary Journal* van een lokale dierenarts die alle spullen uit zijn praktijk van de hand deed. Het bleek een oudere man te zijn met een zwak hart. Als hij tien meter gelopen had, moest hij echt even gaan zitten. Ik vroeg hem hoeveel hij voor de hele boel wilde hebben.

'Ik weet het niet,' antwoordde hij.

Het draaide uit op een wedstrijdje 'wie is de slechtste onderhandelaar'. Ik had er alle vertrouwen in dat ik als winnaar uit de bus zou komen.

'Noemt u maar eerst een bedrag, en dan zien we wel verder,' zei ik. Hij noemde zijn prijs en ik ging akkoord. De spullen waar het om ging, lagen opgeslagen in een vochtige kelder. Diane en ik zeiden tegen hem dat we wel wilden helpen de kelder wat op te schonen. 'Als het nog werkt, nemen we het mee. Zo niet, dan gooien we het weg.'

Ik werk graag met goed gereedschap en het was heerlijk om rond te struinen tussen al die dozen vol fraaie instrumenten. Je zou kunnen zeggen dat we onze eigen praktijk hebben opgebouwd met de spullen van deze man. Sommige instrumenten gebruik ik zelfs nu nog. Ik zou werkelijk niet weten hoe oud ze zijn, maar ze voldoen nog steeds. Zo werk ik graag met een speciale tang waar je de achterste kiezen van een paard mee kunt bijknippen. Veel paardentandartsen zeggen nu dat dat niet werkt en dat je altijd maar een klein stukje van zo'n tand mag afknippen. Maar ja, dan zou ik elke drie weken terug moeten komen. Het spijt me, maar daarvoor heb ik de tijd niet en het zou de boeren ook maar op kosten jagen.

Normaal gesproken schuren de kauwvlakken van een paard langs elkaar, zodat de tanden nooit te lang kunnen worden. Maar als een paard op leeftijd komt, breekt er weleens een tand af of beschadigt er eentje, dan kan de tegenoverliggende tand ongehinderd doorgroeien, net zolang tot hij tegen het tandvlees van de andere kaak aan duwt. Zo'n paard kan zijn mond niet meer sluiten, het kan niet kauwen en het krijgt te weinig voeding binnen. In zo'n geval haal ik die grote tang tevoorschijn. Ik knip de tand ter hoogte van het tandvlees af. Voor een oud paard betekent het dat hij er weer vijf jaar tegen kan.

In de boedel van die gepensioneerde dierenarts zat ook een ouderwetse mondklem. Dat is een groot en zwaar apparaat waar je de mond van een paard mee open kunt houden zodat je zijn gebit kunt onderzoeken zonder dat het je een hand hoeft te kosten. Als het paard ineens met zijn hoofd schudt en jou met die mondklem een optater geeft, dan zie je sterretjes, maar je hand blijft in ieder geval gespaard. Als de mond eenmaal open is pak ik mijn tandentang erbij. Ik zet hem vast op de tand en probeer de tang dan dicht te knijpen. Maar die tanden zijn keihard; het lukt me meestal niet door mijn handen naar elkaar toe te drukken. Vaak druk ik een van de hendels tegen mijn borst en trek dan met mijn beide handen de tang dicht in een beweging die wel iets van roeien wegheeft. En meestal krijg ik zo'n kies dan wel klein.

Die man had ook messen waar ze vroeger een kalf mee in stukken sneden in de buik van de koe, en een instrument waar je merries mee kunt steriliseren door de eierstokken weg te nemen. Hengstige koetspaarden kunnen geen seconde stilstaan, dus sterilisatie is echt nodig. Het instrument is een ketting waar je de bloedvaten naar de eierstokken mee kon afknellen totdat ze als het ware zo in je hand vielen. Tegenwoordig doen we dat heel anders; zo'n ouderwetse behandeling heb ik in ieder geval nooit van mijn leven uitgevoerd.

Hij had ook een heleboel medicijnen liggen, maar de meeste

waren over de datum of te vochtig om nog te kunnen gebruiken. Diane en ik hebben die kelder volledig doorgespit en helemaal achterin zag ik wat potten op een plank staan. Diane blies het stof eraf en bekeek ze eens wat beter. De vrouw van de dierenarts had tijdens de Tweede Wereldoorlog niet stilgezeten, want op een van de planken stond een hele rij weckpotten met ahornsiroop erin. Op een van de etiketten stond '1942' (mijn geboortejaar) en er was er ook eentje uit 1944, het jaar waarin Diane geboren was. 'Die moeten we hebben,' zei ik tegen haar, en de dierenarts was zo aardig om ze weg te geven. We hebben ze nog altijd staan.

Sommige instrumenten heb ik in de achterbak van heel wat verschillende auto's gehad. Er gaat iets rustgevends vanuit; ik kan er goed mee overweg en weet precies wat ik ervan kan verwachten. Ik neem van alles mee in mijn auto. In de achterbak, maar ook op en onder de banken, bewaar ik naalden en spuiten, mijn thermometer en stethoscoop en wat ik nodig heb aan hechtmateriaal voor koeien met een slag in de maag. Ik heb potjes calcium, antibiotica en verdovingsmateriaal bij me en andere medicijnen die ik veel gebruik. Ik heb oplossingen en ook minerale olie die dienst kunnen doen als laxeermiddel bij een koe of paard met verstopping. Verder heb ik een koelbox in de auto met vaccins erin en een grote plastic bak met drie lades waar ik alle pillen in bewaar, en naalden in alle soorten en maten. Ik heb een gereedschapskist vol met spullen die ik nodig heb bij hoefproblemen, zoals hoefmessen en kniptangen. Verder heb ik mijn operatieset bij me, mijn verlostang, een stel kettingen, een plastic afvalemmer en een roestvrijstalen emmer. Soms heb ik een van stroken hout gevlochten mand bij me, een pillenschieter waar ik koeien oraal medicijnen mee kan toedienen, twee nylon lasso's en mijn halsters. Ik bewaar de draadzaag onder dezelfde stoel als de lange stok die ik gebruik om koeien in beweging te brengen. Wanneer ik een koe naar een andere plek wil dirigeren, dan tik ik haar met een dunne fiberglas stok tegen haar kop. Als ze geen zin heeft om van haar plek te komen, dan zal ze trappen, maar dankzij die stok sta ik op veilige afstand. Ik heb dus heel wat bij me, maar als ik dan toch eens iets mis, kan ik soms een instrument een beetje aanpassen.

Jaren geleden verkochten we veel medicijnen en daar hebben we goed aan verdiend. Maar nu kunnen boeren en zelfs huisdiereigenaren alles eenvoudig – en goedkoper – bestellen via internet of kopen bij een grote dierenwinkel. Ik heb daarom nu meestal maar weinig medicijnen bij me, en dan vragen ze daar net om. Zul je altijd zien.

En zo rijd ik al veertig jaar rond met al mijn spullen onder handbereik. Want je kunt een dier toch niet minutenlang pijn laten lijden terwijl jij naar dat ene instrument op zoek bent? Nee, ik doe het liever zo: ik haast me naar mijn auto, gris de medicijnen die ik nodig heb bij elkaar en dien ze zo vlug mogelijk toe. En daarna doe ik wat er moet gebeuren. Een dier dat pijn lijdt is heel gevaarlijk en daarom kan ik het pas onderzoeken nadat er pijnstilling is toegediend.

Veel veeartsen hebben in de laadruimte van hun pick-uptruck een van kunststof gemaakt opbergsysteem laten installeren. Hier noemen we dat een Bowie box. Het ziet er uitermate professioneel uit, gelikt ook. Het is een soort kast, met allemaal laatjes, deurtjes en een achterdeur waarachter de grotere instrumenten worden bewaard. Er zit zelfs een verwarmingselement in. Het is allemaal prachtig, maar erg duur en een ander nadeel is dat zo'n Bowie box langer meegaat dan de auto. Dat betekent dat je hem van je oude auto moet overzetten op de nieuwe. In de tien jaar dat ik in Harbor Beach heb gewerkt, heb ik drie auto's versleten en iedere keer moest ik die mobiele kliniek laten overzetten.

Ik ben nooit echt blij geweest met mijn Bowie box, voornamelijk omdat ik veel over onverharde wegen rijd. Die hele box zat altijd zo onder het stof, dat ik eens per maand de stofzuiger erdoorheen moest halen; ik kon toch moeilijk compleet ondergestofte medicijnflesjes gaan verkopen. En die grote achterdeur gebruikte ik nooit omdat er altijd een dikke laag stof onder in de laadruimte lag. Toen ik me in Weidman vestigde, besloot ik de Bowie box weg te doen; ik wilde een stationwagon.

Ik vervoer in mijn Jeep natuurlijk niet alleen benodigdheden. Als we in de praktijk een nieuwe assistent hebben, dan rijdt hij of zij eerst een tijdje met mij mee wanneer ik visites afleg. Op die manier leren we elkaar vanzelf wat beter kennen. Ik heb ongelooflijk geboft met de mensen die ons team door de jaren heen hebben versterkt. Ik ga daarbij nogal makkelijk te werk; ik stel geen contract op, maar spreek aan het begin van hun werkperiode een paar dingen met ze af. 'Ik stel maar twee eisen: dat je hard werkt en dat je minstens een jaar blijft,' zeg ik altijd, waarna we de boel met een simpele handdruk bezegelen. Al mijn assistenten voldeden prima, op eentje na.

Er was een vrouwelijke assistente die haar vak niet verstond. Ze is maar een tijdje bij ons geweest, maar ik had al snel door dat ik haar nooit in haar eentje een nachtdienst kon laten draaien. Ik ging altijd met haar mee.

Op een nacht moest ze assisteren bij een verlossing en ik vergezelde haar. Het was een groot kalf dat eruit getrokken moest worden. Ik probeerde wat zelfvertrouwen bij haar te kweken. 'Oké,' zei ik tegen haar, 'beeld je in dat je er helemaal alleen voor staat. Hoe krijg je dit kalf eruit?' Daarna verliet ik de paddock. Mijn handen jeukten, maar ik mocht niets doen, anders zou ze het nooit leren. Ieder ander zou beginnen met het vastbinden van de koe, zodat ze niet weg kon lopen. Vervolgens zou je het kalf er met de verlostang zo uit kunnen trekken. De meeste jonge dierenartsen doe je zoiets een of twee keer voor en dan weten ze het wel.

Maar deze assistente was hopeloos onpraktisch. Ze slaagde erin de koe in de paddock te krijgen, maar verzuimde om haar aan het hek vast te zetten. Het duurde daardoor een hele tijd voor ze de kettingen om de poten van het kalf had weten te krijgen. Het probleem is dat je daarvoor twee handen nodig hebt, maar zij had ook een hand nodig voor het halstertouw. Na heel wat heen en weer geloop zaten de kettingen dan eindelijk toch goed vast. Toen pakte ze de verlostang erbij en probeerde het kalf eruit te trekken. Nou, en daar heb je ook twee handen voor nodig, dus om de verlostang beet te kunnen pakken moest ze het touw loslaten. De koe had zin om de poten even te strekken en begon door de paddock te kuieren, met in haar kielzog een struikelende veearts die nog steeds verwoede pogingen deed het kalf eruit te trekken. Het duurde een hele poos voor de koe er genoeg van had, maar op een gegeven moment kwam ze tot stilstand en perste ze het kalf er moeiteloos uit. Precies op dat moment kwam de boer de schuur binnenlopen. Hij zag het kalf liggen, wendde zich tot mij (ik stond nog steeds met mijn armen op het hek geleund) en zei: 'O geweldig, het kalfje leeft. Mooi werk.'

Ik denk dat die assistente me aan was gevlogen als ik hem had verteld hoe ze deze verlossing had aangepakt! Ze bezat wel veel kennis, maar was niet in staat die te vertalen naar de werkelijkheid.

Zo kwam er op een zaterdagavond een stel bij ons langs met hun hond. Hij was aangereden en had daarbij een diepe snee onder zijn oksel opgelopen. Dezelfde jonge dierenarts had dienst die avond. Ik was op weg terug van een ander spoedgeval en gaf haar via het bakkie alvast de nodige instructies: 'Verdoof de hond en maak de wond schoon. Ik ben er zo weer en dan help ik je met de hechtingen.'

Maar toen ik aankwam op de praktijk, was alles al gedaan. 'Mooi,' zei ik, 'heb je een drain aangebracht?' Dat had ze.

'En welke hechting houdt de drain op zijn plek?'

'Eh, deze geloof ik. Deze. Misschien doen ze dat allemaal wel.'

'Wanneer mag de drain eruit?'

'Over twee dagen.' Dat had ze goed onthouden.

'En wanneer mogen de hechtingen eruit?'

'Over tien dagen.' Ai. Nu had ze 'm door. Om die drain te verwijderen zou ze de hechtingen eruit moeten halen. Terwijl we zo bezig waren, kwam er nog een vraag bij me op. 'Heb je de wond helemaal vanbinnen ook gehecht?'

Ze schudde haar hoofd. 'Ik heb alleen de huid dichtgemaakt.'

Toen ik de hechtingen had losgeknipt, zag ik onder de oksel van de hond een diepe wond zitten. Ik duwde hem open en maakte hem vanbinnen grondig schoon, want zelfs dat had ze niet gedaan. Daarna naaide ik de wond met hechtdraad dicht. En ineens begon de jongedame te ratelen: 'Onderhuidse verwondingen moeten worden gehecht, anders heb je kans op infectie...'

Mijn mond viel open. Ik zei: 'Als je dit allemaal zo goed weet, waarom heb je het dan niet gedaan?'

Daar bleef ze het antwoord op schuldig. Boekenkennis bezat ze genoeg, maar ze wist die helaas niet toe te passen op levende dieren. Ze kreeg korte tijd hierna een baan bij een regelgevende instantie en was daar veel beter op haar plek. Deze vrouw verstond haar vak, maar kon haar kennis niet in praktijk brengen.

Soms vergezelde Charles me op mijn visiterondes. Er zijn tijden geweest dat ik zoveel uren draaide voor de praktijk dat ik mijn gezin nauwelijks zag. Daarom vroeg ik hem af en toe mee, voor de gezelligheid. Of Charles dat nou zo geweldig vond betwijfel ik; hij hing waarschijnlijk liever thuis op de bank, maar goed. We vonden een goede middenweg; hij ging met me mee, maar mocht op de boerderij in de auto blijven zitten. En nu vergezelt Diane me weleens op visites. Verder regelt ze de complete administratie van de praktijk: ze verstuurt de facturen en houdt bij hoeveel stuks vee we behandelen of onderzoeken.

Zoals ik al eerder vertelde ben ik eens naar huis gereden met een veulen op de voorstoel, maar ik heb ook best vaak katten en grote honden vervoerd. Daarbij heb ik één waardevolle les geleerd: zonder transportkooi kun je katten niet veilig vervoeren. Dat merkte ik toen er mensen bij me kwamen met een kat onder hun dashboard; dat beestje had het daar totaal niet naar zijn zin, maar wilde er toch niet vandaan komen.

Ook heb ik eens een dier vervoerd zonder dat ik het doorhad. Het gebeurde nadat ik was langs geweest bij een boer die John McConnell heette. John liet in zijn schuur altijd een stel wasberen overwinteren, en als de lente aanbrak, dan liet hij zijn kinderen met de jonkies spelen. Ik was op een warme zomerdag eens bij hem voor een klus en had tijdens mijn verblijf op de boerderij de ramen van mijn auto open laten staan. Toen ik klaar was, pakte ik mijn spullen in en vertrok. Ik was net een paar kilometer onderweg toen er ineens een wasbeer vanaf de achterbank in mijn nek sprong.

Nou, ik schrok me rot natuurlijk. Een van de tamme wasbeertjes was uit nieuwsgierigheid in de auto gekropen. Gelukkig had ik vrij snel door om wat voor dier het ging: ik wierp een blik in de achteruitkijkspiegel en zag zijn neus naast mijn oor. Hij keek me aan alsof hij wilde zeggen: *keer om alsjeblieft, ik wil graag naar huis.*

John McConnel stond op zijn erf toen ik weer aan kwam

rijden. 'Hé John,' zei ik, 'wil je die wasberen van je weleens wat beter opvoeden? Er was er eentje in mijn auto geklommen.' Toen ik het portier opende, sprong het beestje uit de auto en schoot de stal in.

In ons deel van Michigan moet je – welk seizoen het ook is – verdraaid goed uitkijken voor herten. Die komen er haast hinderlijk vaak voor, maar er is één pluspuntje: ze smaken heerlijk. Je hebt er in Michigan zoveel van en ze worden zo regelmatig door auto's geschept, dat men hier wel spreekt van 'Michigan mile markers'... om de anderhalve kilometer zie je er eentje langs de weg liggen. Iedereen die hier weleens een tijdje heeft rondgereden, heeft een hert geschept. Of zelfs meer dan één.

Toen ik hier nog maar net woonde, reed ik altijd heel behoedzaam; ik wilde koste wat kost het leven van de herten sparen. Maar in die tijd legde ik op een dag soms wel twintig visites af, en ik moest dus wel een beetje doorrijden. Op een middag had ik ergens drachttests uitgevoerd en toen ik naar huis wilde, startte mijn stationwagon niet. Mijn auto was toe aan een grote beurt en ik had de motor verzopen. De boer had een fonkelnieuwe Chevrolet Blazer staan en zei dat ik die wel even kon lenen. Ik mocht erin naar huis rijden en zou de auto later terugbrengen.

'Nou, heel graag,' zei ik. Ik was als de dood dat ik onderweg een hert zou aanrijden en reed daarom heel voorzichtig terug naar de praktijk. Ik behandelde wat kleine huisdieren, deed een paar operaties en om negen uur die avond stapte Diane in de reserveauto om achter mij aan terug te rijden naar die boerderij.

Mijn oude bak startte meteen, want in de tussentijd was de benzine verdampt. We haastten ons terug naar de praktijk, waar nog wat klussen op me wachtten. In die tijd reed iedereen zo hard als redelijkerwijs mogelijk was. Ik reed zo'n vijfhonderd meter voor Diane uit, toen er ineens een groepje herten overstak. Een botsing was niet meer te vermijden. Dit is de enige keer geweest waarop ik er twee tegelijk op de motorkap had. Ik waarschuwde Diane meteen via het bakkie, zodat zij haar snelheid tijdig kon aanpassen.

Geen van de herten had de klap overleefd. Mijn auto had alleen twee stukke koplampen. Ik vond het zonde om die herten daar zomaar te laten liggen, dus hesen we ze op het dak en namen ze mee naar de praktijk. De volgende dag bracht ik ze naar het slachthuis, waar de slager ze voor ons in stukken sneed.

Ik heb te doen met herten die niet meteen dood zijn. De laatste keer dat Diane er eentje aanreed, bleef het arme dier gewond in een greppel liggen. Het leefde nog, maar zou het zeker niet redden. Een passerende agent heeft het met een schot uit zijn lijden verlost. Ook dat exemplaar hebben we op de auto gelegd en mee naar huis genomen. Het aller naarst vind ik gevallen waarin de hinde gedood wordt en het kalf alleen achterblijft.

Ik heb als veearts de meest uiteenlopende boerenbedrijven bezocht, van amish-boerderijen waar al het werk nog met de hand wordt verricht, tot moderne bedrijven waar gebruik wordt gemaakt van de nieuwste technieken. Een van de eerste boerderijen die ik in de Thumb bezocht was die van de vriendelijke Harvey en Evelyn Deer. Zij hielden een kudde superieur stamboekvee, maar dat is niet de voornaamste reden waarom ik me hen nog zo goed herinner. Harvey was niet al te lang, en bij de bouw van zijn bedrijf had hij een roestvrijstalen buis in de stal laten plaatsen op een hoogte waar hij wel onderdoor kon lopen, maar ik niet. Liepen we samen door zijn stal en kwamen we bij die buis in de buurt, dan draaide hij zich naar me om en zei: ‘Pas op voor je hoofd.’

De eerste keer ging het altijd goed, maar wanneer ik even later, al pratend en met mijn instrumenten en een emmer in mijn hand door de stal liep, dan stootte ik steevast mijn hoofd. Zucht.

'Gaat het, dokter?'

'Over een kwartiertje wel.'

Hoe vaak ik tegen die buis ben aan gelopen weet ik niet, maar goed, dan hadden de koeien ook eens wat te lachen.

Ik heb in al die jaren veel vreemde dingen meegemaakt, maar die ene keer dat er een koe door de stal vloog, spant misschien wel de kroon. Het gebeurde in een moderne loopstal, zo een met open ligboxen met schotten ertussen. Een van de koeien was zo dicht tegen de scheidingswand aan gaan liggen dat ze niet meer overeind kon komen. Een koe die wil opstaan, buigt normaal gesproken haar kop wat naar voren en strekt dan eerst haar achterpoten. Maar deze koe lag met haar kop tegen de wand aan, en ze was zo zwaar dat we haar onmogelijk van haar plek konden krijgen. In sommige stallen kun je in zo'n geval het zijwandje van de box demonteren. Maar hier waren alle scheidingswanden vastgezet met schroeven die vervolgens achter staalplaten waren weggewerkt. En daar konden we niet bij. De koe had zichzelf opgesloten in haar ligbox.

'Ik weet wat,' zei ik tegen de boer, 'ga je trekker halen en neem ook wat kettingen mee.'

Deze boer had een grote John Deere-tractor, een prachtig ding. Ik kroop in de ligbox en bevestigde een korte ketting om de nek van de koe. Daarna ging ik de box weer uit en zei tegen de boer: 'Oké, til haar maar op.'

Hij keek me vragend en ook wat verbaasd aan.

'Toe maar,' zei ik. Hij haalde zijn schouders op en stelde de lift in werking. De koe was zwaar, ik schatte haar gewicht op zo'n zevenhonderd kilo, en die tractor tilde haar zomaar van de vloer! Het deed haar helemaal geen pijn; de nek van een koe is zo sterk, die kan echt alles hebben. Haar achterwerk zweefde vlak boven de grond. Hij tilde haar op. Ze strekte zich helemaal uit en zweefde sierlijk tussen de dakspanten door. Toen de koe eenmaal uit de ligbox was, draaide hij haar om en liet haar ten slotte heel voorzichtig op haar achterste in het gangpad zakken. Nadat we de ketting hadden losgemaakt kwam ze overeind en liep weg. Niks aan de hand.

Ik zie die koe nog door de lucht zweven, met haar kop omhoog en zonder een kik te geven. Ik zou geen andere manier hebben geweten om haar uit haar benarde positie te bevrijden. Die ligbox was zo degelijk geconstrueerd dat dit de enige oplossing was.

Het is de bedoeling dat moderne faciliteiten het de boer makkelijker maken, maar vreemd genoeg kunnen ze ook voor problemen zorgen. De Grahams behoorden tot mijn eerste klanten en ik heb gezien hoe ze hun bedrijf steeds verder uitbouwden. Ze verzorgden hun vee uitstekend en kregen daar heel wat voor terug. Uiteindelijk hadden ze honderdtwintig koeien die ieder goed waren voor zo'n 35 liter melk per dag. De zaken gingen zo goed dat de familie besloot een nieuwe melkstal te bouwen. En wat voor eentje; ze kozen voor het nieuwste van het nieuwste. Ik noemde hun melkstal altijd gekscherend het roestvrijstalen paleis. Nadat ze de nieuwe stal in gebruik hadden genomen, gebeurde er echter iets vreemds: 's ochtends om vijf uur gaven de koeien de verwachte hoeveelheid melk, maar 's middags viel de productie scherp terug, van 35 naar 22 liter. En daarvan konden de Grahams niet rondkomen. Ze konden die daling niet verklaren en daarom vroegen ze of ik eens langs wilde komen.

Ik onderzocht de dieren. Ze kregen voldoende mineralen, ze waren energiek, hun hoeven zagen er goed uit en ze aten genoeg. Alleen de melkproductie was niet in orde.

In die tijd hadden veel veehouders problemen met lekstroom

in hun stallen: het vee werd onrustig door kleine hoeveelheden 'zwervende' elektriciteit. De boerderij van de Grahams lag net buiten het plaatsje Rosebush. Omdat verder alles in orde leek, kregen we sterk het vermoeden dat de koeien last hadden van lekstroom. Ik maakte een sneetje in een vingertop en ik legde die vinger in de stal tegen een metalen buis. Vervolgens stak ik een vinger van mijn andere hand in een vochtige afvoerbuis. Toen ik dat deed, voelde ik een zwakke elektrische spanning door mijn lichaam vloeien. Dacht ik het niet!

Als ik het al voelde, dan merkten de koeien van Graham het zeker. Koeien hebben heel gevoelige hoeven. Als ze bij het neerzetten van hun hoeven iedere keer een onaangename tinteling ervaren, worden ze onrustig, narrig zelfs. Ze dansen van de ene hoef op de andere. En als ze niet stilstaan, kunnen ze ook geen melk produceren. De Grahams lieten hun melkstal nakijken door een expert uit Wisconsin. Zijn metingen wezen inderdaad op de aanwezigheid van lekstroom. De nieuwe melkstal was te degelijk gebouwd; de grond en de betonnen vloer waren uitgerust met betonankers die bijna twee meter de grond in staken. Het elektrische circuit was zo goed dat die ankers de lekstroom van de elektriciteitspalen langs de weg opvingen. De lekstroom kwam zo via de vloer van de melkstal naar boven. De oude melkstal had een houten vloer gehad, en die bood wel voldoende isolatie voor de koeien. In de ochtenduren, wanneer iedereen in het naburige dorpje Rosebush nog lag te slapen, werd er nauwelijks stroom verbruikt, maar om vijf uur 's middags was dat natuurlijk anders; op dat tijdstip was iedereen thuis en snorden alle apparaten. Er moest dan ook veel meer stroom worden opgewekt, waarvan een deel via de bodem weglekte naar het roestvrijstalen paleis.

De Grahams daagden het lokale energiebedrijf voor de rechter en werden in het gelijk gesteld. Maar toen ze de energiecentrale vroegen wanneer men dacht het probleem verholpen te hebben, kregen ze een minder leuke boodschap. 'Wie heeft het over verhelpen? Wij gaan hier helemaal niets aan doen.' Het energiebedrijf liet alles bij het oude en het probleem bleef dus bestaan. Uiteindelijk verkochten de Grahams al hun melkvee om vervolgens een biologisch boerenbedrijf te starten. Ze gingen kalkoenen, kippen en runderen houden, helemaal volgens de biologische regelen der kunst. In de vroegere melkstal, waar al die supersonische apparatuur stond, hebben ze nu hun eigen slachthuis ingericht.

Wanneer een boer zijn oude houten stal vervangt door een nieuwe dan kan het een paar maanden duren voor de boel weer een beetje soepel loopt. Zo kunnen de koeien in de eerste twee maanden longontsteking krijgen; ik heb dat verschillende keren bij de hand gehad. Het vee heeft dan last van een bacteriële infectie die mogelijk veroorzaakt wordt door dampen die opstijgen uit pas gestort cement. De luchtwegen raken geïrriteerd en dan kan er een ophoping van vocht ontstaan waarin bacteriën goed gedijen. De koeien moeten met antibiotica worden behandeld, en het probleem wordt vanzelf minder.

Meestal ga ik op boerderijen langs voor alledaagse zaken als keuringen, vaccinaties, drachttests, assistentie bij afkalven en veulenen, castraties, de behandeling van veelvoorkomende aandoeningen als melkziekte, en helaas ook weleens om een dier te laten inslapen. Maar daarnaast hebben we natuurlijk ook regelmatig te maken met spoedgevallen. Op een ochtend belde Ike Swarey om te zeggen dat een van zijn koeien niet uit de wei gekomen was. Dokter Kurt reed naar de boerderij in Rosebush, waar ze de koe bij de rivier aantroffen. Ze lag op haar linkerzij, helemaal opgezwollen en vertoonde symptomen van melkziekte. Ze was er heel slecht aan toe en Kurt moest haar zo snel mogelijk calcium zien toe te dienen. Normaal gesproken zou hij hebben geprobeerd de koe op haar borst te rollen zodat hij de injectie in haar hals kon geven, maar deze koe had haar poten gestrekt en was veel te groot… er was geen beweging in te krijgen. Hij besloot de eerste fles calcium via de melkader toe te dienen. Melkaderen zijn ongeveer zo dik als je duim en ze kunnen erg bloeden. Het toedienen van calcium moet heel behoedzaam gebeuren, want het hart is heel gevoelig voor schommelingen in het calciumniveau. Het valt niet mee om de juiste balans te vinden: soms heeft een dier direct een grote dosis nodig, maar als het te veel calcium tegelijk krijgt, kan het hart het begeven.

Dokter Kurt wist dit en probeerde rustig aan te doen, maar toen de eerste fles voor de helft leeg was, zuchtte de koe een paar keer diep en bewoog daarna niet meer. Haar ademhaling stokte en dat was dat. Kurt voelde zich heel bezwaard omdat hij de koe had laten sterven in aanwezigheid van de boer. Hij trok vliegensvlug de naald terug, ging op zijn knieën op de borstkas van de koe zitten en begon op en neer te wippen… hartmassage, maar dan even anders. Hij bewoog op en neer, op en neer. Hij werkte zich in het zweet en gaf niet op.

Ineens kwam de koe in beweging, ze begon weer te ademen. Ike zag het allemaal zwijgend aan en Kurt kon zijn ogen niet geloven; zijn aanpak had gewerkt! Hij stak de naald weer in haar melkader en gaf de koe de rest van de fles. Daarna rolden Ike en hij de koe op haar borst, zodat hij haar de tweede fles – heel langzaam – via de hals kon toedienen. Toen de fles leeg was, wachtten ze nog een paar minuten. De koe krabbelde voorzichtig overeind. Ze stond nog wat onzeker op haar poten, maar ze stond. De twee mannen liepen met haar naar de stal. Ike was een man van weinig woorden. Hij zei alleen het hoognodige, en aan dit voorval maakte hij geen enkel woord vuil. Kurt pakte zijn spullen in en vertrok. Hij wist niet goed wat hij ervan moest vinden. Eerst dacht hij dat hij de koe had gedood en nu bleek hij haar het leven te hebben gered. Dat voelde toch wel heel goed.

De volgende dag reed dokter Brenda nog even langs om te zien hoe de koe het maakte. Bij haar terugkeer op de praktijk vroeg Kurt of Ike nog iets tegen haar had gezegd. 'O zeker,' zei ze tegen hem. 'Hij blééf maar praten, over die veearts die op de borstkas van zijn koe had zitten springen. Hij zei dat hij nog nooit van zijn leven iemand hartmassage bij een koe had zien toepassen.'

Kurt hoorde het breed grijnzend aan. En toen ze mij het hele verhaal vertelden dacht ik: nog even en we moeten ook mond-op-mondbeademing gaan toepassen!

Ik voer ook regelmatig castraties uit. Als de filmploeg van Nat Geo Wild bij zo'n operatie aanwezig is, dan is er altijd wel een lolbroek die luid 'and cut!' roept zodra ik het mes in de balzak zet. Iedereen proest het dan uit. Behalve het dier, want dat vindt er eigenlijk niet zoveel aan.

Het is een ingreep die nu eenmaal een beetje op de lachspieren werkt. In een van de afleveringen kwamen drie leuke jonge meiden op het spreekuur met hun hond, die een abces in zijn balzak had. Het leek wel of er een bowlingbal tussen zijn achterpoten hing. Terwijl de voice-over de kijkers uitlegde wat er gebeurde, was ik in beeld met die balzak in mijn hand. De commentaarstem verklaarde op dat moment op ernstige toon dat 'het dier bij dokter Pol in goede handen was'.

In de jaren voordat wij onze praktijk openden, was er geen veearts in de buurt geweest die ook castraties kon uitvoeren. Ik heb daarom die eerste zomer misschien wel veertig hengsten geholpen. De meeste mensen laten hun dieren castreren omdat ze daarna makkelijker zijn in de omgang. De procedure ziet er pijnlijker uit dan hij is, en bij mij voelt het dier er niets van omdat ik het altijd eerst verdoof. Als een hengst gecastreerd is, dan heeft hij een ander karakter. In een van de afleveringen komt er een vrouw bij me met een fraaie Arabische hengst. Ze had hem gered van de slacht, maar hij was vals. 'Pas op met 'm,' waarschuwde ze. 'En keer hem vooral je rug niet toe.'

Na de castratie gedroeg hij zich veel beter; de hormonen speelden hem geen parten meer. 'Je zult er een goed rijpaard aan hebben,' zei ik tegen haar, 'en hij krijgt een langer en leuker leven.'

Charles heeft zo zijn eigen visie op castreren: 'Ballen eruit, verstand erin.'

Veel veeartsen kiezen voor een staande castratie, wat inhoudt dat ze het paard niet neerleggen voor de ingreep. Ze geven een lokale verdoving en castreren de hengst ter plekke. Ze pakken het scrotum beet, trekken de boel omlaag en doen de ingreep. Gebeurt er echter iets onverwachts, dan kan de veearts zichzelf verwonden. Het schijnt vrij vaak mis te gaan. Dat zal ook best, want als het paard een stapje opzij doet terwijl de veearts net de incisie doet, dan snijdt hij zich met de scalpel in zijn hand. Nee, dank u vriendelijk. Ik houd mezelf liever heel.

De meeste castraties doe ik in mijn eentje, maar toen ik eens een Belgisch trekpaard moest castreren, heb ik toch maar iemand meegenomen. Ik denk dat die hengst zo'n dertienhonderd kilo woog. Het was echt een reusachtig beest, die kon ik in mijn eentje echt niet behandelen. Dokter Ashley en ik deden het samen. Ik pakte de testikels met mijn beide handen beet, zette mijn voeten tegen de buik van de hengst en trok. Dokter Ashley bracht de klemmen aan, sneed de testikels af en drukte de wond dicht. We maakten het paard los zodat het op eigen kracht overeind kon krabbelen. Zo doe ik het altijd en het duurde niet lang of het paard stond weer op zijn benen: klus geklaard.

Hengsten krijgen bij mij een dubbele verdoving. Na de eerste injectie worden ze rustig, de tweede zorgt ervoor dat ze op hun zij gaan liggen. Ze zijn dan volledig onder zeil. Als er iets misgaat kan ik tenminste meteen ingrijpen. Van de paar duizend hengsten die ik in de afgelopen veertig jaar heb gecastreerd, zijn er maar twee overleden. De eerste was een Belgisch trekpaardveulen dat de eigenaar graag meteen wilde laten castreren zodat het zou uitgroeien tot een fijne ruin. Ik sneed de eerste testikel zonder problemen af, maar toen ik met de tweede bezig was, leek het wel of er iets scheurde. Dat is slecht nieuws, dus ik maakte de boel goed dicht en bond de bal af. Zo'n twaalf uur later kreeg ik een telefoontje van die boer. Hij zei: 'Zeg, even over de balzak die je had afgebonden: alle ingewanden puilen nu naar buiten.'

Ik haastte me terug naar de boerderij, waar het veulen door de paddock liep en daarbij zijn darmen over de grond sleepte. Ik heb het meteen afgemaakt, want als de ingewanden eenmaal in contact geweest zijn met de grond is er geen redden meer aan.

Ik heb het veulen nog wel onderzocht om te zien wat er was misgegaan. Het probleem zat hem in de eerste incisie die ik had gemaakt. Daar was alles door naar buiten gekomen. Ik had er nog wel naar gekeken, maar had niets ongewoons opgemerkt. Achteraf wist ik dat ik beide ballen had moeten afbinden, maar intussen was het kwaad al geschied.

Het tweede sterfgeval betrof een vier jaar oude klophengst, een pony. Een klophengst is een paard waarbij een van de testikels niet indaalt, maar in de warme buikholte blijft zitten. Hij produceert wel hormonen, maar het zaad is dood. Een klophengst is onvruchtbaar, en deze dieren vertonen onvoorspelbaar gedrag omdat het testosteronniveau veel te hoog is. Klophengsten kunnen gevaarlijk zijn; je weet gewoon nooit hoe ze op hun omgeving reageren. Ik hoefde in dit geval geen visite af te leggen, want de eigenaar bracht de pony naar de praktijk. De operatie verliep zonder problemen. Zo'n ingreep kost me doorgaans twintig minuten. Ik legde de eigenaar uit dat hij de pony apart moest zetten. 'Houd hem een week lang bij de andere dieren weg.'

'Goed,' antwoordde hij.

Ik herhaalde mijn advies nog een keer.

'Goed,' zei hij weer.

Vier dagen later belde hij me op. De pony was dood.

'Hoe kan dat nou?' vroeg ik. 'Wat is er gebeurd?'

Hij zei: 'Nou, waarschijnlijk heb jij iets verkeerd gedaan.'

Ik ging er meteen heen. De pony had niet alleen gestaan, maar was tussen de merries gezet. De merries waren hengstig en de pony had geprobeerd ze te dekken. De hechtingen hadden het niet gehouden en dat was hem fataal geworden.

'Het is jouw schuld,' zei de eigenaar. 'Je moet de schade vergoeden.'

Zo rustig als ik kon, legde ik hem uit dat dat uitgesloten was. Ik vertelde hem onomwonden dat het zijn eigen schuld was. Als hij naar me had geluisterd en die pony alleen in een paddock had gezet, dan was de huid zonder problemen geheeld. Maar nee, hij had zijn pony mee naar huis genomen en hem losgelaten tussen de andere paarden. Ik word niet zo vlug boos, maar deze man was echt een ongelooflijke domoor. Dit zijn de enige twee paarden die hun castratie niet hebben overleefd.

Veel boeren voeren tegenwoordig relatief kleine ingrepen als castraties zelf uit. Of ze vragen hun buurman om het te doen. Zo sparen ze de kosten voor de veearts uit. Echt moeilijk is het niet en meestal loopt het dan ook goed af. Maar op een dag kreeg ik op mijn ronde een telefoontje van Diane. Ze vroeg waar ik zat. 'Bij Clare in de buurt,' zei ik. 'Wat is er aan de hand?'

Een van onze amish-klanten was bezig een hengst te castreren, vertelde ze, toen er iets helemaal was misgegaan. En nu puilden de darmen uit de buikholte.

Op dat moment ging mijn mobieltje over. Het was diezelfde klant. 'Waar ben u, dokter?'

'Ten zuiden van Clare. Ik kom er meteen aan. Haal een schoon laken. Wat er ook gebeurt, zorg ervoor dat de ingewanden de vloer níet raken.'

Ik drukte het gaspedaal diep in en racete naar de boerderij. Toen ik daar aankwam, stond het paard stil met een hele kluwen darmen bungelend boven een handdoek die door twee mannen werd vastgehouden. Het was een clydesdale en dat zijn reuzen van paarden. Ik had nog nooit eerder zoiets gezien. 'Goed, ik zal jullie uitleggen wat we gaan doen,' zei ik. 'Ik geef het paard een paar injecties. Na het tweede spuitje nemen we hem mee naar buiten. Maar jongens, houd die handdoek er goed onder alsjeblieft. Goed, rustig aan.'

De eerste injectie was om het paard rustig te maken, en na de tweede voerden we het paard in een heel kalm tempo mee naar buiten. Ik hield hem bij zijn staart. 'Nu goed opletten,' waarschuwde ik, 'want hij gaat omvallen.'

We lieten het paard, met de handdoek eronder, op zijn zij vallen. Het is een wonder dat daar geen gewonden bij zijn gevallen. Toen het paard volledig was verdoofd, spoelde ik de darmen af, desinfecteerde ze en probeerde alles zo goed en zo kwaad als het ging weer naar binnen te duwen. Het lukte alleen totaal niet. De testikels hangen onder de buik aan een nauwe ring die het lieskanaal wordt genoemd. De darmen waren daardoor naar buiten gekomen en inmiddels zo opgezet dat ze niet meer teruggeduwd konden worden. Dat had ik nog nooit eerder bij de hand gehad en ik moest heel snel iets verzinnen.

Als ik dat paard wilde redden, dan moest ik een gokje wagen. Ik stak mijn vingers in het gat, zocht het lieskanaal op en sneed de ring door. Het lieskanaal was nu veel ruimer. Ik veegde de boel goed schoon en duwde de ingewanden terug naar binnen. Daarna spoot ik een dosis penicilline rechtstreeks in de buikwand; zo deden we dat tijdens de opleiding bij keizersneden en dat werkte altijd goed. Deze ingreep had in mijn ogen aardig wat gemeen met een keizersnede en ik moest er maar het beste van hopen.

Ik hechtte de wond en we lieten het paard op eigen kracht overeind krabbelen. 'Ik kan niets garanderen,' zei ik tegen ze. 'Meestal is een paard in zo'n geval niet meer te redden. Maar geef hem nog een poosje antibiotica en wie weet.'

Het paard heeft geen dag slecht gegeten, het heeft geen koliek gehad. Het heeft geen vreemd gedrag vertoond en twee weken later kreeg de boer er bij een veiling een mooi bedrag voor.

Een prima afloop, vond ik. Dankzij mijn jarenlange ervaring en met een klein beetje geluk had dit dier het gered. Ik wist zeker dat ik zoiets nooit weer zou meemaken, tot ik tot mijn verbazing twee weken later werd gebeld door diezelfde boer. 'Toch niet weer, hè?' zei ik. Het was een grapje.

'Eh... eigenlijk wel, dokter.'

Dit keer ging het om een vierjarig Belgisch trekpaard. De amish gebruiken bij een castratie geen verdoving of pijnstilling, en toen deze boer de incisie maakte, begon het paard van schrik te persen en werkte zo zijn darmen naar buiten.

'Ik ben al onderweg.'

Bij aankomst zag ik dat ze de darmen hadden opgevangen in een flinke emmer die onder het paard was neergezet. In mijn vak maak je de gekste dingen mee en als je daar niet tegen kunt, kun je maar beter iets anders gaan doen. We slaagden er met z'n tweeën in om dat enorme paard op zijn zij te krijgen. Vervolgens rolden we het op zijn rug en maakten we de darmen schoon, zodat ik ze heel voorzichtig terug kon duwen.

'Doe dit alsjeblieft nooit weer,' zei ik tegen de eigenaar. Gelukkig heeft ook dit paard het onfortuinlijke incident overleefd. Gek hoe het kan lopen in een praktijk: die ingreep komt zelden voor, en nu was het binnen twee weken ineens twee keer raak.

De meeste castraties verlopen gladjes, maar ik herinner me nog een bok die voor de nodige problemen heeft gezorgd. Op een dag in het najaar belde er een vrouw voor een afspraak: ze wilde haar bok laten castreren. Geen probleem. Op de afgesproken tijd stapte een keurig geklede vrouw de spreekkamer binnen, maar het duurde niet lang voor iedereen wat ongedurig begon te worden. Wat stinkt er hier zo? Is het die vrouw misschien? Nee... ze ziet er verzorgd uit. Ze droeg een leuke jurk, maar die stank kwam toch echt bij haar vandaan.

Geiten vinden zo'n bok heerlijk ruiken, maar wij mensen? Wij vinden het verschrikkelijk. Zelfs ik had er moeite mee, en dat terwijl mijn neus toch echt wel wat gewend is. Een voor een verlieten mijn collega's het kantoor, zogenaamd om in de aangrenzende ruimte een klusje te doen. Diane hield het nog het langste vol, maar toen ook zij wegliep, wisselden we een veelbetekenende blik. We kenden elkaar na al die jaren door en door en ze wist wat ik dacht: laat jij me nu ook al in de steek?

Ik moest me vermannen en mijn klant van dienst zijn. Nou zat het zo. Deze vrouw had een paard dat zich wat eenzaam voelde, en daarom had ze op de markt een leuke geit gekocht. De vrouw had alleen totaal geen verstand van geiten. In de herfst speelt bij geiten de geslachtsdrift op. En dit was een bok, en die stinken in die periode een uur in de wind. Bij het piesen mikken ze vooral op hun voorpoten, zodat ze een duidelijk geurspoor achterlaten bij de geiten die ze dekken. Vraag me niet waarom, maar bokken willen zo veel mogelijk nageslacht produceren. Stuit de bok op een geit die al naar zijn urine ruikt, dan denken ze *oké, deze heb ik al gehad, die hoeft niet nog een keer gedekt.* Maar ruiken ze de urine van een andere geit, dan denken ze *hé, wacht eens even, deze heb ik nog niet gehad.* Dus in de paartijd hangt er een heel indringende geur om bokken heen.

Ik trok mijn oudste overal aan en ging naar buiten, waar de stank gelukkig wat beter te verdragen viel. In de trailer stond een vrij grote bok. Hij had grote, gedraaide hoorns, en er was niemand die me een handje kon helpen. Ik deed een touw om de hoorns van de bok en zette hem zo strak mogelijk vast, dicht tegen de muur. Bij bokken worden de testikels niet weggesneden, maar alleen afgeklemd. Ik behandelde de eerste testikel en toen… o jeetjemina, wat ging die bok tekeer! Hij zette een keel op en maakte zo'n wilde sprong dat hij over de kop ging. Een bokkensalto! Ik deed mijn best hem in bedwang te houden. Ik snapte dat hij het niet zo leuk vond, maar het moest gebeuren. Toen hij weer op vier poten stond, wachtte ik tot hij wat kalmeerde en zette toen de tweede klem vast. Daarna maakte ik dat ik wegkwam.

Ik trok mijn overal uit en wilde verdergaan met mijn werk, maar ik had die overal net zo goed aan kunnen houden. Ik had nog geen voet over de drempel gezet of ik werd alweer weggestuurd. En ze waren tegen mij een stuk minder beleefd dan tegen die vrouw. De stank van de bok was dwars door de stof van mijn overal in mijn gewone kleren gedrongen. Ik deed schone kleren aan en gooide de andere meteen in de wasmachine. Bij ons in de praktijk was die mevrouw misschien niet zo'n graag geziene gast, maar mocht ze een leuke geit ontmoeten, dan zou er zomaar iets moois kunnen opbloeien.

Mensen vragen me weleens of ik spoedgevallen heb meegemaakt die me altijd bij zullen blijven. O ja, reken maar. Ergens begin jaren negentig beleefden we met ons gezin een onvergetelijke eerste kerstdag. Charles was een jaar of acht en de meisjes een paar jaar ouder. We waren met zijn allen thuis. We zouden fonduen die avond en Diane was in de keuken bezig met de voorbereidingen. Op een gegeven moment ging de telefoon en, Kerstmis of niet, je moet opnemen. Het ging om een verlossing bij een koe, en dat betekende dat ik erheen moest. De boer kon niet assisteren en daarom besloot ik mijn dochter Kathy mee te nemen. Charles en Diane junior, mijn andere dochter, zouden thuisblijven. Ik hoopte maar dat het kalfje vlot geboren zou worden, zodat we op tijd terug konden zijn voor het eten.

Het was een fraaie decemberdag en er lag sneeuw en de huizen die we onderweg naar de boerderij passeerden, zagen er allemaal heel warm en gezellig uit. Kathy en ik gingen de stal binnen en ik onderzocht de koe. Ze droeg een groot kalf en ik wist dat ze het er nooit op eigen kracht uit zou krijgen. Ik moest een keizersnede uitvoeren, anders zou het kalf het zeker niet overleven. Eerlijk gezegd heb ik daar niet heel veel ervaring mee. Meestal kost zo'n ingreep de boer meer dan het dier waard is. Ook zijn kalveren van deze omvang meestal al overleden en dan is een keizersnee niet nodig (we snijden het in de koe aan stukken). Bij het inwendig onderzoek merkte ik echter dat het kalf springlevend was; het bewoog en voelde gezond. Een keizersnee was de enige optie, maar dat is geen eenvoudige operatie en ik had dan ook heel wat meer hulp nodig. Via het bakkie zocht ik contact met Diane. Ik vroeg haar of ze de andere kinderen wilde komen brengen. Deze kerst zouden ze van hun levensdagen niet vergeten.

We schaarden ons daar in die stal rond de koe, die lekker in het hooi was gaan liggen. Ik gaf elk van mijn kinderen een eigen taak. Charles en Diane junior hielden ieder een kant van de baarmoeder vast. Die baarmoeder was namelijk heel groot en veel te zwaar voor één kind. Voorzichtig sneed ik de buikwand door, stak mijn handen naar binnen en pakte het kalf eruit. Het leefde en begon, toen ik de ademhaling op gang had gebracht, nieuwsgierig om zich heen te kijken. De kinderen keken hun ogen uit – zoiets hadden ze nog nooit meegemaakt – maar ik drukte ze op het hart toch vooral goed vast te blijven houden. Ik naaide de koe dicht. Alles was prima verlopen. Op een gegeven moment ging de koe weer staan, maar ik wachtte tot ze haar kalf begon schoon te likken. Toen pas was ik tevreden en konden we met het hele gezin terug naar huis om te gaan eten. We bewaren allemaal mooie herinneringen aan de geboorte van dat kerstkalfje.

6

Een zaak van leven of dood

We hebben altijd veel huisdieren gehad, maar in die hele menagerie valt één constante te ontdekken: de Duitse dog. En van al die doggen is Maeson me het meest bijgebleven, want dat was een wel heel bijzonder exemplaar. Zij was mijn bloeddonor en ze genoot van de drukte die de praktijk met zich meebracht. Het was Charles' hond en die twee waren echt dol op elkaar.

Charles was zestien toen we haar kregen, van een kennis die haar niet meer wilde. Die twee moesten wel een beetje aan elkaar wennen. De eerste dag deed ze niet echt aardig tegen Charles. Als hij te dicht in de buurt kwam, dan gromde ze en liet ze haar tanden zien. De volgende dag zei Charles tegen haar: 'Als je hier wilt komen wonen, dan moeten we natuurlijk wel goeie maatjes worden. Zullen we een eindje gaan rijden?'

Hij moest naar het postkantoor en hij opende het portier van de Jeep voor haar. Ze sprong in de auto, keek hem aan en besloot dat hij wel oké moest zijn als hij haar meenam voor een autoritje. En dat was dat. Vanaf dat moment waren ze onafscheidelijk, Maeson volgde hem door het hele huis en sliep bij hem in bed. Ze hoorde bij hem en dat was dat.

Maar het allerliefst ging ze met hem mee in de Jeep. Hij hoefde maar met zijn sleutels te rinkelen of ze stond al bij de deur. Ze was altijd in voor een avontuur. Zelfs als Charles zonder dak en zonder portieren reed, bleef ze rustig op de passagiersstoel zitten. En moest hij naar de winkels, dan wachtte ze geduldig in de auto tot hij terugkwam. Die hond was gek op bier. Je had je flesje nog niet open of ze zat al naast je, in de hoop dat je haar een slokje zou geven. Ze heeft zelfs eens een keer met haar bek een flesje gepakt, het met haar tanden stevig vastgehouden en toen haar kop de lucht in gestoken. Echt waar! En als er vuurwerk werd afgestoken, probeerde ze altijd de knal te grijpen. Het bijzonderst was echter haar vermogen om altijd haarfijn aan te voelen wanneer ze iemand of een ander dier kon helpen. Ze stond altijd kwispelend voor je klaar.

Charles ging op een gegeven moment studeren en Maeson miste hem vreselijk. Hij kon haar niet meenemen en trouwens, zij had het op de boerderij veel te goed naar haar zin; al haar vriendjes waren daar. Maar als Charles eens een weekend thuis was, dan werd ze meteen weer zíjn hond.

Het is heel jammer dat dieren zo vlug oud worden. Toen Maeson negen was, kwam Charles in de kerstvakantie een weekje naar huis. Na zijn terugkeer naar Californië vonden we Maeson een beetje sloom. Toen daar na een paar weken nog geen verbetering in gekomen was, deed ik een bloedtest. Ze had leukemie.

Ik vertelde Charles het slechte nieuws en hij vroeg of ik haar op de been wilde houden tot hij weer naar huis kon komen. Ik deed wat ik kon om haar tot maart in leven te houden. Ik gaf haar bloedtransfusies en probeerde diverse behandelmethoden uit. Ze had haar ups en downs maar ze redde het. Dieren met leukemie hebben weinig kans op herstel omdat het een agressieve vorm van kanker is, maar ik had het idee dat ze het zo lang volhield omdat ze Charles nog een keer wilde zien.

Eindelijk was hij er dan. Ze fleurde helemaal op en die twee hadden een fijne week. Als je niet beter wist, zou je denken dat ze helemaal niet ziek was. Ze reden een keertje samen naar de stad om bij Wendy's een lekkere hamburger te halen – zij mocht nu toch alles eten waar ze zin in had – maar verder ondernamen ze niet zoveel; ze hadden genoeg aan elkaars gezelschap. Die week vierden we de verjaardagen van Charles en Diane junior en Maeson likte ijs van een bord, maar niemand had het hart het die oude hond te verbieden. Later die avond, toen iedereen zo'n beetje naar bed wilde gaan, gaf ze aan nog even naar buiten te willen. Dat deed ze wel vaker; soms wilde ze voor ze in haar mand ging liggen nog een kijkje nemen in de tuin. Toen Charles de deur opendeed om haar eruit te laten, zag hij dat het sneeuwde.

Alleen kwam ze dit keer niet terug. Ze voelde aan dat haar tijd gekomen was. Charles trotseerde de sneeuwbui en ging haar zoeken. Hij zag haar lopen op het pad dat ons huis met de weg verbond. Ze overleed niet die nacht, maar de volgende dag wilde ze niet eten of drinken en maakte ze met niemand meer oogcontact. Ze zocht een plekje in de zitkamer, voor de open haard, en kwam daar niet meer vandaan. Charles haalde zijn dekbed en een kussen en heeft daar die laatste nacht met haar doorgebracht.

De volgende dag hebben we allemaal afscheid van haar genomen en daarna heb ik haar laten inslapen. In het huis waar er zo vreselijk veel van haar gehouden was. Geen van ons hield het droog.

Op een boerderij zijn leven en dood nadrukkelijker aanwezig dan elders. We fokken zelfs dieren – en verzorgen ze goed – met als enig doel om ze op een later moment te kunnen slachten. Als dierenarts houd ik me bezig met het redden van dierenlevens, maar ook met het beëindigen ervan, twee uitersten: het ene fijn en het andere naar. Ik zou werkelijk niet weten hoeveel dieren ik geboren heb zien worden, of uit hun lijden heb verlost. Maar het mooiste onderdeel van mijn vak is nog steeds, zelfs na ruim veertig jaar, het assisteren bij verlossingen. Het maakt mij niet uit of het gaat om een veulen of een kalf of om een keizersnee bij een hond, het moment waarop een gezond dier ter wereld komt en het zijn eerste ademteug neemt, brengt bij mij een haast euforisch gevoel teweeg.

Er zijn dieren die probleemloos ter wereld komen en dieren die we echt een handje moeten helpen, maar alle jongen hebben één ding gemeen: ze moeten meteen beginnen met ademen. Die eerste ademteug, daar gaat het om. Maar dat is niet zo eenvoudig als het klinkt. Soms worden de neus en mond (en soms zelfs de luchtpijp) van een pasgeboren dier afgesloten door een laag slijm, waardoor het geen adem kan halen. En zie je belletjes in de neus, dan moet er direct iets gebeuren.

Ik gooi altijd koud water over de kop van een pasgeboren kalf. Zomaar, zonder pardon. En geloof me, dan heb je hun aandacht, hoor. Ik heb dat altijd zo gedaan en heb het ook de boeren geleerd met wie ik heb gewerkt. In de meeste gevallen spoel je met dat koude water die slijmlaag wel weg. Als het dier daarna toch nog moeite heeft met ademen, dan pak ik het bij de achterpoten beet en begin dan rondjes te draaien. Het klinkt raar misschien, maar terwijl ik dat doe zie ik het slijm de neus en bek uit lopen. De middelpuntvliedende kracht drijft het gewoon naar buiten. Daarna zet ik het dier op de grond en geef het met mijn vlakke hand een pets op zijn borst. Niet om het pijn te doen natuurlijk, de ribben van een kalf breken echt niet zo snel. Ik doe dat allemaal om de ademhaling op gang te brengen. Het klinkt nogal heftig – koud water, rondslingeren, een klap op de ribben – maar het is uiterst doeltreffend.

Met puppy's doen we altijd precies hetzelfde – we draaien ze in het rond tot ze beginnen te ademen – maar het lastige is dat pasgeboren hondjes nogal glibberig zijn. Op een keer liet een van mijn assistenten een hondje uit haar handen glippen. Het maakte een schuiver over de vloer, maar hield er gelukkig niets aan over. Wat een entree in de wereld! Andere dierenartsen hebben zo hun eigen manieren om de luchtwegen vrij te maken. Ik heb eens gezien dat een veearts een kalf met zijn kop naar beneden over een hek hing en het een paar tikken gaf. Het maakt mij niet uit, zolang het maar werkt.

Ik herinner me mijn eerste verlossing in de Verenigde Staten nog heel goed. In afwachting van mijn vergunning werkte ik als assistent van een veearts. We kregen een melding van een verlossing bij een ooi en Diane besloot met ons mee te gaan. De dierenarts haalde een schattig lammetje tevoorschijn, maar het bewoog niet. Ik ging aan het werk, ik wreef over zijn huid en probeerde met mijn vingers zijn luchtpijp vrij te maken. Kortom, ik deed alles wat ik maar kon bedenken; een vaste procedure had ik toen nog niet ontwikkeld. En terwijl ik zo bezig was, haalde de veearts er nog een lammetje uit en gaf dat aan Diane. Ze had geen idee wat ze moest doen, maar ze ging er meteen mee aan de slag. Even later hoorde ik het eerste bevrijdende geblaat… van haar lam. Ze wrijft het me zo nu en dan nog fijntjes in: 'Die van mij heeft het wel gered.'

Het is geen kwestie van goed of slecht; wanneer een dier worstelt met zijn ademhaling dan doe je wat je maar kunt om zijn luchtwegen vrij te maken. Je hebt maar een paar minuten. Niet iedereen is gecharmeerd van mijn werkwijze. Sommige mensen denken dat ik dat lammetje of die pup pijn doe door hem zo rond te draaien. Maar die behandeling is juist van levensbelang. Als de luchtwegen of de snuit na de geboorte zijn afgesloten door een dikke laag slijm of door de nageboorte dan moet dat meteen worden opgelost. Als je wacht tot de moeder het heeft opgelost, kan het voor het jong te laat zijn. Bij herten gaat het vaak mis, maar dat blijft meestal onopgemerkt omdat de kalfjes door andere dieren worden opgegeten.

De eerste paar seconden van zo'n nieuw leven; in mijn ogen is dat het mooiste wat er is. De eerste keer dat ik het bewust meemaakte, zal ik nooit vergeten. Ik was nog jong, heel jong, en was met mijn moeder in de keuken. Mijn vader en mijn broers waren met de paarden aan het werk geweest. Ze hadden de paarden uitgespannen en in de wei gezet. Een van onze merries kon elk moment een veulen werpen. Mijn moeder keek door het keukenraam naar buiten. De drachtige merrie stond te grazen, maar ineens richtte ze haar hoofd op. Ze tilde haar staart op om het vruchtwater weg te laten vloeien en even later kwam het veulen er zo achteraan. Mijn moeder nam me mee naar buiten om te kijken. Zoiets indrukwekkends had ik nog nooit meegemaakt. De merrie draaide zich om en begon het veulen te likken. Het kwam onhandig overeind en dat was het dan. Dat veulen was razendsnel ter wereld gekomen.

Aan de universiteit mocht je pas afstuderen nadat je had geassisteerd bij vijf normale verlossingen bij paarden. Een lastige eis, want het veulenen gaat bij merries zo snel dat het ons niet eens lukte één verlossing mee te maken, laat staan vijf. Wanneer wij erbij werden gehaald, was het veulen altijd al geboren. De docenten wisten dat en de stalhulpen wisten het ook. Dus bij de eerste tekenen dat een merrie er klaar voor leek, belden we elkaar op en raceten we op de fiets naar de stal. We waren altijd, maar dan ook altijd te laat, maar we mochten van de stalhulpen een handtekening zetten op een formulier waarop stond dat we bij de verlossing aanwezig waren geweest. In werkelijkheid zag ik pas voor het eerst een merrie veulenen toen ik al in Michigan werkte, en zelfs toen was het puur geluk dat ik erbij was.

Ik heb een paar duizend geboorten meegemaakt of daarbij geassisteerd, en ik vind het nog altijd iets heel indrukwekkends. Bij veulens gaat het heel snel, kalfjes doen er vaak een stuk langer over. Soms verschijnt het kopje van het kalf het eerst, dan zie je het met zijn kop schudden, terwijl het lijfje nog in het geboortekanaal zit. En als het er dan eindelijk uit is, gaat de koe staan en begint haar kalf te likken. Soms geeft ze het eerst een zetje met haar kop, *kom op, ga eens staan.* Kalveren richten zich al vlug half op, schudden met hun kop om neus en keel vrij te krijgen en proberen binnen enkele minuten al op hun poten te gaan staan. Het is heel grappig om toe te kijken terwijl ze die eerste, onzekere stapjes zetten. Maar al vlug staan ze stevig op vier poten, trillend en wel, terwijl de koe ze met haar neus in beweging probeert te krijgen. Binnen de kortste keren stappen ze op eigen kracht door de stal.

Als je naar de natuur kijkt, wordt het duidelijk dat baby's van mensen eigenlijk veel te vroeg geboren worden. Een baby is volstrekt hulpeloos, hij kan nog niet eens kruipen. Zuigen kan hij als de beste, maar meer ook niet. Als een baby na de geboorte niet wordt verzorgd, dan gaat hij dood. In de dierenwereld zie je dat niet zo snel gebeuren, een jong slaagt er bijna altijd wel in om overeind te komen, de uier of tepel van mama te vinden en te drinken.

Welk dier het ook is; het komt er wel uit. Zelfs hengstveulens, toch niet echt de snuggerste schepsels op aarde, gaan op zoek naar melk. Ze hebben soms een klein zetje nodig, maar ze weten de uier te vinden. Ezels mogen dan bekendstaan als domme dieren, maar een ezelveulen rent binnen een uur na de geboorte vrolijk rond. Het is altijd leuk om zo'n schattig ezeltje met zijn bovenmaatse oren om de moeder heen te zien hollen. Zeugen werpen grote nesten en al die kleine biggetjes doen hun uiterste best om de tepels te vinden. Soms kruipen ze eerst tussen haar achterpoten rond, maar na een tijdje liggen ze allemaal te drinken. Twee uur na de geboorte liggen die prachtig roze biggetjes tevreden knorrend in de stal.

In de natuur is de voortplanting ongelooflijk goed geregeld, dus meestal verloopt de geboorte ook zonder onze hulp probleemloos. De veearts wordt er slechts bij een klein percentage van de verlossingen bij gehaald. Toch is dit vermoedelijk wel het belangrijkste onderdeel van onze werkzaamheden. Een van mijn docenten, professor Van der Kaay, zei altijd: 'Een goede veearts blinkt uit in de obstetrie. Als je dat kalf er niet uit krijgt, dan ben je een slechte veearts.'

Tijdens de opleiding werd er heel veel aandacht besteed aan kalveren met een verkeerde ligging. Als het goed is, komt een kalf met de kop rustend op de voorpoten door het geboortekanaal naar buiten. In ongeveer negentig procent van de gevallen is dit het geval. De rest van de kalveren ligt in een stuit of heeft iets geks gedaan met zijn poten. Na verloop van tijd weet je als veearts na een inwendig onderzoek vrij snel welk lichaamsdeel je voelt en hoe het hoort te liggen.

Als een kalf of veulen verkeerd ligt, dat wil zeggen in een stuit of met een gedraaide kop of poot, dan kan het er niet uit. Het zal sterven. En als het sterft en we krijgen het kadaver niet uit de moeder, dan zal ook zij het niet overleven. Het overleden kalf zorgt namelijk al vlug voor toxische verschijnselen bij de koe, die daaraan kan sterven. Als ik echter voel dat het ongeboren dier nog leeft, dan probeer ik het altijd eerst goed te draaien. Bij mensen gebeurt dat eigenlijk ook wel, maar niet pas vlak voor de bevalling. Een arts kiest, als draaien niet lukt, soms voor een keizersnee. Hij maakt een incisie in de buik van de moeder, haalt de baby eruit en hecht de wond. Deze ingreep verloopt meestal zonder problemen. Ik probeer een keizersnee altijd het liefst te vermijden. Allereerst omdat ik mijn werk moet doen in een verre van steriele omgeving, en ten tweede omdat zo'n ingreep tot heel veel stress leidt bij het dier. Sommige grote dieren zullen de operatie niet eens overleven. Daarom steken wij onze hand in de baarmoeder in een poging alle ledematen goed te leggen. Na al die jaren weet ik vrij goed welke lichaamsdelen buigbaar zijn en hoe sterk ze zijn. Een kalf heeft best wat ruimte in de baarmoeder, maar je kunt het nooit volledig omdraaien. Dat gaat gewoon niet. Daarom beginnen we, nadat we het kalf zo goed mogelijk in positie hebben, gewoon te trekken. En we blijven trekken. Het goed leggen van zo'n dier duurt vaak lang en is heel inspannend, maar als het kalf er dan eenmaal is en door de moeder wordt schoongelikt, is dat een onbeschrijflijk mooi moment. Het geeft ontzettend veel voldoening om een dier het leven te redden.

Ik kom als veearts geregeld bij de zoon van mijn allereerste amish-klant, en ik herinner me nog goed hoe hij een aantal jaar geleden zijn eigen boerenbedrijf aan het opzetten was. Hij belde me op een snikhete dag in augustus op en vroeg of ik met de grootst mogelijke spoed langs kon komen. Er was iets met een van zijn koeien. Hij had er maar een paar, dus het zou heel erg zijn als hij er eentje kwijtraakte. Ik zeepte mijn handen en armen in en deed een inwendig onderzoek. Ik sloot mijn ogen en zag met mijn handen precies wat er mis was. Het kalf leefde nog maar de kop was om de voorpoten heen gedraaid. Ik wist wel hoe ik dat aan moest pakken, maar steeds wanneer ik hem in de juiste positie had weten te krijgen, draaide hij zijn kop de andere kant op. 'Het is een stierkalf,' zei ik tegen de boer. 'Hij wil er niet uit.'

Het zweet liep langs mijn lijf, ik raakte doorweekt en bleef het maar wegvegen. Maar het kalf leek gezond. Het was alleen zo koppig als wat, en het duurde een hele poos voor ik het eindelijk in de juiste positie had weten te krijgen. Toen het zover was, maakten we de verlosketting vast aan zijn poten en trokken net zolang tot hij eruit was. Welkom, jongeman. Het bleek inderdaad een stevig en gezond stierkalf te zijn.

Een problematische verlossing kan soms verrassend gemakkelijk vlot getrokken worden. De laatste paar jaar nemen steeds meer mensen (onder wie Diane en ik) kippen, want het is fijn om altijd verse eieren te hebben. Soms heeft een kip wat moeite om haar ei eruit te werken. Ik ben weleens gebeld door mensen met een kip met dit probleem. Ze kenden me van tv en daarom belden ze mij. Ik had wel een tip voor die mensen. Als de kip een te groot ei moet leggen, kun je er wat minerale olie op aanbrengen. Het ei wordt dan zo glad en glibberig dat het er makkelijker uit komt. Werkt dit niet, dan kun je het ei breken terwijl het nog in de kip zit, maar let wel goed op dat alle schaaldelen eruit komen. En dan maar hopen dat het volgende ei minder groot zal zijn.

Waren alle verlossingen maar zo simpel. De natuur heeft zo haar eigen trucjes om zich te ontdoen van de zwakke broeders. Alleen de sterke en gezonde dieren blijven in leven, want dat is goed voor de kudde. Een dier met een smal bekken is minder waard omdat zo'n kenmerk problemen geeft bij de verlossing. Ik herinner me nog dat ik eens bij een anguskoe had geassisteerd bij de verlossing van een redelijk groot kalf. Ik zei tegen de boer: 'Haar bekken is veel te smal.' Een maand later vertelde hij me dat het kalf het goed maakte, maar dat de vaars naar het slachthuis ging omdat ze door dat smalle bekken ongeschikt was voor de fok.

Soms is een kalf of veulen niet meer te redden, en dan gaat het er alleen nog om dat de koe of merrie het er levend af brengt. En dat houdt in dat we het jong eruit moeten zien te krijgen, helemaal niet zo'n eenvoudige klus. Want er is altijd een reden waarom het dier niet via de natuurlijke weg geboren kon worden, en dat is precies wat ons ook hindert. Op een middag kwamen dokter Ashley en ik terug van een visite. We hoorden dat mijn collega's Brenda en Wendy met een stagiair op een boerderij assisteerden bij de verlossing van een percheronmerrie. Ze waren al meer dan een uur geleden vertrokken en niemand had nog iets van ze gehoord. Percherons zijn grote, sterke trekpaarden. Het veulen had er allang moeten zijn. 'Kom,' zei ik tegen Ashley. 'We gaan.'

Dokter Brenda zat met de handen in het haar. De merrie lag verdoofd op haar zij, maar het levenloze veulen lag in een onmogelijke positie in de baarmoeder. Brenda lag op de grond en deed verwoede pogingen het te draaien, maar kreeg er geen beweging in. Ze was aan het eind van haar Latijn en Ashley en ik namen het van haar over. We gingen achter de merrie op de grond liggen. Zo'n klus kun je niet in je eentje klaren. We werkten goed samen: met mijn beide armen en een hand van Ashley probeerden we het veulen in een betere positie te manoeuvreren. Allereerst zaagde ik het hoofd eraf. Daardoor kwamen dokter Ashley en ik in een plas bloed te liggen, maar we werkten onverstoorbaar verder. De voorbenen wezen naar achteren, maar we slaagden er uiteindelijk in ze goed te leggen. Daarna konden we ook de rest van het veulen eruit trekken. Dit was geen doen voor één persoon, dat was wel duidelijk.

We doen altijd ons uiterste best om het leven van de moeder te redden. Als het echt niet anders kan, breken we in de baarmoeder de poten of draaien we lichaamsdelen van het dode dier. Het is al overleden, dus het voelt geen pijn meer. Maar als dat nog niet voldoende is, dan moeten we het in stukken zagen en de delen een voor een uit de moeder trekken.

Niet alle veeartsen werken in zo'n geval met hetzelfde gereedschap. Ik gebruik altijd een speciale draadzaag die ik uit Nederland heb meegenomen. Het is eigenlijk gewoon een dunne draad die aan de uiteinden door twee buisjes loopt. Je slaat het draad om het deel dat je wilt afsnijden en trekt dan aan de handgrepen om het draad strak te trekken. Dit instrument werkt snel en het is gemakkelijk in gebruik. Ook Charles kan er goed mee overweg. We legden eens een visite af op een boerderij waar ze Michigan Texas longhorns fokten, en daar werd ons al meteen verteld dat de dieren niet erg mak waren. Het vee had indrukwekkende hoorns, bijna net zo lang als een auto. Het kalf was overleden, kregen we te horen; wij waren er alleen om de koe te redden. Ze waren gelukkig wel zo vriendelijk geweest haar te vangen en in een hok te drijven. Rondtastend in de baarmoeder voelde ik de voorpoten, de nek en de kop, die helemaal om de voorpoten heen zat gedraaid. Als ze me nou hadden gebeld toen het kalf nog leefde, dan was er niets aan de hand geweest; die kop had ik zó goed kunnen draaien. En dan was er ook meer manoeuvreerruimte in de baarmoeder geweest, want omdat de koe zolang met uitdrijven was bezig geweest, zat haar baarmoeder helemaal strak om het kalf heen. Maar ze hadden me er pas laat bij gehaald, en nu was het zaak het kadaver uit de baarmoeder te verwijderen voordat het zou gaan bederven. Zoals gezegd kan Charles goed overweg met de draadzaag en binnen een halve minuut had hij de kop eraf gezaagd. Een kind kan de was doen. Ik bedekte de blootgelegde ruggenwervel met mijn hand, zodat die het geboortekanaal niet zou beschadigen. Daarna trokken we de rest van het kadaver er met de hand uit. De koe herstelde volledig en was zelfs nog geschikt voor de fok.

Dit was een enigszins ongebruikelijk voorval; meestal weten we niet van tevoren of het veulen of het kalf nog gered kan worden. Zo werden we in de zomer van 2013 gebeld door een boer met een koe die problemen had bij het afkalven. De filmploeg van Nat Geo Wild was nog eerder op de boerderij dan wij. Een van de crewleden vroeg aan de zoon van de boer: 'Hoe mak is deze koe?'

'O, ik kan gewoon naast haar gaan staan om haar te aaien.'

Goed. Dus die cameraman hurkte een meter of zo voor de koe neer en begon met filmen. De koe zag het een tijdje aan, maar besloot toen dat ze het toch liever niet had. Ze boog haar kop, stak haar oren naar achteren en stormde naar voren. De cameraman viel hard op zijn rug. Na dit voorval heeft hij lange tijd last gehad van zijn schouder, maar eigenlijk hij heeft geluk gehad want hij had gemakkelijk iets kunnen breken. De zoon van de boer schaterde het uit en zei: 'Dus ze is toch net wat minder mak dan je dacht.'

Tegen de tijd dat ik daar aankwam, was de koe in een klein verblijf gezet. En dat vond ze echt heel vervelend. Ze had hulp nodig, maar ze bokte en schopte en ging als een bezetene te keer. Ik vroeg aan de boer hoelang ze al bezig was dit kalf te krijgen.

'Drie dagen,' zei hij met een bedrukt gezicht. 'We kregen 'r niet te pakken.' Ineens beukte de koe met haar hele gewicht tegen de afrastering, die het maar net hield. Dit was een gevaarlijk dier.

'Iedereen weg hier!' schreeuwde ik. 'Allemaal van de grond af. Klim op je auto. Ga op de pick-uptruck zitten, het maakt mij niet uit.' Ik deed dit werk al veertig jaar en moest nu doorzetten. Ik had te doen met deze koe. Het is heel slecht om een koe drie dagen zo rond te laten lopen, dat is veel te lang. Er was iets vreselijk misgegaan. Ik slaagde erin om de koe met twee touwen stevig vast te zetten tussen de hekken. Ik probeerde het werk gedaan te krijgen, maar het was geen doen; ze schopte steeds en stond geen moment stil. Het was te gevaarlijk om dicht bij haar te komen en daarom diende ik haar een verdovend middel toe. Toen ze eindelijk rustig was, stak ik mijn hand in haar baarmoeder. Ik voelde de schouder van het kalf, maar het rottingsproces was al zo'n tijd gaande dat ik het vel haast met mijn vingers kon scheuren. Als ik deze koe wilde helpen, dan moest ik verdraaide vlug zijn. 'Ik begin met zagen, Charles,' zei ik tegen hem. Ik zaagde het eerste deel los en riep: 'Ademt ze nog?'

'Nee.' De koe was overleden. Ik had niets meer voor haar kunnen doen; ze was van binnenuit vergiftigd. Een koe die drie dagen met een dood kalf in haar buik rondloopt, is ten dode opgeschreven.

Kleinere boerderijdieren krijgen meerdere jongen omdat een deel van het nest het vaak niet redt. Groot vee krijgt meestal maar één jong; meerlingen zijn echt een uitzondering. Bij paarden is het echt een zeldzaamheid, maar bij koeien komt het iets vaker voor. Ik werd een keer met spoed bij een koe geroepen die de dag daarvoor een tweeling ter wereld had gebracht. De koe was er niet best aan toe, zei de boer. Dat verbaasde me niets. Er is bijna geen koe die een tweeling aankan, maar zodra ik mijn hand in haar baarmoeder had, begreep ik wat er mis was… die koe had een drieling. Ongelooflijk maar waar. Ik haalde het derde kalf eruit en de koe knapte volledig op. Daarna ben ik nooit meer een koe met een drieling tegengekomen.

Heel lang geleden ontmoette ik op een groot congres een vrouwelijke veearts. Ze had lang, rood haar en was klein van stuk. Ik ben van mening dat in mijn vak vrouwen niet onderdoen voor mannen. Bij mij in de praktijk doet iedereen hetzelfde werk, en dus verdient ook iedereen evenveel. Een zelfingenomen congresganger wilde grappig uit de hoek komen en zei op luide toon tegen haar: 'Zo, dus jij werkt met koeien?' Toen ze bevestigend antwoordde, vroeg hij haar met een neerbuigende glimlach: 'O, echt? En hoe krijg je de kalveren er dan uit?'

Zonder blikken of blozen antwoordde ze: 'Da's nogal makkelijk. Ik kruip naar binnen en schop ze er gewoon uit. En jij? Hoe doe jij het?'

Ik lachte zo hard dat die man me een kwaaie blik toewierp. Maar wat is dat nou ook voor vraag? Je hoeft als veearts niet sterk te zijn, het gaat erom dat je slim bent. Je moet slimmer zijn dan de dieren, anders ben je reddeloos verloren. Een verlossing moet hoe dan ook tot een einde worden gebracht.

Een tijdje nadat dokter Brenda voor me was komen werken, had ze dienst op Memorial Day, een nationale feestdag. Wij waren met het gezin gezellig aan het picknicken toen ik werd gebeld. Het was Brenda. Ze assisteerde bij de verlossing van een grote Belg. De voorbenen van het veulen hingen er al uit, maar het hoofd kwam niet. We bespraken het geval en ik deed wat suggesties, waarna Brenda de stal weer in ging. Een paar minuten later belde ze terug om te vragen of ik toch kon komen. Het was maar zo'n vijftien kilometer rijden naar de boerderij en Charles reed met me mee. Daar aangekomen zagen we een stuk of tien, twaalf mannen staan die met de armen op een hek geleund naar Brenda aan het kijken waren. Een vrouwelijke veearts, dat hadden ze blijkbaar nog niet zo vaak meegemaakt. Ik weet niet wat al die lui daar deden op een feestdag, maar ze vermaakten zich zo te zien goed. Het is iets waar je als veearts wel aan gewend raakt: op de een of andere manier heb je altijd mensen om je heen die nieuwsgierig staan toe te kijken hoe jij het probleem oplost. Geen van deze hek-leuners had aangeboden een handje te helpen, ze stonden daar alleen om later een goed verhaal te hebben.

De voorbenen hingen al uit het achterdeel van de merrie; ze waren zo lang dat ze tot onder mijn knieën reikten. Ik wist het hoofd in de baarmoeder te pakken te krijgen, maar het was te groot om het te kunnen draaien. Op dat moment passeerden in mijn gedachten allerlei mogelijke oplossingen de revue en ik dacht aan vergelijkbare gevallen die ik had meegemaakt.

'Oké, Brenda,' zei ik, 'we hebben geen keus: het veulen moet eruit. Pak de verlosketting er maar bij.' De omstanders hoorden dit stomverbaasd aan.

We brachten de verlosketting net onder de ellebogen aan. Ik instrueerde Brenda: 'Op mijn teken begin je zo snel mogelijk zo hard mogelijk te trekken.'

Toen alles in gereedheid was gebracht, probeerde ik in de baarmoeder de hals zo ver mogelijk naar achteren te brengen. De hals van een veulen is zo lang dat je het hoofd tegen de flank aan kunt duwen.

'Toe maar.' Ze begon te trekken, de ketting spande zich, en heel langzaam kwam het veulen in beweging. Ik had het idee dat de merrie meehielp en veel kracht zette om het veulen eruit te persen. Na een tijdje was het veulen er, een paar seconden later gevolgd door de nageboorte. De uitgeputte merrie ging er eventjes bij liggen, maar kwam al snel weer staan; ze had een taak. Ze zette een paar stapjes, keek naar haar veulen en zag dat het dood was. Daarna begon ze te eten.

Ik begrijp niet wat sommige mannen tegen vrouwelijke veeartsen hebben. Tijdens mijn studie waren er onder de driehonderd studenten maar vijf of zes meiden, stuk voor stuk taaie jonge vrouwen. Ze waren minder sterk dan de jongens, maar wat zou dat? Dat hoeft je als veearts niet per se te hinderen. Vrouwen zijn vaak kleiner dan mannen, maar dat heeft ook de nodige voordelen. Zo hebben ze slankere armen, waardoor ze makkelijker en veiliger kunnen werken in het inwendige van kleinere boerderijdieren. En ze kunnen zich in een stal in moeilijk bereikbare hoeken wurmen als dat moet. Ik heb door de jaren heen vrouwelijke dierenartsen in dienst gehad en heb nooit enig verschil gemerkt met de mannelijke collega's in onze praktijk.

Het gaat namelijk maar zelden om brute kracht, en als een situatie die toch eens vereist, dan zijn er doorgaans voldoende helpers in de buurt. Gilbert Tinsey en Fred Hazen, die elkaar in hun studententijd leerden kennen en samen een boerenbedrijf startten, belden me toen een van hun grote brown-swisskoeien moeite had met afkalven. Het was een groot kalf en het lag ook nog eens verkeerd. Ik slaagde erin het te draaien, zette de verlosketting vast en zei tegen ze: ‘Goed. Trek maar, mannen.’ Het ging voor geen meter. ‘Kom op, gasten. Jullie zijn nog jong, trekken!’ zei ik. ‘Jullie kunnen dit kalf er toch wel uit krijgen? Doe je best!’

Ze werkten zich in het zweet en eindelijk kwam het kalf door het geboortekanaal. Een stevig kalf is veel geld waard en zo’n meevaller kan voor een boer net het verschil maken. En daarna stak ik, zoals altijd, mijn arm bij de koe naar binnen om te controleren of er niet nóg een kalf was. Gil en Fred liepen al weg – zij hadden hun aandeel wel geleverd – toen ik hen nariep: ‘Ho, wacht!’ zei ik. ‘Pak die verlosketting er maar weer bij. Er zit er nog eentje in.’

We trokken dat tweede kalf er ook uit. De eigenaren vertelden me later dat ze beide kalveren hadden gewogen en dat ze hadden uitgerekend dat de koe tot aan de verlossing zo’n 135 kilo extra gewicht had moeten torsen. Dat was wat al te veel. De koe kon niet meer op haar poten staan. Ze at niet, ze dronk niet meer. Ze was op, niet meer te redden. Het kostte de boeren duizend dollar, maar gelukkig waren de twee kalveren wel gezond. Zo gaan die dingen op een boerenbedrijf.

Het maakt me niets uit met welke diersoort ik werk. Wat me aan paarden wel bevalt, is dat de verlossing vaak snel verloopt. Een van mijn amish-klanten belde me op een zondag op om te zeggen dat zijn merrie moeite had met veulenen. ‘Hoe is ze eraan toe?’ vroeg ik. ‘Wat gebeurt er?’

'Niet veel,' antwoordde hij.

'Goed,' zei ik, 'bel me wanneer het veulen zich aandient, dan kom ik er meteen aan.'

Pas op dinsdag kreeg ik een telefoontje. 'Kun je snel hierheen komen? Het gaat niet goed.'

De merrie was zo groot dat ik op een baal stro moest klimmen om erbij te kunnen. Bij het inwendige onderzoek voelde ik alleen de spronggewrichten van het veulen. Wanneer ik een veulen bij de benen pak, hoort het te bewegen. Dit veulen deed niets. Het was overleden. En dat niet alleen, het lag ook nog eens verkeerd; daarom wilde de verlossing niet vlotten. Bij een verkeerde ligging wil het bij een veulen nog weleens helpen om hard tegen de spronggewrichten te drukken, dan een hoef beet te pakken en het been recht te trekken. Maar dit veulen was zo groot dat het geen millimeter van zijn plek kwam. Ik hing met mijn hele gewicht aan die spronggewrichten, met mijn voeten letterlijk boven de grond, en nog bleef het gewoon zitten. Dit was echt een grote jongen. Ik pakte mijn draadzaag erbij en zaagde de achterbenen bij het spronggewricht af. Daarna deed ik de verlosketting stevig om de achterbenen en begon te trekken. Stukje voor stukje kreeg ik dat veulen eruit. Het was een reus van een dier. Het veulen had een schofthoogte van 1 meter 20 en het woog 65 kilo. Ik bracht antibiotica aan in de baarmoeder van de merrie, die de beproeving vrij goed leek te hebben doorstaan. Dat bleek wel toen ze een maand later weer drachtig was. De eigenaar durfde het echter niet meer aan; hij heeft haar verkocht.

Dwerggeitjes zijn de kleinste boerderijdieren die ik bij de geboorte heb geholpen. Hun lammetjes zijn niet groter dan je handpalm. Hun kopje past door het rondje dat ontstaat wanneer je duim en wijsvinger tegen elkaar zet. Het lukt me meestal wel net om een hand in het inwendige van de geit te krijgen, maar de baarmoeder biedt weinig manoeuvreerruimte. Heeft zo'n lam bij de verlossing wat hulp nodig, dan steek ik meestal mijn vingertoppen in zijn oogkassen. Heb ik eenmaal voldoende grip op hem, dan trek ik hem er gemakkelijk uit.

Sommige veeartsen halen biggetjes met een lus of met een speciale tang die over het kopje heen past, maar daar heb ik geen goede ervaringen mee. Ik heb zelf een hulpmiddel gemaakt waar ik biggetjes mee help bij de geboorte: een lange metalen stok met een haak aan het uiteinde. De kop van een biggetje is, net als bij baby's, groter in doorsnee dan het lichaam. En de kop komt doorgaans als eerste door het geboortekanaal. Met dit instrument breng ik heel voorzichtig een haakje aan in de onderkaak, onder de tong. Daarna trek ik hem rustig, met mijn hand op de kop, naar buiten. De haak veroorzaakt een klein wondje, maar dat kan geen kwaad en het is trouwens binnen een paar uur alweer geheeld. En ligt er eens een biggetje andersom, dan gebruik ik de haak om hem aan zijn achterpoot eruit te trekken. Ik heb op deze manier ontelbare biggen kunnen helpen, en dat zonder er ook maar eentje pijn te doen. Ik ben heel tevreden over die haak, mijn eigen vinding.

Het doet me veel plezier om te zien hoe een gezond dier zijn eerste stappen zet, maar het komt helaas ook voor dat ik het leven van een dier moet beëindigen. Dat is zonder twijfel het moeilijkste onderdeel van mijn werk. Het valt me nu nog even zwaar als toen ik net begon met werken. Er is helemaal niets leuks aan en het zal nooit wennen, maar ik begrijp dat het een noodzakelijk kwaad is. Het is soms simpelweg de meest humane oplossing. De kwaliteit van leven kan zo afnemen dat een dier gaat lijden, en dat kan ik niet aanzien.

Maar als een dier echter nog kwaliteit van leven heeft, dan zal ik mijn uiterste best voor hem doen. Op een dag kwam er een man uit een van de zuidelijke staten bij me in de kliniek met een oude hond. Het dier kon de vier treden naar de voordeur niet eens meer op, dus hij werd naar binnen gedragen. De man vertelde me dat hij al bij drie andere dierenartsen was geweest, maar dat die zijn hond niet wilden behandelen. Hij is al zo oud, hadden ze gezegd, laat hem toch. Ik vroeg of ze een röntgenfoto hadden gemaakt, en dat was niet het geval, zei de man. Op de foto zag ik dat de hond slechte heupen had, maar dat hem verder niets mankeerde. Ik gaf hem een middel tegen artrose en iets tegen de pijn. Een week later belde die man me om te vertellen dat zijn hond totaal geen moeite meer had met de trap.

Een halfjaar later kwam de eigenaar weer bij ons; zijn hond had een beroerte gehad. Nu was de tijd gekomen om hem te laten inslapen. 'Ik ben u dankbaar,' zei de man, 'voor de zes maanden die we nog samen hebben gehad.'

Bij het euthanaseren doorloop ik altijd dezelfde stappen. Eerst dien ik het dier een verdoving toe. Pas wanneer het dier slaapt en geen pijn meer voelt, geef ik hem de volgende injectie. Het is zoveel makkelijker voor het baasje wanneer zijn huisdier eerst in slaap wordt gebracht en pas daarna overlijdt. Deze methode wordt nu toegepast in de hele regio. Ik werd eens gebeld door mensen uit Clare. Hun dochter was veearts in Colorado en zij had een oud paard dat last had van artrose. Ze was al een hele tijd niet meer thuis geweest om erop te rijden. Ik kende deze mensen niet, maar ze belden me omdat ze van mijn methode hadden gehoord. Soms kun je voor eigenaren niets fijners doen dan het dier snel en pijnloos te euthanaseren. Het uit zijn lijden te verlossen. Ik ben naar ze toe gereden en ze hebben me alles over dat paard verteld. Nadat ik hem de eerste injectie had toegediend, ging hij liggen. De tweede spuit kreeg hij in zijn borst. Ze hadden al een graf voor het paard gegraven. Twee dagen later kreeg ik een kaartje van die mensen. Ze bedankten me voor de fijne manier waarop ik hun paard had laten inslapen.

Als student heb ik geleerd om de dodelijke injectie toe te dienen via een bloedvat, maar bij toeval ontdekte ik later dat het spul veel sneller werkt wanneer het in een slagader wordt gespoten. Dat vind ik een voordeel, want het laten inslapen van een dier is moeilijk. Hoe sneller het gaat, hoe liever het me is. Ik ontdekte dat van die slagader toen een vaste klant van me bij de praktijk langskwam met een pony in een trailer. De vrouw heeft een paardenopvang niet ver bij ons vandaan, en ze had een lastig exemplaar bij zich. 'Hij is zo vals als wat,' waarschuwde ze. Als iemand zich bij hem in de buurt waagde, dan begon hij te trappen en te bijten.

'Waar komt deze pony vandaan?' vroeg ik.

'De eigenaar wilde van hem af. Hij was van plan hem te laten inslapen.'

Deze vrouw had de pony opgevangen, maar in de paar weken dat hij bij haar was, had hij alleen maar problemen veroorzaakt. Hij was een gevaar voor mens en dier. Ze had haar kinderen verboden om bij hem in de buurt te komen en als hij in de wei werd losgelaten, ging hij bijtend en schoppend achter de andere paarden aan.

'Dat zal wel de reden zijn dat ze hem niet meer wilden,' zei ik.

Deze vrouw was aangesloten bij een organisatie die paarden een tijdelijk thuis bood tot er een nieuwe eigenaar voor ze gevonden was, maar met deze pony viel geen land te bezeilen. Je kunt toch geen pony weggeven die zijn nieuwe baasje misschien wel iets aandoet? En op de boerderij was hij met zijn slechte gedrag naar de andere paarden toe ook niet te handhaven. Er zat niets anders op: ik moest deze pony laten inslapen. Hij stond in de trailer, zo onrustig als wat. Niemand kon hem aan. We zetten hem met twee touwen vast, maar zelfs toen gaf hij zich niet gewonnen. De situatie was zo gevaarlijk dat ik besloot maar één injectie te geven. Voor dit dier wilde ik mijn eigen veiligheid niet op het spel zetten. Ik legde een flinke spuit klaar en toen hij opsprong, stak ik de naald in zijn hals en drukte de inhoud erdoor. De pony viel direct dood neer. Wauw. Dat was ongelooflijk snel gegaan. Ik zocht naar een verklaring en ineens snapte ik wat er was gebeurd: ik had die naald niet in een bloedvat gestoken, maar in de slagader en daardoor was de pony binnen een paar seconden dood.

Kleinere dieren moet ik beetpakken om ze de injecties toe te dienen. Om te voorkomen dat ze me bijten of krabben ga ik daarbij vaak anders te werk. In een van de afleveringen komt er een klant bij me met een prachtige leguaan met een enorme tumor op zijn lip. Ik heb het persoonlijk niet zo op reptielen, maar sommige mensen houden ze graag als huisdier. Een andere klant van me had er ook eentje. Ze was er zo dol op dat ze zelfs met haar leguaan in bad ging... nou ja, dat deed ze totdat ze met een ernstige salmonellavergiftiging in het ziekenhuis werd opgenomen.

De leguaan met de tumor was al oud en omdat hij niet meer at, had de eigenaar besloten hem te laten inslapen. Zijn baasje had hem meegenomen in een transportkooi van een kat, maar we kregen hem er niet meer uit en het was beslist geen lieverdje. Uiteindelijk staken we een stok door de tralies om hem boos te maken. Toen hij zijn bek opendeed, spoot ik een mengsel van de dodelijke stof en de verdoving daar rechtstreeks in. Het werd al snel opgenomen door het slijmvlies en daar lag hij. Ik had deze handige techniek ontdekt toen ik eens een wilde kat moest afmaken.

Deze wilde kat viel in de omgeving van de praktijk alle dieren aan. We hebben het hier niet over een lieve, speelse huiskat; dit was een agressief mormel met scherpe nagels. Als ze je daarmee aanviel, dan zou dat ernstige verwondingen geven. Met de nodige moeite had ik haar in een kooi weten te krijgen, maar ik kon er niet dicht genoeg bij komen om haar de injectie toe te dienen. Ze was razend, en wanneer ik langs de kooi liep sprong ze naar me toe, greep zich vast aan de zijkant van de kooi en keek me sissend en met wijd open bek aan. Ik maakte de spuit klaar en toen ze me weer wilde aanvliegen en haar bek opendeed, spoot ik het spul er recht in. Het duurde een minuut of twee, maar uiteindelijk legde ze het loodje.

De meeste dieren die ik laat inslapen zijn oud of ziek. Ze zijn kwetsbaar en zouden hoe dan ook niet lang meer hebben geleefd. Ik herinner me sommige gevallen van euthanasie nog heel goed. Zo kreeg ik op het spreekuur eens een vrouw van zevenentachtig met haar dochter en hun kat. Die kat was zevenentwintig jaar oud en had een ernstige leveraandoening. Het beestje had totaal geen levenskwaliteit meer. Na zevenentwintig jaar was er een heel hechte band ontstaan tussen de vrouw en haar kat, maar ik had geen keuze. Ik wilde die kat geen dag langer laten lijden en liet hem dezelfde dag nog inslapen. Dit zijn van die gevallen die ik nooit zal vergeten.

Soms houden mensen dieren in leven omdat ze daar zelf een goed gevoel bij hebben. Meestal bedoelen ze het goed, maar toch vind ik het gemeen. Op een warme zomerdag kreeg ik een telefoontje van de dierenbescherming van Clare County. Ze hadden op het terrein van een vrouw veertig paarden ontdekt. Zij probeerde die dieren te redden, maar de verzorging liet zeer te wensen over. De paarden stonden in van hekdelen gemaakte hokken van nog geen vier bij vier meter. Er was wel hooi beschikbaar, maar water moest ze vanuit een meertje in een tank pompen. Afgezien van een paar dennen stonden er nauwelijks bomen op haar terrein, dus schaduw was er voor de dieren nauwelijks te vinden.

Toen ik daar aankwam, viel mijn mond gewoon open. Er stonden oude renpaarden, kreupele paarden, oude merries… wat een treurnis. Een van de paarden was blind. Als ze hem nu bij een ander paard had neergezet, dan had hij op zijn vriendje kunnen vertrouwen, maar nee. Het blinde paard stond alleen in een verblijf en was angstig. Dat is toch geen leven voor zo'n dier. Toen ik die vrouw zag, ben ik tegen haar uitgevaren. Ik word niet zo vlug boos, maar het komt weleens voor dat de bom barst.

Ik zei: 'Wat is nou precies uw bedoeling hier, met die paarden?'

Ze antwoordde: 'Ik probeer ze nog een tijd in leven te houden.'

Ik wond er geen doekjes om. 'Op deze manier helpt u de paarden totaal niet. Ze hebben geen levenskwaliteit. U doet deze dieren echt geen plezier met een leven als dit.'

O, wat was ik kwaad. Ik zorgde ervoor dat er mensen met trailers kwamen om de paarden mee te nemen die nog een kans maakten, en de eigenaar werd door de politie meegevoerd. Iemand van de dierenbescherming vroeg mij om advies en ik zei tegen die man: 'Kunt u een graafmachine laten komen?'

We hebben die dag zeven paarden begraven. En toen de vrouw werd aangeklaagd wegens dierenmishandeling, heb ik de rechter een brief geschreven. Ze kreeg een gevangenisstraf van drie maanden en een levenslang verbod op het houden van dieren.

Ik heb in mijn loopbaan heel wat schrijnende gevallen meegemaakt. Zo heb ik eens een vierentwintig jaar oude Belgische merrie laten inslapen die zo werd geplaagd door artritis dat ik de pijn in haar ogen zag. Ze had daarnaast last van diarree, daarom kon ik haar ook met pijnstilling niet meer helpen. Een jong meisje vertelde me trots: 'Ik heb dit paard twee jaar geleden van de slacht gered.'

Ik keek haar aan en zei: 'Nou, als je maar niet denkt dat je haar daar een dienst mee bewezen hebt.' Dat was niet echt aardig, dat weet ik wel. Dat meisje bedoelde het goed, maar een echte dierenliefhebber zou het leven van een ernstig ziek dier nooit zolang willen rekken.

Dit soort misstanden doen zich voor wanneer we dieren menselijke emoties toekennen. Maar dieren zijn geen mensen, het zijn dieren. Begrijp me niet verkeerd, ik ben helemaal weg van dieren. Maar ik behandel ze nooit als mensen. Dieren kunnen worden getraind en de meeste dieren hebben iets wat op een geheugen lijkt, maar ze kunnen niet redeneren. Er zijn dieren die werktuigen gebruiken; kraaien halen met takjes wormen uit een boomstam, chimpansees maken een toren van tafels en stoelen om bij een tros bananen te kunnen komen, maar je zult geen dier aan zijn verstand kunnen brengen dat één plus één twee is.

Ik kan erg genieten van Disneyfilms en steeds wanneer ik dat liedje van *The Lion King* hoor, schiet ik vol. Maar in die film worden dieren neergezet als mensen, met menselijke emoties en verlangens en dat vind ik niet juist. *Bambi* is hier ook een goed voorbeeld van; in deze film worden menselijke emoties geprojecteerd op herten. Herten snappen net voldoende van de wereld om weg te rennen voor een aansnellende auto, maar ze zijn niet in staat tot het verwerken van emoties. En dat is de reden dat ik – en ik hoop dat God het me niet kwalijk neemt – er geen moeite mee heb om een dier te euthanaseren als het geen levenskwaliteit meer heeft. Een dier voelt het aan als zijn tijd gekomen is. Het loopt weg en komt niet meer terug. Het wil alleen zijn. Dieren zijn niet bang voor de dood. Angst voor de dood kennen ze gewoon niet. Wat me wel altijd opvalt als ik een dier laat inslapen, is dat de andere dieren er dichtbij komen staan om te kijken. Ze doen dit puur uit nieuwsgierigheid; er is niets wat wijst op menselijke emoties als medeleven of verdriet. Ze denken eerder: *Wat is die kerel aan het doen? Heeft het ook betrekking op mij? En trouwens, is het al voedertijd?*

De beslissing om een dier te laten inslapen is niet gemakkelijk, vooral niet wanneer het gaat om een huisdier dat altijd liefdevol is verzorgd. Zulke dingen gaan mij aan het hart. Wij hadden vroeger een Duitse dog, Neena. Een schat van een beest. Toen ze ouder werd, ging haar gezondheid achteruit, maar ze bleef speels en rolde graag over de vloer. En zolang zij gelukkig was, deed ik wat ik kon om haar in leven te houden. Ze vond het heerlijk om buiten in de zon te zitten. Toen ze artritis kreeg en niet meer goed kon lopen, tilde ik haar regelmatig op om haar buiten neer te zetten. Op een dag, toen ik haar na een halfuurtje weer mee naar binnen wilde nemen, zei ik tegen haar: 'Neena, kom je? Gaan we naar binnen.' Ze keek me niet aan, zoals ze altijd deed, maar ze ontweek mijn blik. Ze kon niet meer, dat wisten we allebei. Oef, daar had ik het moeilijk mee, het was zo'n lieve hond. We namen afscheid en ik liet haar inslapen. Nadat ik haar de injectie had gegeven, legde ze haar kop neer en toen ze haar ogen sloot, kon je de pijn zowat uit haar ledematen zien vloeien. Hoe verdrietig ik ook was, ik wist dat dit voor haar het beste was.

Geloof me, ik houd zielsveel van onze huisdieren. We hebben zeker een stuk of zes Duitse doggen gehad. Ze liggen begraven in onze tuin en ik zou zo kunnen aanwijzen welke hond waar ligt.

We raken nu eenmaal gehecht aan dieren, niet alleen aan kleine huisdieren, maar ook aan paarden en koeien. Elk dier heeft een unieke persoonlijkheid. Boeren hebben lievelingskoeien en koeien die ze veel minder graag mogen, en dat laatste is meestal wederzijds. Zelfs melkveehouders, die alles door een economische bril bezien, maken soms een uitzondering voor de koeien die hun het dierbaarst zijn. Er zijn boeren die er geen moeite mee hebben hun eigen koeien op te eten als er een komt te overlijden, maar je hebt er ook bij die weigeren hun lievelingskoe te verkopen en die haar als ze doodgaat op hun eigen terrein begraven. Melkveehouders hebben, vaak jaren achtereen, twee keer per dag direct contact met hun vee en ze krijgen daardoor een goede band met die dieren. Ik ken melkveehouderijen waar ze achter de stal of in een weiland enkele koeien hebben begraven.

Wie opgroeit op een boerderij begrijpt dat grote dieren producten zijn, en dat een deel ervan wordt gehouden voor de slacht. Zo is het gewoon in onze maatschappij. Soms is de dood van een dier onvermijdelijk. Ik assisteerde eens bij de verlossing van een kalf dat precies verkeerdom lag: zijn staart hing al naar buiten. Normaal gezien kan ik de staart er weer in duwen en dan de achterbenen zo buigen dat het kalf door het geboortekanaal kan. Je hebt er twee handen voor nodig, maar echt moeilijk is het niet. Deze keer echter, ging het mis toen ik het kalf weer naar binnen duwde; ik voelde dat de hele baarmoeder losscheurde. Hij viel gewoon in de buik. De boer keek me aan en zei: 'Wat is er gebeurd, dokter?'

'Ik weet niet wat ik meemaak,' zei ik, verrast en uiterst teleurgesteld. 'De hele baarmoeder is losgeraakt en omlaag gezakt.'

De boer vroeg of ik nog iets voor haar kon doen. 'Ze moet naar het slachthuis,' zei ik. 'Er zit niets anders op.'

De beslissing was voor me genomen. Die koe zou het niet redden, en als ze meteen naar het slachthuis werd gebracht, dan kon haar vlees tenminste nog worden gebruikt. In zo'n geval kun je de feiten maar beter onder ogen zien. Dat is soms makkelijker gezegd dan gedaan. Toen Charles nog een jochie van vier was, hadden we een Duitse dog die prostaatkanker kreeg. Ik moest hem laten inslapen en dat deed ik in het bijzijn van de kinderen, want het leek me een goede gelegenheid om ze te laten kennismaken met de dood. Charles is onze eerste Duitse dog nooit vergeten.

De dood is met het leven verbonden en dat hebben onze kinderen in de loop der jaren leren accepteren. Zo hebben ze in hun jeugd een tijdlang jonge schapen gehouden in het kader van hun 4H-projecten. We hadden een ram en een stel ooien en daar fokten we mee. De lammeren brachten we ieder jaar naar de markt, in de wetenschap dat ze naar het slachthuis zouden gaan. Het klinkt misschien gemeen om kinderen een dier te laten grootbrengen dat later toch wordt verkocht, maar het leek me goed ze op die manier te laten kennismaken met de kringloop van het leven.

Charles heeft in zijn jonge jaren twee lammeren bijna geheel eigenhandig grootgebracht. De ooi keek er nauwelijks naar om en daarom gaf hij ze maar de fles. De lammetjes waren heel tam en werden eigenlijk meer huisdier dan onderdeel van een project. Charles raakte nogal aan ze gehecht en dat jaar zag hij erg op tegen de gang naar de markt. De ooitjes werden verkocht aan mensen die van plan waren ermee te gaan fokken en dat maakte het afscheid iets minder zwaar.

Op zich kost het besluit om het leven van een dier te beëindigen me niet zoveel moeite. Soms zit er gewoon niets anders op. Ik had klanten die Belgische trekpaarden fokten. Ze hadden een veulen van vier maanden. Het had een indrukwekkende stamboom, maar het liep vreemd. Ik onderzocht het veulen en constateerde ernstige neurologische aandoeningen: de zintuigen waren niet goed ontwikkeld. Zoiets had ik al eens eerder gezien, en ik wist dat het niet te verhelpen was. Het veulen waggelde onhandig rond, viel geregeld om en liep tegen dingen aan. Hij vormde waarschijnlijk eerder een gevaar voor zichzelf dan voor mensen, maar toch adviseerde ik de eigenaren om hem te laten afmaken.

Zij begrepen het en legden zich bij het onvermijdelijke neer, maar hun tienerdochter had er beduidend meer moeite mee. Ze was al aardig gehecht geraakt aan het veulen. Ik nam rustig de tijd om haar de situatie uit te leggen. Uiteindelijk zag zij ook in dat euthanasie de beste oplossing was. Een paar weken later belde ze naar de praktijk om te vragen of we nog mensen nodig hadden; ze had haar plan om verpleegkundige te worden laten varen en wilde nu liever iets met dieren doen. We hebben haar aangenomen en ze heeft bijna zeven jaar bij ons op de praktijk gewerkt. Ze is inmiddels moeder geworden en komt zo nu en dan nog met haar kind bij ons langs.

Een dier dat geen overlevingskansen heeft of dat ondraaglijk lijdt, kan maar beter een spuitje krijgen. Een van de naarste gevallen van euthanasie die ik in mijn loopbaan heb meegemaakt, deed zich voor op een zondagavond in de vroege lente. Dokter Rachel kreeg een telefoontje van de staatspolitie. Ze waren op een boerderij en hadden assistentie nodig. Een Arabische merrie had net een veulen geworpen en kon niet meer overeind komen. Rachel ging erheen en belde mij na aankomst ter plaatse meteen op. Er was iets heel ergs aan de hand. De merrie was zo uitgehongerd dat ze niet meer op haar benen kon staan. Het veulen was in het geboortekanaal overleden omdat de merrie niet voldoende kracht had om het eruit te persen. Buren hadden de merrie bezig gezien en hadden de politie gebeld. Rachel liet haar inslapen, maar daarmee was dit verhaal nog niet ten einde.

Terwijl Rachel met de merrie bezig was, zakte ook een tweejarige merrie door haar benen en lag hulpeloos trappelend in de stal. Ook dit paard was te zeer verzwakt om nog overeind te kunnen komen. Rachel telde twaalf paarden, maar er was slechts een halve rol hooi te vinden. Deze paarden stonden te verhongeren. Op maandagochtend ben ik met haar teruggegaan naar dat adres. Tegen die tijd was de dierenbescherming er al bij: alle paarden zouden worden meegenomen. Ik had nog nooit zo'n verwaarloosd dierenverblijf gezien als dat. Er lag zo veel drek in de stallen dat de mest over de rand van mijn laarzen stroomde. Ik kon me alleen door de stal verplaatsen door me aan de hekken vast te grijpen. We zagen nog twee paarden hulpeloos in de drek liggen en ook die moesten worden afgemaakt. De andere paarden liepen los. Het leed geen twijfel: deze paarden werden verwaarloosd. De dierenbescherming nam ze mee en er verscheen een groot artikel in de krant.

De sterkste paarden waren er iets minder slecht aan toe dan de andere. Door hun hoge positie in de pikorde hadden zij van het beetje voer dat er was aangeboden het grootste deel gehad. Maar alle paarden waren verwaarloosd, ze hadden niet eens een halster om. We moesten ze in een veewagen zien te krijgen, maar ze lieten zich niet zo gemakkelijk vangen. Sommige diende ik een kalmerend middel toe terwijl ze langs me schoten; ik stak gewoon een naald zo in hun kont. En als ze wat tot rust waren gekomen ving ik ze met een touw om ze naar de trailer te leiden. Een van de jonge merries moest daar echter niets van weten. Verdoofd of niet, ze verzette geen stap. Na een hele poos had ik er genoeg van. Ik gaf haar een duw tegen haar kont en toen ik dat deed, trapte ze me. Krijg nou wat, dacht ik. Ik probeer je te helpen, hoor. En ik trapte haar terug, op haar achterste. Het kan haar geen pijn hebben gedaan, maar op die manier wist ik in ieder geval haar aandacht te trekken. *O, moest je mij hebben? Nou goed, vooruit dan maar.* En ze stapte zo de trailer in.

De kansrijkste paarden werden overgebracht naar een nette boerderij waar ze goed verzorgd zouden worden. Er was een grijze hengst bij waarvan ik dacht dat hij het wel zou redden, maar drie dagen later ging hij liggen en blies zijn laatste adem uit. Een zestal paarden heeft het gehaald, maar de meeste hadden heel lang in de drek gestaan zonder dat er naar hun hoeven gekeken was. Ze liepen niet op de onderkant van de hoeven, maar op de kromgegroeide buitenrand ervan. Vergelijk het maar met een nagel die helemaal om de vingertop heen krult. Daar moest nodig iets aan gebeuren. Ik ben om de drie weken naar de opvangboerderij gegaan om die paarden – veilig vanachter een hek – te verdoven, zodat de hoefsmid met de hoeven aan de slag kon.

Na verloop van tijd kwam deze zaak voor de rechter. Ik heb nog als getuige opgetreden. De eigenaar van de paarden ging drie maanden de cel in. Toen hij vrijkwam heeft hij een advocaat in de arm genomen om mij en de gemeente aan te klagen. Hij beweerde dat de inbeslagname van zijn paarden onrechtmatig was en dat we zijn bedrijf om zeep hadden geholpen. 'Zijn bedrijf?' vroeg ik aan die advocaat. 'Wat voor een bedrijf? Heb je hem ooit gevraagd hoeveel paarden hij met winst heeft verkocht?' Binnen een week was de rechtszaak van de baan.

Ik geloof dat we uiteindelijk vijf paarden hebben laten inslapen. Er zat niets anders op; ze waren zo verwaarloosd dat er geen kans was op herstel.

Het komt helaas ook wel voor dat we een dier moeten laten inslapen omdat het te gevaarlijk is geworden. Het dier zelf kan daar niets aan doen. Geen enkel dier wordt vals geboren, maar heeft het eenmaal slecht gedrag aangeleerd, dan krijg je dat er bijna niet meer uit. En dan moet je actie ondernemen. Een goede klant van me had een zoon met twee heel slecht opgevoede rottweilers. Die beesten waren niet te houden en ze joegen iedereen schrik aan. 'We moeten ze laten inslapen,' zei mijn klant. 'Ze zijn vals en als ze iemand aanvallen, dan zijn de gevolgen niet te overzien.'

Het waren flinke beesten. De reu woog waarschijnlijk zo'n vijfenzeventig kilo en het teefje ongeveer vijftig. Toen ik bij die mensen thuis kwam, waren de honden opgesloten in een gammele, geïmproviseerde ren. Het waren gevaarlijke honden, want toen we dichterbij kwamen, ontblootten ze hun tanden en maakten ze zich grommend op voor de aanval. Ik maakte de spuit met de verdoving klaar en zodra de eigenaar het hek opendeed, stormde de reu woedend op hem af. Ik stak snel de spuit in de vacht van de hond. Met de teef deden we precies hetzelfde. Hoe die honden zo vals geworden waren weet ik niet, maar ze vormden een gevaar voor hun omgeving en moesten worden afgemaakt. Het was een kwestie van tijd voor ze iemand zouden verwonden.

Soms heb ik geluk: dan tref ik mensen die hun dier willen laten inslapen terwijl het nog gered kan worden. Zo kwam er eens een vrouw naar de praktijk met een paard in een trailer. Terwijl ze het paard uitlaadde, kon ze haar tranen nauwelijks bedwingen. 'Tijdens het rijden zakte hij ineens door zijn voorbenen,' vertelde ze. 'Het duurde een hele poos voor hij op kon staan.' Ze had het paard thuis weten te krijgen en had het meteen in de trailer gezet. Ze dacht dat hij een spieraandoening had en gaf aan dat ze hem verder lijden wilde besparen. Het was altijd een goed paard geweest, en ik moest maar doen wat mij het beste leek.

Ik onderzocht dat paard van kop tot staart, maar kon er niets geks aan ontdekken. Een gezond dier euthanaseren? Ik piekerde er niet over! Ik nam wat bloed af en het monster bracht een tekort aan vitamine E en selenium aan het licht. Ik behandelde het paard en bracht het terug naar de eigenaar. Die twee hadden samen nog een paar prima jaren voor de boeg.

Ik herinner me een visite waar ik nogal tegenop zag. Toen ze me belden om te vragen of ik kon komen, dacht ik dat er op die boerderij een paard moest worden afgemaakt. Het ging om een beestje van drieëndertig jaar oud dat aan ernstige artrose leed, vooral in de benen. Bij aankomst in de stal zag ik het paard op een dikke laag stro liggen. Ik zei tegen hem: 'Hup, in de benen. Opstaan jij!' Daarop kwam het paard – het kostte hem niet eens zoveel moeite – overeind. Hij keek me aan alsof hij me wilde vragen: *Goed, en nu? Wat gaan we doen?* Ik was iets vroeger aangekomen dan verwacht en de eigenaar, die motoragent was, liet nog even op zich wachten. Toen ze er eenmaal was, vertelde ze me dat ze dit paard als veulen gekregen had en dat hij zowat deel uitmaakte van het gezin. Ze had het paard het grootste deel van haar leven gehad en het naderende afscheid viel haar zwaar, zei ze. Het was voor geen van ons beiden een gemakkelijk gesprek.

We praatten nog een tijdje door over haar band met dit paard en tijdens ons gesprek merkte ik dat ze haar paard nog niet kon laten gaan. Ik besloot niet op haar in te praten maar haar wens te respecteren. Ik had genoeg ervaring om aan te voelen dat zij nog wat tijd nodig had om aan het idee te wennen. Ik gaf haar pijnstillers en legde uit hoe ze die moest toedienen. Ik besefte wel dat dit voor het paard niet de beste weg was, maar in dit geval leek het me toch beter. Ik zei er wel bij dat het niet lang meer zou duren voor hij niet meer overeind zou kunnen komen. En dat zijn tijd dan echt gekomen was. Maar zij had nog een paar laatste dagen met hem nodig. Ik stapte in mijn auto en ging op weg naar mijn twee volgende patiënten, twee honden die hadden gestoeid met een stekelvarken. Het voelde goed om die vrouw nog een paar dagen met haar paard te hebben gegund.

Een ander geval dat me altijd bij zal blijven is dat van de elf jaar oude labrador die op een dag door zijn baasje bij me werd gebracht. Er viel me meteen iets heel vreemds op aan die hond, want wat had dat beest aan zijn rug hangen? Op zijn rug zat een gezwel dat zo zwaar was, namelijk een dikke zeven kilo, dat het helemaal opzij hing. Het was begonnen als een vetbultje, maar het was alsmaar door blijven groeien en was in vrij korte tijd enorm groot geworden. Het leek wel of die hond een bochel had en het verbaasde me niet echt dat zijn baasje dacht dat haar hond ten dode was opgeschreven. 'Kunt u nog iets voor hem doen?' vroeg ze.

Ik onderzocht de labrador en stelde de vrouw gerust. 'Zeker. Ik kan dit vetweefsel gewoon wegsnijden. Deze hond is verder goed gezond, dus u krijgt hem straks gewoon weer mee naar huis.'

Ik maakte een snee in de huid en schepte de tumor er met mijn handen uit. Het was een vieze, lelijke weefselbal. De huid eromheen was flink uitgerekt en daarom sneed ik een stuk van zo'n dertig bij vijftien centimeter weg, klemde wat bloedvaten af, bracht een drain aan, deed wat ontsmettingsmiddel in de wond en hechtte hem. De drain kon er na vier dagen al uit en de hechtingen zouden twee weken later volgen. Die hond kon weer lekker met het baasje mee naar buiten en daar was ik echt ongelooflijk blij mee.

Leven en dood zijn onlosmakelijk met mijn werk verbonden. Er wordt vaak aan me gevraagd of ik dieren herken die ik bij hun geboorte geholpen heb, maar het zijn er gewoonweg te veel. Een dier met een heel bijzondere tekening op de vacht zou ik me misschien nog wel herinneren, maar de meeste vergeet ik na verloop van tijd. Voor zover ik weet heb ik nooit een dier hoeven euthanaseren dat ik geboren heb zien worden. Laten we hopen dat het ook nooit zover komt.

7

Verlies een stier nooit uit het oog

Op een dag, meer dan twintig jaar geleden, reed mijn vriend Ike Swarey met een kar vol mest over zijn land. Een van de vier paarden die hij had ingespannen was vrij onervaren en was daarom wat onrustig. Het paard gleed uit over wat mest die op de grond gevallen was en wilde niet meer opstaan. Ike gaf het een pets op de kont en het paard stond op, maar stapte daarbij in een touwlus. Ike tikte het paard tegen het achterbeen om het zijn hoef te laten optillen, maar het paard trapte hard naar achteren en trof Ike met zijn hoefijzer vol in het gezicht.

Ike had zich beter niet zo ver voorover kunnen buigen, maar hoe dan ook, er was geen redden meer aan. Hij overleed op weg naar het ziekenhuis.

Niet alleen dieren kunnen ernstig gewond raken of zelfs overlijden tijdens het werk op een ranch of boerenbedrijf. Ook als veearts loop je het nodige risico. Ik ben nooit bang voor dieren, maar ik ben me wel altijd bewust van hun kracht. Een dier zou een mens nooit zomaar aanvallen, maar ik heb vaak genoeg mensen gewond zien raken. Gelukkig is mij nooit iets ernstigs overkomen. Dieren zijn groter, stommer en sterker dan ze zelf beseffen. Bij een fysiek treffen tussen een mens en een groot dier komt het dier hoe dan ook als winnaar uit de strijd. Een dier dat zich kwetsbaar voelt, zal zich fel verdedigen: het schopt, het bokt, het bijt, het loopt dwars over je heen, het prikt je met een hoorn of krabt je met een klauw, en als jij toevallig net het dichtst bij hem staat dan heb je pech gehad.

Ik werk met zieke dieren, en het zal niemand verbazen dat die helemaal geen zin hebben om hun bek open te doen of om een injectie te krijgen. En dat laten ze duidelijk merken ook, ieder dier op zijn eigen manier. Varkens proberen je omver te kegelen en dan hun tanden in je arm of hand te zetten. Geiten maken de punten van hun hoorns vlijmscherp en proberen je eraan te rijgen. Dieren zijn er niet op uit je iets aan te doen; ze vinden het gewoon heel vervelend als er wordt afgeweken van de dagelijkse gang van zaken. Als er iets verandert zijn ze extra waakzaam of nerveus en schieten ze bij het minste of geringste in de verdediging. Paarden gaan er vandoor en koeien vallen aan, vooral wanneer er kalfjes bij zijn. Iedereen die beweert dat koeien geen agressieve dieren zijn, garandeer ik één ding: die inschattingsfout maak je maar één keer.

Ongelukken doen zich niet alleen voor tijdens stressvolle situaties, soms drukt een dier je plat of duwt het je omver zonder op te merken dat je er was. In een van de afleveringen van de serie zie je ons in een vrij kleine ruimte werken met wat koeien. Voor ik het wist, zat die arme Charles vast tussen twee koeien. Dat is een vrij gevaarlijke situatie en we moesten ze dan ook zo snel mogelijk opzij duwen. Bij ons in de praktijk is iedereen weleens gebeten door honden, gekrabd door katten en gepikt door vogels. We zijn achterna gezeten, omver gelopen en overlopen door koeien, paarden en varkens. En we hebben vooral heel wat trappen moeten incasseren. Een veearts die beweert dat hij nooit getrapt is, heeft geen dag in zijn leven gewerkt. Iedereen, niemand uitgezonderd, krijg zo nu en dan een trap.

De eerste keer dat het mij overkwam, was ik pas vier jaar oud.

We hadden een schattig veulentje in de wei staan en ik wilde het graag aaien. Ik liep erheen en stak mijn hand uit, maar op dat moment trapte hij me tegen de binnenkant van mijn dij. Ik had een korte broek aan, dus ik kon de donkerblauwe hoefafdrukken in mijn vel zien staan. Ik zette een keel op en holde naar huis. Toen ik mijn moeder had verteld wat er was gebeurd, legde ze me over de knie en gaf me een pets op mijn billen. Dat veulen kende mij niet, zei ze, en hij had me getrapt omdat hij bang was. Zo doen dieren nu eenmaal, vertelde ze. Het was een les die ik nooit zou vergeten.

Hoe vaak het me daarna nog is overkomen? Vaak genoeg, in ieder geval zo vaak dat ik me niet alle gevallen meer kan herinneren. Behalve die ene keer, toen ik drachttests uitvoerde bij een goede klant van me. Hij had er niet aan gedacht me te waarschuwen voor een koe die vaak trappen uitdeelde aan mensen. Ik liep door de stal achter die koe aan en stond op een gegeven moment pal achter haar. Zonder enige waarschuwing trapte ze me met haar achterpoot vol in mijn kruis. En ik had haar nog niet eens aangeraakt! Ai, ai, wat was dat erg. Ik stond daar in die stal, krom van de pijn, van mijn ene op mijn andere voet te wippen terwijl ik vurig hoopte dat de explosie van pijn snel weg zou trekken. Ondertussen wisten de anderen niet wat ze met me aan moesten. Ik hoorde mijn klant op fluistertoon tegen zijn vrouw zeggen: 'Zal ik hem helpen?'

'Ja, dat lijkt me wel,' zei ze.

'Het gaat wel,' zei ik met een afgeknepen, hoog stemmetje. En zonder al te veel overtuiging. Pas na vijf minuten kon ik weer rechtop staan en zodra dat weer ging, liep ik naar die koe toe en verkocht haar een enorme trap tegen haar achterste. De pijn in mijn voet won het van de pijn in mijn kruis, dus of ik daar nu veel mee opgeschoten was...

De koe draaide haar kop mijn kant op en keek me aan alsof ze zeggen wilde: *had je het soms tegen mij?* Ze probeerde me nog eens te trappen, maar dit keer pakte ik haar staart stevig beet en draaide hem een paar keer rond, tot het tot me doordrong dat ik in gevecht verwikkeld was met een koe. ‘Laat maar,’ zei de boer. ‘We doen haar weg, want ze trapt ons bij het melken ook de hele tijd.’ Ik heb daarna nog een week rondgelopen met een pijnlijk en blauw kruis. Nee, leuk is anders. Maar ik ken geen veearts die niet zo nu en dan wordt getrapt, en in de loop der jaren heb ik ieder deel van mijn lichaam weleens bezeerd. Er is me al van alles overkomen, ik ben platgedrukt, heb allerlei verwondingen opgelopen en op een dag zijn mijn knieën heel ver naar de verkeerde kant doorgebogen. Bij paarden zie je een trap meestal wel aankomen omdat ze eerst hun gewicht op hun andere hoef moeten overbrengen, maar koeien kunnen op elk gewenst moment en zonder waarschuwing slaan. Je kunt maar beter aan de zijkant van het dier blijven staan, want daar is de kans op een trap het kleinst.

Hoe dichter je bij een dier blijft, hoe veiliger het is. Want van dichtbij voel je al zijn bewegingen. En als je weet wat een dier gaat doen, kun je daarop anticiperen. Bijkomend voordeel is dat een dier niet heel hard kan trappen als je dichtbij staat.

Ik haal ook voortdurend mijn handen open. Het zijn meestal onschuldige verwondingen; pleister erop en klaar. De enige keer dat ik me door een dokter moest laten helpen, was toen ik bij het bekappen van een koe per ongeluk een stukje van een vingertopje afsneed. Ik had de hoef in mijn hand en net toen ik wilde gaan snijden, rukte ze haar poot weg. De hoef glipte uit mijn hand en ik sneed in mijn vinger. Het bloed spoot eruit. Ik keek de boer aan en zei: ‘Ah, vingerverven! Dat heb ik altijd al eens willen doen.’

Ik verbond mijn vinger en maakte de klus af. Toen de wond maar bleef bloeden ben ik toch maar even naar de huisarts gegaan. ‘Ik kan het hechten,’ zei hij, ‘maar het zal waarschijnlijk niet lang houden.’

Hij zette het topje met vier hechtingen vast, maar de huid droogde uit en viel er uiteindelijk gewoon af. Ik heb nog wel gevoel in die vinger, maar hij ziet er een beetje gek uit. Ach ja, in mijn vak horen blauwe plekken en kleine verwondingen er gewoon bij. Ik heb heel veel kleine littekens, maar het lelijkste heb ik overgehouden aan een heel onschuldig voorvalletje. Ik was bezig met wat drachttests toen een koe ineens naar achteren stapte. Ik schuurde daardoor met mijn arm langs een metalen rand die vol bramen zat. Ik trok de plastic handschoen die ik droeg even uit om de krasjes te ontsmetten. Het bloedde nauwelijks en ik dacht er verder niet meer over na, maar toen de huid eenmaal was geheeld, leek het wel of ik met een messentrekker gevochten had.

In mijn huis hangt een tekening die een van mijn klanten voor me heeft gemaakt op een ruw houten paneeltje. Het is een afbeelding van een paddock met daarin een boze stier die met een dun touwtje aan het houten hek is vastgebonden. Naast de stier staat een dierenarts met een stevige injectiespuit in zijn hand, klaar om de injectie toe te dienen. De boer, die buiten het hek staat toe te kijken, zegt: 'Hey doc, ik bedenk net dat het touw maar drie dollar kostte.'

Tja, dat gevoel ken ik. Ik probeer goed op mezelf te passen, maar er zijn grenzen aan wat je kunt doen om ongelukken te voorkomen. Ik heb me tijdens het werk talloze keren bezeerd. Zo herinner ik me klanten van vroeger, een leuk jong echtpaar met een kleine veehouderij. Ze hadden maar een handjevol koeien en het was sappelen. Ze hadden hun koeien niet onthoornd; dat was te duur of ze wisten niet hoe het moest, ik weet het niet precies. Hoe dan ook, die koeien hadden scherpe hoorns. Op een zaterdagavond kwam ik bij hen om te assisteren bij de geboorte van een stevig en gezond kalf. De koe lag in een kleine, vuile stal en ik moest haar overeind zien te krijgen. Ik had een Hot-Shot bij me, een stroomstootapparaat dat wel wat wegheeft van een Taser. Ik tikte de koe ermee aan en ze stond op, of liever gezegd, ze vloog overeind en viel me aan. Terwijl ik me achterwaarts naar het hek haastte, voelde ik ineens twee handen op mijn rug. De vrouw die me geholpen had, stond achter me. Ik bleef daardoor net een paar seconden te lang staan en toen de koe met haar kop zwaaide, raakte ze mijn hand met de punt van haar hoorn. Er zat een groot, gapend gat in mijn handpalm. Ik drukte een prop papieren handdoekjes tegen de wond om het bloeden te stelpen.

Die avond kwam ik pas na elven thuis, en iedereen lag al te slapen. Ik ging de praktijkruimte binnen, ontsmette de snee, waste hem goed en hechtte de wond eigenhandig. Doordat ik maar één hand kon gebruiken waren de steken echter niet strak genoeg. Daarom heeft Brenda het een dag of twee later nog eens overgedaan. Ik heb aan dit voorval een halvemaanvormig litteken midden op mijn handpalm overgehouden, maar dat is gelukkig alles.

Een andere keer onderzocht ik een koe met melkziekte. Ze was niet in orde, maar stond nog op haar poten. Ik deed een touw om haar nek en sloeg het twee keer om een paal. Het was een ronde paal, en dat zou ik nog merken. Ik stond in de mest met het uiteinde van het touw in mijn handen, toen die koe ineens besloot er vandoor te gaan. Koeien zijn veel sterker dan paarden, en toen zij aan de wandel ging, verloor ik de grip op het touw. Ik liet het glippen en door die gladde ondergrond kon ik me maar net staande houden. Het touw gleed langs de paal en het uiteinde zwiepte hard tegen mijn voorhoofd. Als het me een paar centimeter lager had geraakt, dan had het me wel een oog kunnen kosten, maar ik had geluk die dag. Er liep een langgerekte, oppervlakkige snee over mijn voorhoofd die heel erg bloedde. Het bloed droop langs mijn gezicht en het duurde een poos voor ik het bloeden met papieren handdoekjes had gestelpt. ‘Gaat het?’ vroeg de boer.

'Zeker,' zei ik, hoewel ik woedend was op die koe. Ik raapte het touw op, zette de koe wat beter vast en behandelde haar. Daarna ging ik terug naar de praktijk, waar dokter Ashley de wond voor me heeft gehecht.

Op elk boerenbedrijf is wel een koe waar je extra voor moet uitkijken. Zo'n koe die je, als je even niet oplet, een flinke trap verkoopt. Neem bijvoorbeeld anguskoeien. Keer deze duivelse dames vooral nooit de rug toe, want ze zijn echt vals. Er is ook een ander type koe, dat op je af komt lopen en je vrij dwingend vraagt om haar op haar kop te kriebelen. Voor deze goeiige beesten moet je vooral goed uitkijken. Een oud-collega in Harbor Beach kan erover meepraten. Hij moest eens een koe met melkziekte behandelen. Het was een brown-swisskoe, en die staan bekend om hun vriendelijke karakter. Mijn collega stond voorovergebogen naast de koe toen een andere koe achter hem kwam staan en hem met haar kop een duwtje gaf. Hij stak zonder te kijken zijn hand naar achteren om haar met een tikje weg te jagen. De koe werd boos, deed haar kop omlaag en gaf hem zo'n optater dat hij over de omheining vloog.

Als veearts sta je vaak in onhandige houdingen en daarbij moet je dan ook nog grote dieren in bedwang zien te houden. Het is dus niet zo gek dat ik best vaak een spier of pees verrek. Op een dag probeerde ik een onwillige koe wat pillen toe te dienen. Ze zwiepte haar kop ineens hard opzij en ik verloor mijn evenwicht. Het ging allemaal zo vlug dat ik de triceps in mijn linkerarm voelde scheuren. Na dit voorval hing die arm slap langs mijn zij, ik kon er niets meer mee. Het heeft wel een maand geduurd voordat het genezen was, en dat betekende dat ik in de tussentijd alle drachttests met mijn rechterarm moest uitvoeren.

Ik heb één keer een operatie nodig gehad. Op een dag in 2006 was ik bij Fox Dairy bezig met drachttests toen een oude koe hard de melkstal binnen kwam rennen. Ik stak een hand op om haar af te weren en hield mijn arm dus uitgestrekt voor me. De elleboog zat op slot en die koe rende er zo tegenaan. Mijn arm klapte naar achteren en mijn schouder werd uit de kom gerukt. O, wat deed dat een pijn. Het voelde alsof mijn schouder hard naar achteren werd getrokken. Die koe deed het niet expres, ze was gewoon onbehouwen. Maar dat maakte niets uit, het kwaad was al geschied. Mijn arm hing langs mijn lijf, ik kon hem niet meer optillen. Maar ik had bijna alle koeien al gehad en ik had niet zo'n zin om later nog eens terug te moeten komen, dus bij de laatste paar drachttests tilde ik met mijn linkerhand m'n rechterarm omhoog voor het inwendige onderzoek. En als ik die arm er weer uit trok, dan moest ik hem met mijn goede hand opvangen omdat mijn armspieren dienst weigerden. Eerst dacht ik nog dat het met een paar dagen wel over zou zijn. Ik ging terug naar de praktijk en probeerde door te werken, maar mijn arm lag de hele tijd slap op mijn schoot. Er zat niets anders op, ik moest ernaar laten kijken.

Op de MRI-scan was goed te zien dat mijn schouderspieren beschadigd waren. De dokter adviseerde me eerst twee weken te wachten tot het weer rustig was in dat gebied. De pijn werd al snel minder, maar ik had heel weinig kracht in die arm. Het was behelpen, want in de tussentijd werkte ik gewoon door. Ik kreeg zelfs een geval voor m'n kiezen waarbij een koe haar baarmoeder eruit had geperst. Die moest er weer in worden geduwd; het was een grote, vieze, bloederige bende. We trokken de poten van de koe naar achteren en ik begon de baarmoeder met twee handen weer naar binnen te duwen. En het is me nog gelukt ook. Vraag me alleen niet hoe, want die ene schouder deed dus niet mee. Na die twee weken moest ik weer bij de dokter komen. Hij vroeg me mijn beide armen recht naar voren te steken. Toen hij mijn linkerhand naar beneden duwde, bood die arm maar weinig weerstand. 'Oké,' zei hij, 'dat wordt opereren.'

Ik liep zes weken met mijn arm in een mitella. Diane en ik waren in die tijd net verhuisd, en we waren samen bezig alle spullen op hun plek te zetten. Hoe gek het ook mag klinken, ik kon niet wachten tot ik mijn arm weer in het achterste van een koe kon steken. Ik merkte in die weken heel goed hoeveel ik van mijn werk houd. Het is goed om dat zo nu en dan tot je door te laten dringen, want in de drukte van alledag zou je het best eens kunnen vergeten.

Stieren zijn dieren die ik nooit ook maar één seconde uit het oog verlies. Ze zijn niet te vertrouwen, meer hoef ik er denk ik niet over te zeggen. Wanneer ik met een kudde moet werken waar ook een stier bij loopt, dan begin ik al met drie dikke minpunten: de stier kent me niet, ik bemoei me met zijn harem en de kans is groot dat ik ook nog eens naar bloed ruik. Voor zo'n stier ben ik een lopend doelwit, niet meer en niet minder. Ik ben niet bang voor stieren, maar ik kijk wel heel goed uit, want ik weet waar ze toe in staat zijn. Goed, jij bent een stier. Prima. Jij blijft aan jouw kant van het hek, en ik blijf aan de mijne. Hier aan mijn eigen kant van het hek voel ik me toch net wat veiliger.

De dieren die ik behandel weten te allen tijde waar ik me bevind, daar let ik heel scherp op. Voor de veiligheid. En omgekeerd geldt bij stieren: hebben ze er een op het bedrijf, dan wil ik altijd precies weten waar híj zich bevindt. Ik heb nooit echt voor mijn leven hoeven vrezen, maar ik ben wel een paar keer door een stier over het hek geholpen. We hadden eens een amish-klant die ging verhuizen en die daarom al zijn vee moest controleren op tuberculose. Ik had in die tijd een stagiaire en zij ging met me mee. We onderzochten eerst alle koeien en daarna was de stier aan de beurt. Hij stond in een buitenverblijf met een lange ketting aan zijn neusring. Ik pakte die ketting beet, wond hem strak om een paal en drukte de stagiaire het uiteinde in de hand. Ik sprong in het verblijf en injecteerde het serum bij de stier. Direct daarna sloeg de stagiaire alarm. 'Ik houd hem niet meer,' riep ze.

De stier rukte de ketting uit haar hand en ik aarzelde geen seconde: ik nam één, twee grote passen en dook in allerijl over het hek heen. Een benauwder moment heb ik in mijn hele loopbaan niet meegemaakt. Ik was maar net op tijd, want de stier had zijn kop zo hard tegen mijn schoen gedrukt dat ik die tijdens mijn sprong over het hek verloor.

Stieren zijn er serieus op uit om je iets aan te doen. Het zijn echte rotzakken. Ze dulden geen indringers in hun territorium. Stieren willen koste wat het kost hun kudde beschermen. Een stier duwt je omver en drukt je met zijn knieën tegen de grond en beukt net zolang met zijn kop op je in tot alle botten in je lijf gebroken zijn.

Er was eens een boer in Grand Rapids die zijn kudde ook moest laten testen op tuberculose. Hij ging de wei in om zijn stier op te halen, maar het duurde wel erg lang voor hij terugkwam. Zijn mensen gingen hem zoeken en toen ze hem vonden was hij al dood. De stier kende deze man – het was degene die hem elke dag te eten gaf – maar de stier had zich kennelijk toch bedreigd gevoeld en had hem aangevallen.

In Harbor Beach, dit was veel langer geleden, was ik eens op een boerenbedrijf bezig met een koe met melkziekte. Ik liep op de koe af met een emmer lauw water met calcium erin. Ik had nog maar een paar stappen gezet of ik hoorde rrrrrrrr... en ik dacht: o nee (of eigenlijk dacht ik een woord van vier letters, dat begint met de letter f), de stier!

Ik wist niet dat er ook een stier in deze kudde rondliep; een stier die me opeens midden tussen zijn koeien ontdekte. We stonden oog in oog, met alleen die zieke koe tussen ons in. Dat bood mij enige veiligheid, want om mij te raken moest hij toch eerst om die koe heen. De stier en ik hadden al wat rondjes om de koe heen gedraaid toen de boer, die met zijn veertienjarige zoon stond toe te kijken, me toeriep: 'Het is nog maar een jong stiertje, hoor. Hij probeert alleen indruk te maken.'

Dat kon best wezen, maar waarom bleef de boer dan achter het hek staan?

'Haal die stier hier weg,' zei ik op strenge toon. 'Die stier gaat er nu uit of ik vertrek.' Ik zei dat wel, maar ik ging natuurlijk nergens heen zolang die stier nog vrij rondliep. 'Haal die stier uit het verblijf en sluit hem goed op.'

De boer klom over het hek en joeg de stier weg. Best stoer, dat geef ik zomaar toe. Hij bracht de stier naar de andere kant van de stal, waar een verblijf was dat werd afgesloten met een soort garagedeur, of eigenlijk eerder zo'n rolluik dat je wel bij winkels ziet. Het was een hek van zo'n tweeënhalf bij vier meter. Toen het was neergelaten, kon ik me eindelijk met die koe gaan bezighouden. Ik was daar nog niet mee klaar of die stier kwam recht door de deur heen zetten. Hij duwde hem met zijn kop uit de rails en wurmde zich eronderdoor. Ik ging als de wiedeweerga de stal uit. De volgende ochtend belde de boer me op om te zeggen dat de koe nog steeds niet was opgestaan. Een van mijn collega's zou even bij haar gaan kijken en ik waarschuwde hem: 'Ga de stal alleen binnen als er iemand meekomt met een riek.'

Bij terugkeer zei mijn collega: 'Er zullen nog ongelukken gebeuren met die stier.' Een paar weken later lazen we in de krant dat de stier de zoon van die boer had aangevallen. Gelukkig kon hij het navertellen, hij kwam er vanaf met een gebroken been en wat gekneusde ribben.

Ik kan me maar één stier herinneren die ik wel leuk vond. Ik kwam geregeld bij een echtpaar dat wat melkvee hield. Ze hadden een vier jaar oude holsteinstier, een goeiig beest. Jerseystieren zijn zo onbetrouwbaar als wat, maar holsteinstieren zijn een stuk vriendelijker. Als je daar de stal binnenliep, dan kwam hij meteen naar je toe. Hij brulde nooit naar mensen en stelde zich nooit dreigend op. Maar voor ik bij zijn koeien in de buurt mocht komen, moest ik hem altijd eerst even op zijn kop krabbelen. Daar stond hij op. Het was overigens geen goede stier, want toen we drachttests uitvoerden, bleek geen van de koeien bevrucht te zijn. Hij was veel te log en veel te sloom... en hij was gewoon niet zo geïnteresseerd in koeien. Die mensen hadden dus een nieuwe, jongere stier nodig die hun koeien wel zou dekken, maar ze vonden het vreselijk om deze lieverd weg te doen; ze beschouwden hem als een huisdier.

Tijdens het werk moet ik voortdurend alert zijn op zwiepende staarten. Dieren gebruiken hun staart om zich te ontdoen van hinderlijke insecten, of van veeartsen. Ik weet ondertussen niet beter: te pas en te onpas zwiept er weer een staart in mijn gezicht of tegen mijn rug. Een klant van me was niet alleen boer, maar ook dichter en songwriter. In een van zijn gedichten vroeg hij zich af of die vermaledijde koeien soms ogen in hun staart hadden... want hoe wisten ze anders ons gezicht altijd zo goed te vinden!

Als een koe fel met haar staart begint te zwiepen, dan moet je dat opvatten als een waarschuwing: wat je ook aan het doen bent, ze vindt het maar niks. Een tik in je gezicht met een paardenstaart valt nog wel mee, maar een mep met een koeienstaart kan best pijnlijk zijn want er zit maar weinig haar aan. Zo'n tik geeft eventjes een stekende pijn, maar is alleen gevaarlijk wanneer je in je oog wordt geraakt. Om die reden knipte mijn vader vroeger, op onze boerderij, het haar van de koeienstaarten af. Het lange haar komt vol met aangekoekte mest te zitten, en daardoor doet een tik nog veel meer pijn.

Een koe wil altijd weten waar je staat. Ben je dicht bij haar in de buurt, dan raakt ze je op je achterhoofd. En soms draai je net op het verkeerde moment je hoofd om, zodat je een natte staart in je gezicht krijgt. Dat is echt heel vervelend.

Vroeger werden koeienstaarten wel gecoupeerd omdat de staarten dan schoner zouden blijven. In de praktijk bleek het echter niet zoveel uit te maken en daarom wordt het tegenwoordig niet meer gedaan. De meeste dieren kunnen trouwens prima zonder hun staart. Er worden wel honden en katten zonder staart geboren, en bij sommige hondenrassen is het gebruikelijk om de staart te couperen. Onze hond Maeson verloor haar staart bij een ongelukje met een autoportier en het heeft haar geenszins geschaad.

De kans dat je als dierenarts door een hond gebeten wordt is levensgroot aanwezig. Het overkomt mij tegenwoordig bijna nooit meer, maar we hadden hier in de praktijk een collega die om de haverklap gebeten werd. Je zou haast denken dat de honden er met elkaar over spraken… *Zeg, heb jij je tanden al eens in zijn arm gezet? Moet je doen joh, vindt-ie echt niet erg.* En ja hoor, daar stond hij dan weer bij de koude kraan een wond schoon te spoelen en met ontsmettingsmiddel te deppen.

Van alle dieren die we op het spreekuur krijgen, ben ik het meest op mijn hoede bij slecht opgevoede honden. Die zijn bang en stellen zich door hun gebrek aan vertrouwen in mensen soms agressief op. Dat zijn echt de lastigste klantjes. Soms probeert zo'n hond ervandoor te gaan, maar zodra hij doorkrijgt dat hij nergens heen kan, hapt hij naar iedereen die te dichtbij komt. Zo'n hond probeer ik altijd recht in de ogen te kijken, want dan is de kans klein dat hij je aanvalt. Maar dan nog blijft voorzichtigheid geboden. Je moet streng optreden tegen zo'n dier. Het is niet zo heel ingewikkeld om uit te maken wie er boven aan de pikorde staat: jij of hij. Als je duidelijk weet te maken dat jij de baas bent, dan ben je al een heel eind op de goede weg.

Er kwam eens een vrouw bij me met haar hond, een bastaard. Ze zat in de wachtkamer en toen ik daar binnenkwam, schoot hij onder haar stoel vandaan en probeerde me te bijten. En dat nog voor we aan elkaar waren voorgesteld! De vrouw verontschuldigde zich: 'Sorry, hij is een beetje vals.'

'Geef mij de riem maar,' zei ik. Met de riem in mijn hand zei ik tegen de hond dat hij mee moest komen. De hond gehoorzaamde niet en zette zich schrap. Daarop hief ik mijn hand een eind de lucht in, zodat de hond het contact met de vloer verloor. Ik tilde hem door de lucht naar de behandelkamer, zette hem daar weer neer en zei dat hij moest gaan zitten. Hij gromde naar me, en daarop tilde ik hem nog eens van de vloer. Hij draaide een paar keer om zijn as en toen hij weer met vier poten op de vloer stond gaf ik het commando 'zit'. En hij gehoorzaamde. Je moet een dier laten weten dat jij de baas bent. De pikorde moet glashelder zijn, dat is echt voor iedereen het beste.

In die tijd werkte er een stagiair van de Michigan State University bij ons en die had de nodige kritiek op mijn handelwijze. Hij zei dat hij nog nooit van zijn leven een dierenarts had meegemaakt die een hond aan de lijn optilde. Toen hij zijn zegje had gedaan, reikte ik hem de riem aan: 'Wil jij het soms overnemen? Ik vind het best, laat je maar bijten.'

Het gaat er dus om dat je overwicht hebt op een dier. Veel klanten brengen hun kat in een transportkooi naar de praktijk, en meestal ben ik degene die hem eruit moet zien te krijgen. Niet dat het me veel uitmaakt; op de een of andere manier word ik niet vaak gekrabd. Katten blaken van het zelfvertrouwen, zozeer zelfs dat zij denken dat ze de baas zijn. Je moet ze dus laten zien dat je niet bang voor ze bent. En als ze jou op z'n minst als hun gelijke beschouwen, dan zullen ze je niets doen.

We hadden een tijdlang een kat bij ons op de praktijk die het nogal hoog in de bol had. Hij heette Midnight en, je raadt het al, het was een zwarte kat. Het was een gecastreerde kater die na een behandeling op de praktijk nooit was opgehaald. Die mensen dachten zeker dat wij hem wel wilden houden. We beginnen daar echter niet aan; als we alle afgedankte honden en katten zouden houden, dan hadden we hier een dierentuin in plaats van een praktijk. Maar om de een of andere reden is deze kat toch bij ons gebleven. En hij nam het kantoor langzaam maar zeker over.

Als er klanten binnenkwamen sprong Midnight op de balie om ze nieuwsgierig te bekijken. Hij was voor de duvel niet bang. Soms blafte er een hond naar hem, maar dan keek Midnight koeltjes vanaf de balie naar beneden alsof hij tegen die hond wilde zeggen: *maak je niet zo druk, je kunt me toch niet pakken.*

Midnight wist ons perfect te dresseren. Kreeg hij een beetje trek, dan ging hij naast de elektrische blikopener zitten en drukte met zijn poot de hendel naar beneden. Zodra het geluid van de blikopener klonk, kwam er meteen een van ons naar de keuken om een blik kattenvoer open te maken. Jammer genoeg was Midnight nogal ongeduldig. Nadat hij de hendel omlaag had geduwd keek hij om zich heen om te zien of er al iemand aan kwam. Vond hij de service te traag, dan drukte hij nog een keer, net zo lang tot hij eten had gehad.

Een veearts raakt tijdens het uitoefenen van zijn beroep niet alleen weleens gewond, hij moet ook oppassen voor ziekten die van dier op mens worden overgedragen. Ik doe mijn werk vaak onder nogal onhygiënische omstandigheden en het is dan ook niet zo vreemd dat ik zo nu en dan een infectie oploop. Als je met je voeten in de mest staat of een inwendig onderzoek bij een dier uitvoert, stel je jezelf bloot aan een heleboel potentieel gevaarlijke bacteriën. In het begin deed ik niet zoveel om me hiertegen te beschermen, gewoon omdat ik me niet zo van de gevaren bewust was. En hoewel ik nog nooit ernstig ziek ben geworden, doe ik nu wel al het nodige om dat zo te houden, en hetzelfde geldt voor alle veeartsen die ik ken.

Een van onze klanten had een melkveebedrijf en op een gegeven moment kreeg zijn zus rode, jeukende bultjes op haar bovenlijf en handen. Haar huisarts zei dat het een allergie was en schreef cortison voor, maar dat bracht geen verlichting. Sterker nog, de jeuk verergerde. Uiteindelijk kwam ze bij ons terecht met haar probleem. Dokter Brenda en ik hadden genoeg aan één blik op die bultjes. 'Je hebt schurft,' zei Brenda.

Ik schraapte wat cellen weg van haar hand en bekeek ze onder de microscoop. Ik zag de eitjes van de scabiësmijt zitten. 'Ja, het is schurft,' zei ik. De vrouw ging terug naar haar huisarts en deze schreef haar ditmaal wel het juiste medicijn voor, zodat ze snel van de jeuk af was.

Honden en varkens kunnen schurft overbrengen op mensen. Op een dag kwam er een zwangere vrouw naar de praktijk met een hangbuikzwijn. Dokter Eric onderzocht het varkentje en constateerde dat het aan schurft leed. Toen hij haar de bultjes liet zien, legde de vrouw prompt haar buik op de onderzoekstafel, trok haar T-shirt omhoog en vroeg: 'O, is dit dan soms ook schurft?' Eric bloosde hevig en was het liefst de kamer uit gevlucht. Schimmelinfecties, bacteriële infecties, schurft, salmonella (zoals die vrouw die ziek werd van haar leguaan)... al deze aandoeningen kunnen van dier op mens worden overgedragen, maar de meeste zijn vrij onschuldig en zijn gemakkelijk te bestrijden.

Dat geldt echter niet voor alle infectieziekten. Brucellose of Maltakoorts bijvoorbeeld, is een ernstige bacteriële infectie die je kunt oplopen door het drinken van rauwe melk of het eten van rauw vlees, en door contact met uitgescheiden stoffen of met de nageboorte van geaborteerde foetussen. In het tijdperk voor de komst van plastic handschoenen kwam deze ziekte onder veeartsen redelijk vaak voor. Bij koeien leidt het tot een abortus, bij mensen tot zeer hoge en hardnekkige koorts en spierpijn, en de klachten kunnen soms jarenlang aanhouden. Het is vooral belangrijk om na het inenten van dieren heel voorzichtig om te springen met de gebruikte naalden. Want wie zich daar per ongeluk mee prikt, riskeert besmetting met de bacterie die koorts veroorzaakt. Er bestaat tegenwoordig een levend vaccin. Door het vee te controleren en de kalveren in te enten is deze ziekte in Michigan tegenwoordig vrijwel geheel uitgebannen. Het is zelfs niet meer nodig om koeien op brucellose te onderzoeken.

Ook varkensgriep wordt in een enkel geval van varkens op mensen overgedragen, maar meestal alleen op mensen met een verzwakt immuunsysteem; bejaarden en heel jonge kinderen lopen het meeste risico. Varkensgriep kan heel gevaarlijk zijn, maar is niet het enige probleem. Varkens dragen zo veel besmettelijke ziekten bij zich dat er eigenlijk geen kleinschalige varkenshouderijen meer bestaan. De branche is overgenomen door de grote bedrijven, en die nemen geen enkel risico met de gezondheid van hun dieren. Iedereen die in de stal moet zijn of die met de fokzeugen werkt, moet zich – net zoals mensen die in een hightech lab met gevaarlijke stoffen werken – voor en na ieder bezoek aan de stal zorgvuldig afdouchen. Er gaan nog steeds varkens naar de jaarmarkt, maar die mogen eigenlijk nooit terug naar de stal. De biggen, de grote stierkalven en de schapen worden op de markt verkocht en de varkens gaan daarna naar de slacht. Elke varkensstal is uitgerust met zo'n douche, want mensen uit de stad hebben vaak veel minder weerstand opgebouwd tegen dierziekten dan de boer zelf. Ik ben gelukkig nooit ziek geworden, deels doordat ik veel met varkens in aanraking kom, maar ook doordat ik goed oppas.

Ik werk al meer dan dertig jaar op de streekmarkt, waar ik controleer of alle deelnemende dieren goed gezond zijn. Ik houd het bij de gezondheidschecks en mag niet plaatsnemen in de jury. Het gaat er bij de keuringen serieus aan toe en ik moet natuurlijk onpartijdig zijn; stel je voor dat ik de zoon of dochter van een klant zou bevoordelen. Op een zondagmiddag in 2012 was ik net klaar met het controleren van alle geiten toen iemand me kwam waarschuwen. 'Kom snel,' werd er gezegd. 'Een van de varkens is ziek.'

Dat was niet zo best, want één ziek varken kon alle andere varkens besmetten. Ik liep achter de man aan naar een volgende schuur, en wat ik daar zag baarde me de nodige zorgen. Het ging om een enkel varken dat door een jonge man was gefokt. Terwijl ik het dier onderzocht, vertelde hij me dat hij zijn varken voor een mooie prijs hoopte te verkopen, omdat hij het geld hard nodig had. Ik betwijfelde of het wel zover zou komen, want zijn varken was er niet best aan toe. Het was een warme dag en hij had het dier in een open trailer naar de markt gebracht. Tijdens de reis was het varken oververhit geraakt. Het had een hartslag van boven de 150, voelde erg warm en was gestrest. 'Kunt u iets voor hem doen?' vroeg de man.

'Ik ga mijn best doen,' zei ik. Het varken zag er slecht uit. Ik diende het wat medicijnen met een korte werkingsduur toe. Tegen de opzichter van de varkensstal zei ik: 'Kom maandagochtend om zes uur hier en kijk of dit varken nog leeft. Als het overleden is, laat het dan meteen verwijderen, want de bezoekers willen geen dode dieren zien.'

We verzorgden het varken zo goed mogelijk en het knapte steeds verder op. Op maandagavond stond het weer te eten en op dinsdag nam het deel aan de keuring. Op donderdag werd het – helemaal gezond – verkocht. Ik had goed opgepast met dit dier, want ik wilde niet het risico lopen dat er andere varkens of, erger nog, bezoekers ziek zouden worden. Gelukkig liep het allemaal goed af.

Er wordt al ongelooflijk lang gestreden tegen tbc, maar nog steeds vormen vier typen tb-bacteriën een bedreiging voor vogels, zeedieren, runderen en mensen. Rabiës komt in onze streken niet veel voor, maar we zijn er wel altijd alert op, vooral bij dieren die door mensen zijn vrijgelaten.

De strijd tegen vlooien, luizen en teken – beestjes die heel gemakkelijk van dier op mens overspringen – lijkt bij voorbaat al kansloos. Vooral vlooien zijn heel moeilijk te bestrijden. In heel extreme gevallen kunnen vlooien een dier het leven kosten. Ik heb eens een kalf gezien dat was doodgegaan aan bloedarmoede, zoveel vlooien had het. Bij mensen zorgen vlooien voor het nodige ongemak, maar meer ook niet. Ze blijven niet lang bij ons, maar ze bijten wel voor ze vertrekken. Er zijn tegenwoordig best veel goede producten op de markt, maar de werking is niet honderd procent. Sommige honden en katten zijn ware kraamkamers voor vlooien; wat je er ook tegen doet, het helpt niet. Toen dokter Sandra net hierheen was verhuisd, betrok ze een leuk appartementje aan het meer. Het had een paar maanden leeggestaan, maar het was goed schoongemaakt en ontsmet. Toen ze begon op de praktijk vertelde ze me dat ze last had van een allergie. Ze zat onder de rode bultjes en ik zei: 'Dat is geen allergische reactie, het zijn vlooienbeten.'

Ze geloofde me niet en ging naar de huisarts. Deze zei dat het een allergische reactie was en schreef haar cortison voor in de vorm van een zalf en een spray. Het medicijn had geen enkel effect. Ik zei tegen haar: 'Dat komt omdat het geen allergische reactie is. Het zijn vlooienbeten.'

Volgens haar was dat niet mogelijk. Haar appartement had een tijdlang leeggestaan. En vlooien konden volgens haar nooit zo lang in leven blijven. Maar uiteindelijk zag ze in dat ik gelijk had. Ze liet het appartement nog een keer ontsmetten, en nog was ze niet van de vlooien af. Je kunt alle levende vlooien doden, maar in het voorjaar heb je weer last. De larven nestelen zich in de vloerbedekking, in het meubilair of in de gordijnen, waar ze het eeuwige leven lijken te hebben. Uiteindelijk gaf ik haar een goede tip. 'Weet je wat jij zou moeten doen? Je moet een hond nemen. Alle vlooien gaan op hem zitten. En als je hem dan tegen vlooien behandelt, ben jij er eindelijk vanaf.' Iets beters kon ik ook niet verzinnen. Ze volgde mijn advies op en dat was dat. De hond vond het misschien iets minder, maar dankzij wat vlooienspul was zijn probleem snel verholpen.

Met teken moet je wel ongelooflijk oppassen. Vlooien springen over van dier op dier, maar teken gaan af op lichaamswarmte. Voelen ze iets warms, dan laten ze zich daarop vallen. Zolang je jezelf regelmatig op teken controleert en ze tijdig verwijdert, is er niet zoveel aan de hand.

We krijgen op de praktijk regelmatig telefoontjes van mensen die zich zorgen maken over gevaarlijke dieren. Het gaat meestal over de hond van de buren. Diane neemt het merendeel van dit soort telefoontjes voor haar rekening. Soms is de beller vreselijk overstuur en moet Diane diegene eerst rustig zien te krijgen. Daar is ze heel bedreven in. Op een dag werd ze gebeld door een vrouw die zo huilde dat Diane haar niet kon verstaan. Stukje bij beetje wist ze de beller haar verhaal te ontlokken. De vrouw wilde weten of ik het verschil kon zien tussen muizenkeutels en vleermuizenpoep. Ze dacht dat ze een vleermuis in huis had, vertelde ze aan Diane, en ze was ervan overtuigd dat het beestje haar slaapkamer was binnengevlogen omdat ze haar ondergoed daar bewaarde. Ze wist vrij zeker dat de vleermuis zich in haar slaapkamer verborgen hield en ze was heel bang dat hij haar zou bijten omdat ze ongesteld was. Ze was er zo bang voor dat ze 's avonds niet durfde te gaan slapen. Ze had wat vleermuizenpoep gevonden en op de wasmachine neergelegd zodat ze het niet kwijt zou raken. Ze wilde de poep namelijk aan mij laten zien.

Diane hoorde de mevrouw heel geduldig aan. Maar jammer genoeg, vertelde de vrouw, had haar man, die een logé verwachtte, de badkamer schoongemaakt en daarbij de vleermuizenpoep weggegooid. Ze had de hele badkamer uitgeplozen, maar had het niet meer kunnen vinden.

Diane probeerde de vrouw gerust te stellen. Ze stelde haar een paar vragen en deed wat suggesties, maar telkens wanneer de vrouw net een beetje tot rust begon te komen kwam ze met dezelfde vraag: 'Stel dat hij me ineens aanvalt?' Ze begon dan weer te huilen. Na een hele poos wist Diane haar ervan te overtuigen dat ze haar vader, die een paar straten verderop woonde, moest vragen of hij eens wilde kijken of er een vleermuis in huis was of niet. Ze hebben ruim drie kwartier met elkaar aan de telefoon gezeten. De vrouw zei terug te zullen bellen als het hen niet lukte om de vleermuis te vangen. Tot grote vreugde van Diane hebben we nooit meer iets van haar gehoord.

Dieren kunnen gevaarlijk zijn. Dieren kunnen mensen doden. In onze staat zijn heel veel gevaarlijke dieren en bij ernstige gebeurtenissen moeten de autoriteiten eraan te pas komen. Op het platteland roepen overheidsinstanties soms de hulp in van lokale veeartsen. Ik werk al tientallen jaren samen met diverse organisaties in mijn regio. Als er zich een probleem voordoet waar een dier bij betrokken is, dan krijg ik een telefoontje: 'Dokter, kunt u ons helpen?'

In 2013 werd mijn hulp ingeroepen bij het geval van een moeder die haar baby een paar minuten in de zitkamer alleen had gelaten. Ze zette haar zoontje in een wipstoeltje. Dat kon geen kwaad, dacht ze. Maar toen ze terugkwam, lag de baby gewond op het balkon. Ze bracht hem met grote spoed naar het ziekenhuis in Grand Rapids, waar zijn verwondingen gelukkig bleken mee te vallen. Er was een pitbullteef in huis en de politie vermoedde dat die het kindje uit zijn wipstoeltje had gehaald en meegesleurd naar haar mand op het balkon.

De ouders van de baby schrokken vreselijk toen ze zagen wat er was gebeurd. Ze deden de hond in een bench, reden het dorp uit en zetten haar twintig kilometer verderop langs de weg uit de auto. Toen het ziekenhuis aangifte deed van verdachte verwondingen bij de baby spoorde de politie de hond op en bracht haar naar het asiel. Daar werd ze in quarantaine geplaatst omdat ze niet was ingeënt. Twee dagen later werd er bij de hond parvo vastgesteld, een zeer besmettelijk virus. Het asiel wilde haar daar niet voor behandelen omdat ze in quarantaine was en liet de hond afmaken. Als de hond die baby inderdaad had aangevallen zou ze sowieso afgemaakt zijn, maar ik ontdekte later dat dit niet het geval was.

Pitbulls hebben een slechte reputatie. Ze zouden heel gevaarlijk zijn. Ik heb er heel wat op de behandeltafel gehad. Ze hebben meer spierkracht dan hersencellen, maar het zijn verder best prima honden. Het probleem zit hem vaak eerder bij de baas dan bij de hond. Ik weet ondertussen precies hoe ik met deze honden moet omgaan. Als er een nieuwe klant met een pitbull binnenkomt dan stel ik me terughoudend op. Ik laat mijn armen langs mijn lichaam hangen en praat eerst even met de eigenaar. Pas daarna richt ik mijn aandacht op de hond: steunend op één knie breng ik mijn gezicht op gelijke hoogte met zijn kop en zeg iets tegen hem. Dan steek ik mijn hand naar de hond uit en dat doe ik behoedzaam, zodat hij de tijd heeft er even aan te snuffelen. Ik heb zelf nooit een agressieve pitbull meegemaakt.

Toch komen aanvallen op mensen door pitbulls geregeld voor en daarom leek het geval met de baby een uitgemaakte zaak. De politie bracht de dode hond bij mij en gaf me foto's van de verwondingen bij de baby. Ze wilden weten of ik dacht dat de hond de baby had aangevallen. Ook moest ik een afgietsel maken van het gebit van de hond, zodat dit vergeleken kon worden met de tandafdrukken op de huid van de baby. Ik bekeek het gebit van de hond en de foto's en het werd me al snel duidelijk dat de hypothese van de politie niet klopte.

De hond was geen raszuivere pitbull (er zat ook wat boxerbloed in) en ze had een enorme onderbeet: haar onderkaak was bijna vijf centimeter langer dan hij had moeten zijn. 'Het zijn geen tandafdrukken,' zei ik tegen de politie. 'Het zijn krassen van de nagels.' En toen legde ik uit wat er volgens mij die middag was voorgevallen.

'De baby huilde om zijn moeder en de pitbull wilde hem helpen. Veel mensen hebben hier zo hun twijfels over, maar pitbulls houden van mensen. Het kunnen geweldige honden zijn. Onder de juiste omstandigheden zou een pitbull zijn leven geven om dat van zijn baasje te redden. Toen de hond de baby hoorde huilen, wilde ze hem beschermen. En honden doen dat door middel van aanraking. De nagels van de hond hadden de huid nauwelijks beschadigd. De verwondingen waren zeer oppervlakkig.'

De krassen kwamen totaal niet overeen met het gebit van de hond. Als ze het kindje zou hebben aangevallen, dan zou ze haar tanden in een armpje of beentje hebben gezet. En vervolgens niet meer los hebben gelaten. Pitbulls zijn erop gefokt om stieren in de neus te bijten, dus als ze dat kindje had willen verwonden dan had ze dat zeker gedaan. De baby was gezond en wel aangetroffen in de nabijheid van de hond en meer hoefde ik niet te weten. Mijn conclusie luidde dat het moederinstinct van de hond haar ertoe had gebracht de baby uit het stoeltje te halen.

Ik legde mijn hypothese voor aan de politie. De hond probeerde een huilende baby te troosten en had dit met de dood moeten bekopen. Als die ouders hun kindje niet alleen hadden achtergelaten, was dit allemaal niet gebeurd. Ik heb het dus voor de hond opgenomen, maar helaas was ze toen al dood.

De politie verzocht me ook om sectie te verrichten op de hond. Ik moest de hersenen onderzoeken op rabiës, maar alle testresultaten bleken negatief. Tot slot werd me verzocht de kop en de poten van de hond af te zagen en te bewaren voor het geval het tot een rechtszaak zou komen. Aan dat laatste verzoek heb ik geen gehoor gegeven; ik heb de hele hond bewaard. Het was voor alle betrokkenen een trieste zaak.

Een patholoog uit Grand Rapids riep mijn hulp eens in bij een verdacht sterfgeval. Er was een meisje van twee overleden en toen de agenten haar huis binnengingen, schrokken ze enorm. Het was daarbinnen een regelrechte zwijnenstal. Hoewel, varkens zijn helemaal geen vieze dieren; ze houden de plekken waar ze eten en slapen juist schoon. Maar goed, de agenten troffen in het huis talloze honden en katten aan en de vloer lag bezaaid met uitwerpselen. De agenten zeiden dat je de poep zo van het kleed kon schrapen, en dat terwijl er kleine kinderen rondkropen.

De dieren waren natuurlijk niet verantwoordelijk voor deze situatie, maar er was wel een kind overleden. De patholoog had vlekjes ontdekt op de lever van het meisje. Hij vermoedde dat wormen uit de honden- en kattenpoep daar de oorzaak van waren. Hij stuurde me een monster van de ontlasting die van het vloerkleed was geschraapt zodat ik kon nagaan of er sprake was van wormen. Ik bekeek het monster onder de microscoop en zag dat het wemelde van de wormeneitjes.

Een paar weken later stuurde de patholoog foto's van de lever op, met een briefje erbij dat hij er geen enkele worm in had aangetroffen. Wel had hij een groot aantal witte vlekjes zien zitten, maar hij wist niet wat de oorzaak daarvan was. Hij kon de doodsoorzaak niet bepalen en vroeg mij om hulp.

Eén blik op de lever was voor mij voldoende. Ik had jaren geleden precies hetzelfde gezien toen ik sectie verrichtte op een stel varkens. In die tijd was het nog knap lastig om varkens wormvrij te houden; de medicijnen die we nu hebben waren er toen nog niet. Door het lichaam van die varkens waren rondwormlarven naar de lever toe gekropen. Daar waren ze gestorven en hadden littekenweefsel veroorzaakt. Ik zei tegen de patholoog: 'In die witte vlekjes zul je geen wormen aantreffen. Het is littekenweefsel, op die plek zijn de larfjes doodgegaan. Die witte vlekken duiden op een leverontsteking.' Nu wisten we wat de doodsoorzaak was.

Mensen hebben er een handje van om dieren de schuld te geven, terwijl ze zelf steken hebben laten vallen. Het komt in mijn werk geregeld voor dat ik niet mensen tegen dieren bescherm, maar dieren tegen mensen. Ik was op een ochtend in de praktijk aan het werk toen een ambtenaar van het ministerie van Natuurlijke Hulpbronnen langskwam. Hij had een trailer achter zijn auto met een stuk of tien kooien erin. In elke kooi zat een wasbeer opgesloten. Wasberen kunnen overlast geven, maar over het algemeen geldt dat ze niets doen zolang je ze met rust laat. Ik had er nog nooit zoveel bij elkaar gezien. Ik vroeg de man: 'Lieve hemel, wat heb jij nou bij je?'

'We hebben een man betrapt met een handeltje in wilde wasberen,' zei hij. 'Hij verkocht ze in Kentucky.'

Wasberen verkopen in Kentucky? Dit moest een grap zijn,

en nog een stomme ook. Bij mijn weten was er in die staat geen tekort aan wasberen. 'En waarom zou iemand een wasbeer willen kopen?' vroeg ik.

'De jagers daar schieten op alle dieren die zich in hun tuin wagen,' legde hij uit. 'Maar hun honden jagen het liefst op wasberen, en daarvan zijn er blijkbaar niet genoeg. Deze man leverde de wasberen aan de jagers, die ze loslieten om er vervolgens achteraan te gaan met hun honden.' Het was in Michigan weliswaar toegestaan om op wasberen te jagen, maar het vangen en verkopen van deze dieren was illegaal, omdat de wasberen eigendom zijn van de staat Michigan.

En de staat Michigan was nu dus de trotse eigenaar van een wagen vol wasberen. 'Wat ben je ermee van plan?' vroeg ik.

Hij wist het niet. 'Daarom ben ik hier. Hoe vind je ze eruitzien?'

Het leken mij gezonde, zij het nogal getergde wasberen. 'Nou, ze zijn behoorlijk pissig, zo te zien,' zei ik tegen hem. 'Maar ze zien er verder goed uit, dus ik denk dat ze zich wel redden als je ze vrijlaat.'

Hij knikte. 'Dan denk ik dat ik dat maar doe.'

'Pas op dat ze je niet bijten,' zei ik nog.

Ik mag graag zo nu en dan gaan jagen, maar dit had niets met de jacht te maken; dit was dierenmishandeling en niets anders. Ik zou zo langzamerhand niet meer gek op moeten kijken van dit soort vreemde voorvallen, maar het blijft me verbazen hoe slecht sommige mensen dieren behandelen.

Wij hebben een paar jaar een kat gehad die Tripod heette. Hij had maar drie poten, vandaar. Hij had een poot gebroken en degene die hem vond had hem bij ons gebracht. Het pootje zou niet meer helen en moest worden geamputeerd. De mensen die hem hadden gevonden, konden zijn verzorging niet betalen en toen hebben we hem zelf maar gehouden. Op een avond, niet lang nadat Charles zijn rijbewijs had gehaald, ging hij met de auto pizza halen.

Onderweg zag hij Tripod de weg oversteken, en hij zag ook dat een andere weggebruiker een ruk aan het stuur gaf in een poging de kat aan te rijden. Ongelooflijk dat mensen zo gemeen kunnen zijn. Op dit gebied zijn dieren veel verstandiger dan mensen. Bij mijn weten doen dieren elkaar nooit zomaar pijn. Dieren zijn soms agressief, maar dat is om zichzelf en hun nageslacht te beschermen, omdat ze honger hebben of hun territorium willen beschermen, maar zinloos geweld? Nee, dat komt in de natuur niet voor. Ik maak dan ook bezwaar tegen de term 'beest' voor een gemeen persoon.

Heel lang geleden hebben we een Duitse dog gered, een teef met een glanzende, zwarte vacht. Het was een schat van een hond en heel goed opgevoed. Ze was dol op Diane, die haar 'mijn zwarte schaduw' noemde. Die hond liep werkelijk overal achter haar aan, zelfs wanneer Diane het huis stofzuigde… een grappig gezicht.

Met Thanksgiving gingen we naar Dianes moeder. We lieten de hond achter in de garage, maar de deur naar de tuin bleef open, zodat ze naar buiten kon als ze nodig moest. Tegen de tijd dat we terugkwamen, was het al donker. En onze hond was nergens te bekennen, ze was niet in de garage en ook niet in de tuin. We begrepen er niets van. Er stond een hek om onze tuin, dus ze kon niet zijn weggelopen. We stapten weer in de auto om naar haar te zoeken. We waren heel bezorgd, maar in het donker konden we niet veel beginnen.

De volgende ochtend stond ik vroeg op om de zoektocht te hervatten. Ik vond haar al snel, ze lag dood naast onze brievenbus. Iemand had haar doodgeschoten. We zijn er nooit achter gekomen hoe het kon dat ze daar buiten rondliep of waarom iemand zo'n lieve hond zoiets aan zou willen doen. Het was het seizoen waarin de jacht op herten is toegestaan, maar een zwarte hond, en zo'n grote ook nog, zie je toch niet zomaar voor een hert aan? Ik begreep er niets van. We krijgen op de praktijk ieder jaar wel dieren binnen die bij incidenten rondom de jacht gewond zijn geraakt, maar dat zijn zeldzame voorvallen. Het had er alle schijn van dat onze hond met opzet was doodgeschoten. Ik heb zelden gevallen meegemaakt waarbij een dier zonder aanleiding een mens iets aandeed, maar andersom helaas dus wel.

Ik heb elke dag van mijn leven dieren om me heen en ik heb veel respect voor ze. In het naoorlogse Nederland was er aan alles gebrek, en vooral in de zomer kwamen veel mensen naar onze boerderij in de hoop wat aan te sterken. Mijn moeder maakte eten voor hen klaar. En ook het contact met onze dieren leek die mensen goed te doen. We hadden onze paarden zelf ingereden. Wij reden altijd op ongezadelde paarden, want zadels hadden we niet. Ik geloof dat ik in die tijd een jaar of zeven, acht was. De meeste stadskinderen waren wel in voor een ritje. Er was eens een tiener bij die vroeg of hij het mocht proberen. Hij had geen ervaring met paarden, en toen het paard rustig begon te draven, gleed hij er zo vanaf. Hij kwam op de grond tussen de paardenbenen terecht, maar ons paard kwam meteen tot stilstand. Het wilde de jongen geen pijn doen. Zodra de jongen onder hem vandaan gekropen was, ging hij er echter met een noodgang vandoor. Hoe jong ik ook was, ik besefte maar al te goed hoe bijzonder dit was. Ik ben altijd dol geweest op paarden, en misschien is dat wel op dat moment begonnen.

Het kan voor mensen heilzaam zijn om met paarden te werken, daar ben ik van overtuigd. Op een steenworp afstand van onze praktijk begonnen Jodi en Ty Stuber in 2004 de HopeWell Ranch, een non-profitorganisatie waarvan ik de vaste veearts werd. Op deze ranch brengen ze mensen met een beperking in contact met paarden. Het gaat voornamelijk om jonge mensen met leerproblemen, meestal autisme. Jodi en Ty hebben zo'n twintig paarden en een heleboel kleinere dieren en wij verzorgen ze allemaal; ik knip de tanden van hun konijnen bij en houd hun paarden gezond. Als je ziet wat die paarden bij de kinderen teweeg brengen, dat is gewoon ongelooflijk. Ik herinner me één jongetje in het bijzonder. Hij praatte eigenlijk nooit. Ze brachten hem vlak bij een paard en zeiden dat hij het mocht aaien. Eerst durfde hij niet zo goed – als je klein bent ziet zo'n groot paard er behoorlijk indrukwekkend uit – maar hij overwon zijn schroom en begon het paard te aaien. In reactie op de aanraking boog het paard zijn hoofd. Het kromde zijn hals een beetje om het jochie heen, alsof hij het kind wilde beschermen. Het was een moment dat veel indruk op me maakte. Paarden kunnen heel nuttig zijn bij bepaalde vormen van therapie. Kijk maar eens wat er gebeurt wanneer je kinderen die niet kunnen lopen of slecht ter been zijn op een paard zet. Op een gegeven moment krijgen ze door dat ze zich – net als alle andere kinderen – vrij kunnen bewegen en overal heen kunnen waar ze maar naartoe willen, al is het maar voor een paar minuten. Een prachtig gezicht.

Dieren kunnen zelfs leren om vriendjes te worden met andere diersoorten. Wij hebben een tijdje een paar schapen gehouden en hadden zelfs een ram. Herman heette hij. Rammen staan bekend als vrij lastige dieren, maar onze Herman was gewoon een lieverd. Als hij mensen zag aankomen, dan rende hij op ze af en drukte zachtjes zijn kop tegen ze aan ten teken dat ze hem op zijn kop moesten kriebelen. Ik weet niet wat er precies tussen hem en zijn ooien speelde, maar hij keek op een gegeven moment niet meer naar ze om. Hij hing liever rond in de paardenstal en nam daar zelfs zijn intrek. De paarden hadden er geen bezwaar tegen. Als we de paarden 's avonds binnenhaalden om ze te voeren, kwamen ze in galop naar het hek. En als we dan in de stal hooi voor ze neergooiden, kwam Herman ook aangedraafd. Hij had een speciale band met een van de paarden, en meestal ging hij daar bij in de box staan. Toen we op een bepaald moment besloten om de schapen weg te doen, bleven we met Herman zitten; hij heeft de rest van zijn dagen bij de paarden gesleten.

Ook onze koe Elsie gaf de voorkeur aan een leven tussen de paarden. Haar band met de paarden was nog minder vanzelfsprekend dan die van Herman, maar het was duidelijk dat er een vorm van wederzijds respect bestond. Tot problemen heeft het in ieder geval nooit geleid. En toen kregen we er een geit bij. Meestal gaan geiten en paarden vrij goed samen, maar de paarden mochten deze geit niet zo, en de geit was bang voor de paarden. Maar Elsie en de geit konden wel goed met elkaar overweg. Het gebeurde weleens dat de paarden de geit opjoegen. De geit zette het dan op een lopen en zocht een veilig heenkomen… onder de buik van Elsie. De geit stond dan vanonder die koe naar de paarden te kijken en omdat Elsie erbij was lieten de paarden de geit verder met rust.

We hebben alle mogelijke soorten huisdieren gehad en ik kan me niet herinneren dat er ooit eentje problemen heeft gegeven. Voor mij is een huisdier een dier dat reageert wanneer je ertegen praat. Wij hebben altijd paarden, honden en katten, een paar vogels, vissen en kippen. Soms wordt deze menagerie nog aangevuld met een geit of een stel schapen. Daarnaast hebben we op dit moment vijf tamme pauwen. Veel mensen reageren verbaasd als ze dat horen en vragen me waarom ik pauwen wilde. 'Omdat het slimme dieren zijn,' zeg ik dan. Als ze vragen of ik daar een voorbeeld van kan geven, dan zeg ik altijd: 'Nou, dat ze mij als baasje hebben uitgekozen!'

Pauwen zijn geweldige dieren. Ik vind hun verenkleed echt prachtig om te zien en ik geniet van de geluiden die ze maken. We houden ze al vijfentwintig jaar. Omdat het tropische dieren zijn, houden we ze in de stal. Ik voer ze mais en mineralen, havermout en heel veel hondenvoer. Daar zijn pauwen dol op, echt waar! In het voorjaar kiest de pauwhaan een vaste stek uit.

Hij neemt zijn positie in, waaiert zijn staartveren uit en begint te roepen. Zijn lokroep draagt mijlenver. Hij zegt: *Dames, hier ben ik! Hoe vinden jullie mijn staart?*

De pauwhen beantwoordt zijn roep en ze paren. Daarna legt de hen haar eieren en broedt ze uit. En de haan? Die staat nog steeds op zijn vaste plek met zijn veren te pronken. De roep van de pauwhaan heeft wel iets weg van hulpgeroep en het is weleens voorgekomen dat er voorbijgangers aanbelden om te vragen of ze konden helpen. We hebben die mensen uitgelegd dat het geroep niet voor hen was bestemd, maar hebben ze natuurlijk wel bedankt voor hun komst. Soms, als de pauwhaan op zijn post staat te roepen, dan besluip ik hem van achteren om een veer uit te trekken. De haan slaat zijn staart dan meteen neer en draait zich naar me om alsof hij wil vragen: *Hé, waarom doe je dat nou? Je ziet toch dat ik het druk heb? Ik ben op hennenjacht!* Zodra ik mijn veer heb, laat ik hem weer met rust en algauw waaiert hij zijn staart weer uit.

De pauwen hebben nooit problemen gegeven. Wanneer ik in mijn auto de oprit op kom rijden, dan staan ze me al geduldig op te wachten. En als ik de stal binnenkom met hun voer, dan haasten ze zich naar me toe, zoals je dat van ieder huisdier zou verwachten.

Ik besteed veel zorg en aandacht aan mijn pauwen, maar zij geven mij nog veel meer terug. Als ik naar mijn dieren kijk en voor ze zorg dan komt er een intens geluksgevoel over me. Het is iets wat ik maar moeilijk in woorden kan vatten, maar het voelt in ieder geval goed. Ik zie het als een voorrecht dat ik mijn hele leven – zowel mijn professionele als mijn gezinsleven – te midden van de dieren heb kunnen doorbrengen.

In december 2013 werd ik door de Central Michigan University gevraagd om te spreken bij de officiële opening van het universitaire jaar. Ik mocht een zaal vol jonge mensen toespreken en heb lang nagedacht over wat ik wilde zeggen. Het was de bedoeling dat mijn verhaal zo'n tien minuten zou duren en dat baarde Diane de nodige zorgen. Volstrekt onnodig natuurlijk, want ze weet dat ik ruim voldoende stof heb.

Ik heb in mijn werkzame leven heel veel inzichten opgedaan die ik graag aan de volgende generatie zou willen doorgeven. Bijvoorbeeld dat je met je voeten diep in de drek moet gaan staan als de situatie dat vereist en dat je daar niet moeilijk over moet doen. Je doet je werk, je spoelt het vuil af en kijkt vervolgens tevreden terug op je prestatie.

Of zou ik ze vertellen hoe mooi het is om te assisteren bij de geboorte van een kalf of lam of wat voor dier dan ook, of hoe goed het voelt om een ziek of gewond dier er weer bovenop te helpen. Toen ik in die zaal tegenover een krappe vijfentwintighonderd studenten stond (met op de eerste rij Diane, die met een half oog haar horloge in de gaten hield), besloot ik het echter kort te houden. Ik heb de studenten gezegd dat ik eigenlijk maar één boodschap voor hen had: 'Jaag je dromen na. Zitten er hobbels in de weg, stap daar dan gewoon overheen. Wie erin slaagt van zijn hobby zijn werk te maken, hoeft geen dag van zijn leven meer te werken… en krijgt er nog voor betaald ook.'

8

U bent dokter Pol!

De eerste keer dat Charles me vertelde over zijn plannen om een realityshow over mij te gaan maken, nam ik hem niet al te serieus. Hij heeft namelijk altijd al een vrij levendige verbeelding gehad. Als jochie van zes had hij op school eens een invaljuf. Hij was erg lastig en op een gegeven moment had zij er genoeg van. Ze zei tegen hem: 'Charles, wil je soms dat ik je ouders bel?'

En hij antwoordde, zonder blikken of blozen: 'Dat kan niet. Mijn vader en moeder zijn bij een brand omgekomen.' De lerares kreeg tranen in haar ogen, maar toen ze er later achter kwam dat het niet waar was, riep ze ons op het matje. Diane en ik hebben door de jaren heen heel wat gesprekjes gevoerd met Charles' juffen en meesters. Hij wilde geen mensen kwetsen, maar waar hij was, waren problemen. Charles heeft zichzelf ooit eens omschreven als een tornado die door het leven raast.

Het leek ons voor de kinderen wel leerzaam om een paar schapen te nemen. Wij hielden zwarte schapen en toen onze kinderen daarmee naar een show gingen, waren zij de enigen die met zwarte schapen kwamen aanzetten. De juryleden maakten daar bezwaar tegen. Ze verzochten ons voortaan met witte schapen deel te nemen.

Nou, dan kenden ze Charles nog niet: als je hem vraagt iets

niet te doen, dan wil hij het juist wél. Van wie zou hij dat nou toch hebben? Charles vroeg of de jury hem kon uitleggen wat het verschil was tussen zwarte en witte schapen. 'Een schaap is een schaap,' vond hij. Charles bleef met zwarte schapen naar de keuring komen en na verloop van tijd gaven de juryleden hun verzet op. Niemand sputterde meer tegen als hij met zijn zwarte schapen aan kwam zetten. Dat was typisch Charles: hij deed de dingen net even anders dan de rest.

Hij maakte me al vroeg duidelijk dat hij niet van plan was in mijn voetsporen te treden. Hij wilde absoluut geen dierenarts worden, de tv- en filmwereld sprak hem veel meer aan. Als jongen van acht maakte hij al zijn eerste filmpjes en na het afronden van zijn studie in Miami verhuisde hij naar Los Angeles. Hij was een van de vele jonge mensen die hoopten via wat kleine baantjes aan de slag te kunnen in de entertainmentindustrie. Heel eerlijk gezegd is het geen moment bij me opgekomen – en bij hem duurde het ook een hele tijd – dat er in mijn bestaan iets te ontdekken viel wat je 'entertainment' zou kunnen noemen.

Charles had blijkbaar aan zijn collega Jon Schroder en aan Patrick Garney (zijn baas bij Nickelodeon) allerlei grappige verhalen verteld over zijn jeugd en zijn familie, en dan vooral over mij. Misschien wel over die keer dat ik tijdens een sneeuwstorm een kalfje moest halen, of dat ik me weleens als vrouw verkleed had (een vrouw met een snor, dat wel) om geld op te halen voor een goed doel, of over die keer dat ik veel te hard reed in mijn blitse Plymouth Prowler en door de politie aan de kant werd gezet, maar alleen omdat ze die prachtige auto eens van dichtbij wilden bekijken. Hoe dan ook, die drie kwamen op het idee om een realityprogramma over mijn praktijk te gaan maken. En Charles werd eropuit gestuurd om mij over te halen.

Charles en ik hebben altijd prima met elkaar overweg gekund, al botste het soms wel flink. Wij maken van ons hart geen moordkuil. Ik herinner me dat we eens een meningsverschil hadden en dat we daarbij steeds harder begonnen te praten. Uiteindelijk kwam Diane tussenbeide, ze zei dat we maar ergens anders moesten gaan bekvechten.

'We hebben geen ruzie, hoor,' zei ik. 'We wisselen gedachten uit.'

'Nou, dat kan dan best een beetje zachter!'

Daar had ze wel gelijk in. 'We hebben een pittig meningsverschil. En ik moet wel schreeuwen, anders hoort hij niet wat ik te zeggen heb.'

Als ouder wil je je kind natuurlijk graag vooruit helpen, maar ik moet zeggen dat ik nu niet meteen stond te trappelen. En na een dag of twee nog steeds niet. Charles zei: 'Pap, we kunnen een leuke realityshow over jou maken.' Ik zei dat er daar naar mijn mening al meer dan genoeg van waren.

'Dat is zo,' beaamde hij. 'Maar die zijn niet echt. Wij willen een échte realityserie maken.'

Charles voegde eraan toe dat de entertainmentindustrie over het algemeen niet zo'n gunstig beeld schetste van de kleine boeren, en dat we met ons programma konden laten zien hoe hard de boeren werken en hoe goed ze voor hun dieren zorgen. Op dat moment haalde hij het motto aan dat ik mijn hele leven hoog in het vaandel had gehouden: als je goed voor je dieren zorgt, zorgen zij ook goed voor jou. Ik wil niet beweren dat Charles me uitdaagde om het te doen, maar hij presenteerde zijn plan wel als iets heel avontuurlijks. En toen dacht ik: Ach waarom ook niet? Het loopt toch op een mislukking uit. En hoe dan ook, de opnames zouden me de kans bieden om weer eens wat tijd met mijn zoon door te brengen en dat was iets waar Diane en ik al een tijdlang naar verlangden.

En zo kwam het dat Charles in de zomer van 2010 met drie collega's naar Michigan afreisde om een promofilmpje op te nemen, een kort fragment van zo'n vier à vijf minuten dat zou worden gebruikt om zenders te interesseren voor hun programma.

In een dag of zeven verzamelden ze ongeveer zevenentwintig uur materiaal. Niets bijzonders hoor, gewoon beelden van mijn dagelijkse bezigheden in de praktijk en ook een paar van bij ons thuis. In die week hadden we een visite op een klein melkveebedrijf, waar een jong kalf haar poot gebroken had. De boer had geen geld voor een operatie en ingipsen vond hij ook te duur. Hij had er geen vertrouwen in dat die poot ooit sterk genoeg zou kunnen worden om een volgroeide melkkoe te kunnen dragen en vroeg me dan ook het kalf af te maken. Met toestemming van de boer sneed ik een lang stuk pvc-buis af en zette dat, bij wijze van spalk, met ducttape vast op de poot. Een paar weken later ben ik nog even langsgereden, en dat kalf hobbelde vrolijk rond. Het hinkte nog wel een beetje, maar het zou het zeker gaan redden. De boer had de cameraploeg geen toestemming gegeven om op zijn bedrijf te filmen, maar dit geval maakte veel indruk. De crewleden die nu nog bij de show betrokken zijn, hebben het er af en toe nog over.

Op een middag volgde de filmploeg me bij mijn eigen paarden. We hebben ooit wat paarden meegenomen uit Nederland en daar was er nog eentje van in leven, een schat van een merrie. Als ze me ziet, komt ze altijd meteen naar me toe en ik kan haar, zelfs zonder halster, alles laten doen wat ik wil. Wat ik haar ook vraag, ze doet het voor me. Ik vind paarden toevallig heerlijk ruiken, en ik weet dat zij elkaar begroeten door wat lucht in elkaars neusgaten te blazen. Dus toen ze me kwam begroeten, hield ik mijn gezicht bij haar snoet. Het leek in de opname net of ik mijn paard een kus gaf, maar dat maakte me niets uit.

Ik ben nooit bang om mezelf voor schut te zetten. Een keer organiseerde Diane een toneelstuk met de Jaycettes, de vrouwelijke tak van de lokale vereniging van jonge ondernemers. Ze zouden optreden tijdens een regionale bijeenkomst, maar er waren net te weinig deelneemsters. Diane vertelde me dat de man van een van haar vriendinnen had gezegd dat hij best als vrouw wilde meedoen, maar alleen als ik het ook deed. Ik vond het best, maar hij heeft uiteindelijk afgehaakt. Ik heb opgetreden met een blonde pruik op mijn hoofd en gekleed in een panty en een kort rokje. Een besnorde man die met ballonnen onder zijn trui op het podium heeft gestaan heeft er echt geen moeite mee om een paard te kussen, hoor!

Charles en Jon leurden met hun promofilmpje bij diverse kabelbedrijven in de hoop hun programma te verkopen. En zoals ik al had verwacht was er niet bijster veel interesse voor een zeventigjarige veearts die paarden kust en die wel op heel vertrouwde voet staat met koeien. Ze werden overal afgewezen. Een programmadirecteur zei tegen hen: 'We willen de kijkers op onze zender houden. Bij zoiets zapt iedereen weg.' Anderen waren iets aardiger, die zeiden gewoon dat er op de hele wereld niemand te vinden was die dit zou willen zien. Uiteindelijk klopten ze aan bij een nieuwe zender, Nat Geo Wild, die uitsluitend programma's over dieren zou gaan brengen. 'We vinden het wel een grappige kerel,' zeiden ze daar. 'En hij kust zijn paarden. Laten we het maar eens proberen.'

Charles en Jon keerden met een tienkoppige cameraploeg terug in Weidman en namen in vier weken vier proefprogramma's op. En zelfs toen nog nam ik het hele avontuur niet al te serieus. Ik nam me voor ervan te genieten zolang het duurde.

Sommige leden van de cameraploeg wisten wel iets van dieren af, maar de meeste niet, dus dat kon nog lachen worden. Ze stonden er vooral van te kijken hoe achteloos – en hoe vaak ook – ik mijn arm in het achterste van een koe stak. Tegen dat soort dingen loop je in de entertainmentbranche toch niet zo vaak aan. Ik heb eens een keer een geintje met ze uitgehaald: ik stak mijn hand heel ver in het binnenste van een koe, haalde hem er helemaal onder de mest weer uit en snoof eraan. Ik hoorde ze kreunen van afschuw, maar ik keek recht in de lens en zei: 'Hmmm, ik ruik geld.'

We werden uitgenodigd bij de Television Critics Association, waar een team van journalisten en bloggers alle nieuwe programma's bekijkt en er vervolgens hun mening over geeft. Zat ik daar, met een man die grote katachtigen vangt en uitrust met zendertjes, met een kerel die de wereld over reist op zoek naar de zestig dodelijkste dieren en met een Australiër die met krokodillen werkt en in zijn vrije tijd wilde waterbuffels naar nieuwe leefgebieden overbrengt. Ik vroeg me vertwijfeld af hoe ik tussen deze avontuurlijke zwaargewichten verzeild was geraakt.

De vier proefprogramma's werden uitgezonden onder de titel *The Incredible Dr. Pol* (een naam die ik overigens niet zelf verzonnen heb). Ik heb Diane weleens gevraagd of ze me voortaan zo wilde aanspreken, maar ze weigerde zonder meer.

En er keken ook nog mensen naar. De programma's werden herhaald en er werd een heuse Dokter Pol-marathon gehouden die nog meer kijkers trok. Voor we het wisten was onze serie het best bekeken programma op Nat Geo Wild. Het ploegje van drie werd al snel uitgebreid tot een team van vijfentwintig personen die er stuk voor stuk een fulltimebaan aan hadden.

Ik heb vanaf het begin één gouden regel ingesteld, en dat is dat de dieren te allen tijde voor gaan. En daar houd ik stug aan vast. Ik heb tegen de cameraploeg gezegd dat ik mijn werk precies zo bleef doen als ik gewend was en dat zij me maar moesten zien bij te houden. 'De natuur houdt geen rekening met filmploegen,' zei ik, 'en dat ben ik ook niet van plan.'

De programmamakers moesten veel leren over het leven (en de dood) op de boerderij. Op een dag kreeg ik een telefoontje van Dave Livermore, een klant van me die een alpacafarm dreef. Een van zijn dieren stond op het punt een *cría* te werpen; het Spaanse woord voor een pasgeboren alpaca. De filmploeg wilde de geboorte zo graag vastleggen dat ze maar liefst vierentwintig uur op de ranch hebben gebivakkeerd. Dat vond ik erg vermakelijk. 'Jullie kunnen wachten tot je een ons weegt,' zei ik tegen ze, 'maar het gaat jullie niet lukken.'

'O ja hoor,' zeiden ze tegen mij, 'wij denken van wel.'

'Veel plezier,' zei ik. En toen de cría nog langer op zich liet wachten, pakten ze uiteindelijk hun spullen maar weer in. Een week later kreeg ik, tijdens een visite op een ander bedrijf, een telefoontje van Dave Livermore. Hij zei dat de kop en een poot van de cría zichtbaar waren, maar dat de verlossing stokte.

'Leeft de cría?' vroeg ik. Dat was het geval. 'Ik kom eraan.'

Normaal gesproken komt de crew in de weekends niet met me mee, maar in dit geval belde ik Charles op om te zeggen dat de alpaca aan het werpen was. Daarna reed ik snel naar de farm. Ik was er binnen vijf minuten. De filmploeg was nog niet gearriveerd, maar zo'n kostbare cría kon ik niet laten wachten. Ik duwde het kopje er zo ver mogelijk weer in en wist het lijf zo te draaien dat ook de andere poot eruit kon. Daarna trok ik het beestje er zonder problemen uit. Het was een prachtig exemplaar en de verlossing had al met al vijf minuten geduurd. Ik was bezig mijn spullen op te ruimen toen Charles en Jon Schroder aankwamen en zagen dat er een prachtig nieuw wezentje geboren was.

Het duurde een poosje, maar na verloop van tijd wisten we

precies hoe we de opnames het beste konden organiseren. We werken met drie cameracrews van vier personen. De ene ploeg probeert bij mij in de buurt te blijven, de tweede rijdt vooruit naar mijn eerstvolgende visite om daar alvast het licht en het geluid in orde te brengen, en de derde volgt dokter Brenda of blijft achter in de praktijk.

De eerste groep heeft vaak moeite om mijn tempo bij te benen en ik heb gezegd dat ik ze op één punt best tegemoet wil komen: op weg naar een visite neem ik een beetje gas terug. Maar dan kunnen ze me nog vaak niet bijhouden. Het komt ook wel voor dat ze verdwalen. En als dat gebeurt zijn ze echt heel, heel erg de weg kwijt.

Verder geldt: ik doe wat ik moet doen. Soms verloopt een dag heel anders dan verwacht. Het kan gebeuren dat ik een noodoproep binnenkrijg terwijl de crew al ergens op me zit te wachten, tevreden dat ze alles tijdig hebben kunnen klaarzetten. Het weer werkt ook niet altijd mee; we hebben hun auto's al twee keer uit de stuifsneeuw moeten trekken.

Aan hun talent of toewijding heeft het nooit gelegen, maar in het begin hadden de crewleden wat moeite zich aan te passen aan de omstandigheden op het platteland van Michigan. Op een bitter koude winterdag was ik voor het eerst aan het werk met cameraman Mark Myers. Ik ben wel gewend aan extreme weersomstandigheden en ik had me dan ook goed ingepakt. Maar de crew stond buiten een klant te interviewen, terwijl de wind huilde en de temperatuur steeds verder daalde. Mark stond erbij met een lange metalen hengel die nodig was voor het geluid. Hij voelde het leven uit zijn vingers kruipen, maar hij zei niets tot het interview er helemaal op stond. Daarna haastte hij zich naar de auto om zijn handschoenen te pakken, maar het was net iets te laat: sinds die dag is het puntje van zijn pink gevoelloos. Dit soort voorvallen – waarvan ik er moeiteloos nog veel meer zou kunnen noemen – heeft me duidelijk gemaakt hoe serieus ze hun werk nemen.

Ik wist natuurlijk vooraf niet of mijn klanten, en dan heb ik het voornamelijk over de amish, bezwaar zouden hebben tegen de aanwezigheid van de cameraploeg. Ik wist dat mijn klanten me vertrouwden en verder moesten we het maar afwachten. Het gebeurt af en toe dat klanten om persoonlijke redenen geen toestemming verlenen voor het uitzenden van bepaalde opnames. Zo kwam er aan het begin van het tweede seizoen een klant naar de praktijk met zijn basset, een schat van een beest. De eigenaar had zijn hond aan de ketting gelegd, maar op de een of andere manier was de ketting helemaal om een van zijn poten komen te zitten. De poot was zolang afgekneld geweest dat ik hem moest amputeren en de baas wilde dat niet op film hebben. Ik begreep het wel. Het was een ongeluk, maar het was goed mogelijk dat mensen hem erop aan zouden kijken.

Wij kunnen *The Incredible Dr. Pol* niet via de kabel zien. Alleen klanten met een schotel kunnen de afleveringen meteen zien. We hebben eens een paar afleveringen opgenomen en vervolgens onze buren uitgenodigd voor een marathonsessie, maar verder moeten omwonenden wachten tot een bepaalde aflevering op internet beschikbaar komt. Als producer heeft Charles de beschikking over de ongemonteerde versies en die krijgen Diane en ik soms te zien. Er sneuvelen vaak nog scènes, dus dat zijn niet de uiteindelijke beelden.

Er kwam eens een vriendin van ons met haar hond naar de praktijk. Ze verleende toestemming de behandeling te filmen. We zeggen er altijd bij dat wij geen invloed hebben op wat erin blijft of wat eruit wordt gesneden. Bij Nat Geo Wild hebben ze mensen in dienst die uit de hele berg met opnamen een uur leuke tv weten te destilleren. Diane en ik zijn net zo verrast over het eindresultaat als ieder ander. Het enige verschil is dat wij weten wat er allemaal is weggelaten. Toen we op Charles' computer de ruwe versie zagen, zat onze vriendin er nog in. Diane vertelde dat aan haar, maar helaas bleek tijdens de uitzending dat alleen haar aankomst bij de praktijk er nog in zat. Dat vonden we vreselijk jammer voor haar, en sindsdien doen we geen uitspraken meer over de inhoud van de afleveringen tot we de uiteindelijke versie hebben gezien.

Ik weet niet hoe dat bij andere programma's gaat, maar onze crew is vanaf het begin grotendeels bij elkaar gebleven. We hebben elkaar dus vrij goed leren kennen en we zijn met veel van de crewleden zelfs bevriend geraakt. Het komt soms voor dat ik hun hulp moet inroepen. Zo was ik eens een keer met Charles en zijn collega Mike Stankevich op een boerenbedrijf. Een koe had moeite met afkalven en ik had iemand nodig die aan de verlosketting trok terwijl ik het kalf in de juiste positie probeerde te draaien. Ik zette Charles aan de ene kant van de koe neer, dirigeerde Mike naar de andere kant en riep hen instructies toe. Ik vocht voor het leven van deze koe en dat van haar kalf. Ze trokken zo goed dat het kalf na een tijdje meegaf en ineens door het geboortekanaal naar buiten schoot. Toen de tegendruk wegviel, stuiterden Charles en Mike hard tegen de grond. Dat kalf maakte op spectaculaire wijze zijn entree in de wereld en Charles en Mike hadden er geen seconde van op film kunnen vastleggen.

Ik heb wel vaker een beroep gedaan op de filmcrew. In maart 2014 moest ik een melkkoe een handje helpen bij de geboorte van haar kalf. Ik merkte meteen wat er mis was: ze had een slag in haar baarmoeder. Als ik de koe en haar kalf wilde redden, dan moest die slag eruit. Dat hield in dat ik het kalf op zijn plek moest houden terwijl de koe werd omgerold. De boer wilde dit niet op film hebben en dat kwam goed uit, want de crew die al ter plaatse was, kon mij dus mooi assisteren. We rolden de koe van haar ene op haar andere zij, maar helaas niet met het gewenste gevolg. Ik gaf het niet zo gemakkelijk op en eindelijk, bij de vijfde poging, lukte het me om de baarmoeder te draaien. Op dat moment liet Mike haar staart uit zijn handen glippen, en ik kreeg hem vol in mijn gezicht. Ik stak mijn handen bij de koe naar binnen en wist het kalf eruit te krijgen. Het was helaas overleden, maar de koe hadden we tenminste gered.

De meeste crewleden zijn opgegroeid met Disney-dieren en ik geloof niet dat die nou zo vaak een trap uitdelen of hard met hun staart zwiepen. Ik moest ze het nodige bijbrengen over veilig werken in een stal, want ze willen altijd overal met hun neus bovenop zitten. Ze denken alleen maar aan dat ene shot en ze zijn zo gefocust op het werk dat ze zich zo nu en dan bezeren. Het overkomt zelfs Charles weleens, terwijl hij toch echt beter zou moeten weten.

Ze hadden volgens mij het meest moeite met het feit dat dit een échte realityshow is in die zin dat niet alles goed afloopt, maar ja, deze jongens komen dan ook uit Hollywood. Daar speelt de dood in het leven van alledag nauwelijks een rol, terwijl we er hier soms meerdere keren op een dag mee te maken hebben. De crewleden hebben me los van elkaar bijna allemaal verteld dat ze het er, vooral in het begin, moeilijk mee hadden als ik een dier moest laten inslapen. Jon Schroder, degene met wie Charles het programma ontwikkeld heeft, zei dat hij 's ochtends soms bidt dat er die dag geen euthanasie op het programma staat. De jongens van de filmploeg krijgen het soms te kwaad wanneer ik een dier moet laten inslapen. Ikzelf hoef nooit te huilen, maar dat wil niet zeggen dat het me onberoerd laat. De crew is er diverse keren getuige van geweest dat ik een oud paard moest laten inslapen, een dier waar de eigenaren het grootste deel van hun leven voor hebben gezorgd. Het is vreselijk om dat mee te moeten maken en ik leef ontzettend met die mensen mee. Het zal wel nooit echt wennen, maar ik moet zeggen dat het me aardig goed lukt om mijn emoties los te koppelen van mijn werk. Het helpt ook dat ik ervan overtuigd ben dat ik het dier met de euthanasie verder lijden bespaar.

Voor de leden van de crew is dit allemaal vrij nieuw, en ik zie de tranen soms langs hun wangen lopen. Normaal gesproken wordt er wat afgekletst onder het werk – we hebben altijd meer dan genoeg stof – maar nadat ik een paard, een hond of een kat heb laten inslapen, is het een tijdlang volkomen stil in de groep. Maar goed, om met Jons woorden te spreken: 'Het is nooit leuk, maar na verloop van tijd raakt het je steeds minder, vooral omdat je weet dat dit voor het dier het beste is.'

Niet alleen Diane en ik, maar iedereen bij ons in de praktijk is erg gesteld geraakt op de filmploeg. We genieten allemaal erg van de situatie en het voelt bijna altijd alsof we vrienden over de vloer hebben. Sommige crewleden laten zelfs voor de duur van de opnamen hun gezin overkomen. Ook waren er gevallen waarin ik iets voor hun huisdieren heb kunnen betekenen.

In de begintijd van het programma had Jon een vijftien jaar oude pitbull, Hazel heette ze. Zijn hond was erg ziek, en de dierenarts had hem verteld dat hij niets meer voor haar kon doen. Jon reed met zijn hond van Los Angeles helemaal naar Michigan. We hebben haar nog bijna een jaar in leven kunnen houden, tot haar levenskwaliteit te veel achteruit ging.

In 2013 werd er vlak voor Thanksgiving bij ons in de omgeving een hond aangereden. Het was een bordercollie, maar hij had ook kenmerken van andere rassen. Hij werd door de politie naar de praktijk gebracht. Hij had een gebroken poot, dus we gipsten hem in. We wisten niet van wie deze hond was of waarom hij alleen op pad was. Na een paar weken had nog steeds had niemand hem geclaimd, en in de tussentijd waren twee leden van de crew erg aan hem gehecht geraakt. Beiden gaven aan dat ze hem graag zouden willen hebben, maar toen ook mensen uit de omgeving interesse in hem bleken te hebben, besloten we dat de hond daar beter af zou zijn.

De meeste crewleden gingen naar huis voor de feestdagen en in die week moest ik de poot van die hond toch amputeren. De beoogde nieuwe eigenaren haakten af en zo kwam het dat de hond toch kon worden geadopteerd door een van de leden van de filmploeg, die hem – hoe kan het ook anders – Skippy noemde.

Misschien werd de toewijding van de jongens pas echt op de proef gesteld toen ik hun vroeg wie er een drachttest wilde uitvoeren. Voor mij is zo'n inwendig onderzoek bij een koe gesneden koek, ik doe het zowat elke dag. Maar deze jongens zagen zich niet zo snel hun arm in het – met mest gevulde – achtereind van een koe steken. Zelfs Charles, die toch is opgegroeid in een dierenartsenpraktijk, had het nog nooit gedaan. En toen ik op een dag wat drachttests had uitgevoerd, vroeg ik of een van de crewleden het eens wilde proberen. Ze stonden niet te trappelen. Sommigen kwamen met smoesjes (de producer zei: 'Ik ben bang dat ik de koe pijn doe!' Ik antwoordde: 'O, maak je daar maar geen zorgen over. Het doet haar geen pijn. Sterker nog, ze merkt het niet eens!'). Ik deed voor hoe het moest en legde uit wat ze daarbinnen zouden voelen. Degenen die het aandurfden waren verbaasd over hoeveel ruimte er in het binnenste van een koe is. Verder viel het ze op hoe warm het daarbinnen is. We hebben ons er ongeveer een uur mee vermaakt en het was een middag waar we maanden later nog over praatten.

Ik zou niet durven beweren dat het in elke groep een goede

manier is om het ijs te breken, maar in dit geval werkte het prima. Charles waagde het er als een van de eersten op. Hij stak zijn arm helemaal in het achterste van de koe en begon toen te grijnzen, alsof hij iets gevonden had. Nou, nee hoor, dat was niet zo. Daarna was producer Pete Berg aan de beurt. Hij voelde wat rond in de koe, trok zijn arm terug, stak zijn groene mestarm in de lucht en riep: 'High five!' Onze handen klapten zo hard tegen elkaar dat de mestspetters in het rond vlogen. Misschien is dit wel een leuk idee voor een bedrijfsuitje van zo'n chique zakenbank aan Wall Street.

Diane en ik hadden nooit verwacht dat het programma zoveel met zich mee zou brengen, maar het mooiste vinden we toch wel dat Charles er zo'n groot aandeel in heeft. Dat was overigens niet voorzien, want hij was uitvoerend producent en het was vooraf niet duidelijk of hij in de serie te zien zou zijn. Zijn gevoel voor humor bracht hem echter langzaam maar zeker steeds meer naar de voorgrond; de camera haalt dat deel van zijn persoonlijkheid nu eenmaal naar boven. Charles probeert zijn hele leven al om mensen aan het lachen te maken en hij schroomt daarbij niet om zichzelf voor gek te zetten. Diane heeft me op het hart gedrukt nooit iemand te vertellen dat we een video hebben van de keer dat hij zich voor een schoolfeest in een rood bikinibroekje hulde. Een man in vrouwenkleren, dat hebben we eerder gehoord… De appel valt niet ver van de boom.

Charles is niet te beroerd om toe te geven dat hij soms wat onhandig kan zijn, dus wij kijken er niet van op als hij zichzelf weer eens in de nesten heeft gewerkt. Sommige kijkers zijn ervan overtuigd dat het doorgestoken kaart is. Toegegeven, het kan zijn dat hij het er soms iets dikker bovenop legt, maar we hebben nooit zelf een probleem gecreëerd. Toen we net begonnen met het programma zeiden ze tegen me: 'Doe gewoon wat je altijd doet. Doe maar net of de camera er niet is.' Dat laatste is dus echt onmogelijk, want er loopt constant een hele groep mensen achter me aan. En toch moet ik zeggen dat ik er zo langzamerhand aardig aan gewend ben.

Ze hebben één keer laten doorschemeren dat het voor de show leuk zou zijn als Charles en ik een aanvaring hadden, maar dat heb ik geweigerd. Ik maak graag grapjes over Charles en hij over mij, maar we hebben nooit ruzie en dat wil ik graag zo houden. In de serie zie je heel goed hoeveel we van elkaar houden, ook wanneer hij er een potje van maakt. Voor de zoveelste keer. Toch ben ik één keer echt razend op hem geweest.

Diane en ik waren in Nederland en hadden de kinderen thuisgelaten. Nou, dat hebben we geweten. Wat een drama. Er ging in onze afwezigheid van alles mis en toen we naar huis belden, liet een van de kinderen terloops vallen dat er per ongeluk een hek open was blijven staan en dat alle paarden waren ontsnapt. Ze mogen van geluk spreken dat er een hele oceaan tussen ons zat toen ik dat hoorde. Men vraagt mij weleens of dat echt is gebeurd. Diane kan het bevestigen, want zij was erbij toen ik het hoorde.

Het programma heeft de band tussen de volwassen Charles en mij nog sterker gemaakt dan hij al was, en het lijkt wel of we nu pas merken hoezeer we op elkaar lijken. Er is meer waardering voor de ander. Als jongen bleef Charles het liefst zo ver mogelijk bij me uit de buurt; hij vond het vreselijk om mee te gaan als ik visites reed. Hij zat veel liever thuis voor de tv. Hij ervoer het als een straf om met mij mee te moeten en zat vaak mokkend naast me in de auto.

We hebben een goed gesprek gehad over de serie en over de invloed van het programma op onze relatie. Charles zei: 'Als je jong bent, wil je het liefst zo snel mogelijk het huis uit. Een stad als Los Angeles oefende een enorme aantrekkingskracht op me uit. Ik wilde daar mijn dromen najagen, maar een deel van mij is hier achtergebleven. Ik heb vaak terugverlangd naar de gemoedelijke sfeer hier op het platteland. Ik vind het nog steeds wel een beetje saai, maar ik vind het fijn om hier nu weer zo vaak te zijn.'

Wat ik ook niet had verwacht, is dat we op straat zouden worden herkend door mensen die de serie volgen. Ik geniet daar erg van. Onze serie is te zien in zesentwintig landen. Aanvankelijk werden we alleen in Mount Pleasant staande gehouden. Diane en ik werden in winkels aangesproken door onbekenden die ons vertelden hoe leuk ze het programma vonden. Ik geloof dat de meeste buren zich wel kunnen vinden in het beeld dat de serie schetst van de streek en zijn inwoners. Ze waarderen vooral de positieve aandacht voor de kleinschalige veehouderij. Dat is voor mij al een belangrijke reden om aan het programma mee te werken; iedereen wordt graag door zijn buren gerespecteerd.

We krijgen mails en brieven van over de hele wereld, uit Indonesië, uit Zuid-Afrika en zelfs uit Thailand. Wie had ooit gedacht dat kijkers in Thailand geïnteresseerd zouden zijn in de koeien in Weidman, Michigan? Ik kreeg zelfs een bericht van mijn oude wiskundeleraar in Nederland. Hij schreef dat hij zich mij nog goed herinnerde. Of dat goed of slecht nieuws is, zou ik overigens echt niet weten. Dokter Sandra kreeg een huwelijksaanzoek van een kijker in Ecuador, maar ze had al een vriend dus ze heeft hem afgewezen.

In het najaar van 2013 gingen Diane en ik op vakantie naar een kleinschalig resort in Montego Bay op Jamaica. Kort na onze aankomst kwam er een man op me af. 'Bent u niet die dierenarts?' vroeg hij.

'Inderdaad,' antwoordde ik.

'Dokter Pol, toch?'

Voor we het wisten liet een andere gast ons op het schermpje van zijn telefoon de Chinese versie van het programma zien. Ik hoorde mezelf Mandarijn spreken. Nooit geweten dat ze in het Mandarijn een woord hebben voor 'jeetjemina'.

Niet alleen Diane en ik, maar ook Charles en Brenda, Sandra en alle andere medewerkers van de praktijk worden steeds vaker herkend op straat. Mensen willen ons graag een hand geven of vragen een handtekening. Dat had ik nou van tevoren nooit verwacht. We zijn geen sterren, maar drijven gewoon een eenvoudige dierenartsenpraktijk op het platteland. We blijken zelfs een plekje in te nemen op de bucketlist van sommige mensen. In 2013 kregen we een telefoontje van de vriendin van een achtenzeventig jaar oude Nederlandse vrouw met terminale longkanker. Ze woonden op een paar uur rijden, maar de vrouw wilde haar vriendin verrassen met een bezoek aan de praktijk. Ze wachtte tot haar vriendin sterk genoeg was om de rit aan te kunnen en nam haar toen mee in de auto. Ze had niet verteld waar de reis naartoe ging, maar zodra de vrouw het bord met 'Weidman' zag, begreep ze het meteen.

De dames hebben ruim een uur bij ons op de bank gezeten en hebben iedereen ontmoet: Charles, Brenda en de andere medewerkers. Er werd voornamelijk Nederlands gesproken. De vrouw zat aan de zuurstof, maar haar ogen fonkelden. Ik vind het ontzettend fijn om mensen blij te kunnen maken. Dit was een heel bijzondere ontmoeting.

Het programma spreekt kijkers aan van alle leeftijden. We krijgen heel veel brieven van jonge mensen die ons schrijven dat ze geen aflevering missen en dat ze later – net als wij – ook met dieren willen werken.

Diane en ik zijn dankbaar dat de serie pas later in ons leven op ons pad gekomen is. Het is hartstikke leuk allemaal en het streelt mijn ego als mensen me vertellen hoe graag ze me aan het werk zien, maar we gaan er niet van naast onze schoenen lopen. Daar zijn we te nuchter voor. Diane en ik hebben jaren geleden al geleerd waar het werkelijk om gaat in een mensenleven, en dat stelsel van normen en waarden zal niet meer veranderen.

Het blijft trouwens niet bij handen schudden en handtekeningen uitdelen; mensen stellen ons ook steeds vragen over hun huisdieren. Het is echt ongelooflijk, maar we krijgen telefoontjes uit het hele land van mensen die ons om advies vragen. Officieel mag ik over de telefoon geen diagnoses stellen en dat zal ik dus ook nooit doen. Ik houd het meestal bij een paar algemene tips en raad de mensen altijd aan hun huisdier te laten onderzoeken door een goede dierenarts bij hen in de buurt.

Diane handelt de meeste telefoontjes af. Ze krijgt vragen als: mijn hond heeft diarree, wat kan ik daaraan doen? Of: mijn kat heeft chocola gegeten, is dat erg? Het lijkt erop dat veel mensen gewoon graag even met iemand willen praten, en Diane staat iedereen vriendelijk te woord.

Ook Charles krijgt veel vragen van onbekenden, maar hij heeft daar meestal een handig antwoord op. Hij zegt: 'Ik ben geen dierenarts en kan u dus geen deskundig advies geven. Maar als ik het zo hoor, doet u er goed aan om het dier door een dierenarts te laten onderzoeken.'

De crew heeft trouwens gemerkt hoe goed Charles in gewone taal wist uit te leggen wat er tijdens een behandeling gebeurde. Daar hadden ze – zeker in de beginperiode – veel profijt van. Volgens mij stond hij er zelf versteld van hoeveel kennis hij in de loop der jaren had opgedaan, en ik eigenlijk ook.

Natuurlijk worden de meeste vragen gesteld aan de dierenartsen uit het programma, en als we kunnen helpen, dan zullen we het zeker doen. Maar ieder dier is anders en het zou dom zijn om een diagnose te stellen zonder het dier te hebben onderzocht. Een bepaald symptoom kan immers diverse oorzaken hebben en het stellen van een verkeerde diagnose kan vreselijke gevolgen hebben.

Er zijn mensen die ons kennen van televisie en die er een lange autorit voor overhebben om hun dier bij ons te brengen. Vrij kort na het begin van de serie werd ik gebeld door een jongeman die een lieve, achttien jaar oude Australische herder had. Terwijl hij buiten aan het werk was, had zijn hond zijn tanden in een stekelvarken gezet en daarbij een heleboel pennen in zijn bek gekregen. Zijn eigen dierenarts wilde een bloedonderzoek en allerlei andere testjes doen en schatte de rekening op zevenhonderd dollar. 'Zoveel geld heb ik niet,' had hij tegen de dierenarts gezegd. 'Ik zal mijn hond moeten afschieten.'

De dierenarts had gezegd dat het hem speet, maar dat hij niets voor de hond kon doen. Die jongeman had ons programma gezien en belde naar de praktijk met de vraag of wij hem konden helpen. Ik wilde voorkomen dat hij zijn hond zomaar zou afmaken. 'Het zou fijn zijn als je in ieder geval kon betalen voor het bloedonderzoek,' zei ik tegen hem. 'Want dat is voor de behandeling wel echt nodig.'

Ik legde hem uit dat ik een omkeerbare verdoving wilde toepassen, maar dat hij dan wel een formulier moest ondertekenen waarin hij verklaarde dat hij bekend was met de risico's van de behandeling en dat hij die accepteerde. Daar had hij geen enkel bezwaar tegen, zei hij. Het was een uur of vijf en hij woonde op zo'n vijfenzeventig kilometer van de praktijk. Nog geen drie kwartier later kwam hij de wachtkamer binnenlopen. 'Heb je geen bekeuring gehad? Hoe doe je dat?' vroeg ik.

'Ik ken alle achterafweggetjes.'

Ik onderzocht de hond en hij leek in vrij goede gezondheid te verkeren, maar honden die al wat ouder zijn reageren soms niet goed op verdoving. We dienden hem een omkeerbare verdoving toe die niet al te lang zou aanhouden en begonnen de pennen uit te trekken. En het waren er heel wat! De hond doorstond de behandeling met glans en een halfuur later liep dat tweetal de deur weer uit. Maar slechts één van de twee kwispelde daarbij.

Niet iedereen vindt het programma even geweldig. Er zijn kijkers die klachten over me indienen. Blijkbaar kunnen niet al mijn vakgenoten mijn stijl waarderen. Daar zit ik niet zo mee; ik heb ook best vaak iets aan te merken op dingen die ik over anderen hoor. Maar sommige mensen begrijpen niet hoe het is om een plattelandspraktijk te runnen als die van ons. Ze klagen dat de zorg onder de maat is, dat we niet beschikken over de moderne apparatuur die je in een dierenziekenhuis hebt, en dat we niet in volstrekt steriele ruimten werken. Ik gun iedereen het allerbeste, maar niet elke klant kan zich dergelijke – peperdure – zorg voor zijn dier veroorloven.

Ik zit al ruim vier decennia in het vak en ik weet heel goed op welke manier ik zowel het dier als de eigenaar het beste kan helpen. Dieren zijn veel taaier dan mensen, en in de dierenwereld heb je nog geen bacteriën die resistent zijn tegen antibiotica. Ik probeer bij mijn behandelingen zowel aan het dier als aan de eigenaar te denken. Binnen de grenzen die de eigenaar aangeeft zet ik me volledig in voor het dier, maar meer kan ik niet doen. Als de eigenaar geen toestemming geeft voor een ingreep moet ik me daarbij neerleggen.

Het kan trouwens ook best zijn dat sommige kijkers het moeilijk kunnen verkroppen dat anderen succesvoller zijn dan zij. Wie zich een oordeel wil vormen over Pol Veterinary Services kan het beste kijken naar het feit dat we onze klanten jaar in, jaar uit aan ons hebben weten te binden. Ze komen steeds weer bij ons terug en dat zegt genoeg, denk ik.

Sinds Diane en ik ons bedrijf openden in onze garage is er ongelooflijk veel veranderd in de streek, in de manier waarop wij ons vak uitoefenen, en in de praktijk zelf. Vroeger zaten aan alle onverharde wegen in de omgeving familiebedrijven, nu zijn die bijna allemaal weg. De meeste zijn vervangen door grootschalige veehouderijen. Hiermee is een belangrijk onderdeel van het Amerikaanse erfgoed voorgoed verloren gegaan. Ook heeft het bedrijfsleven door weten te dringen in de klinieken voor kleine huisdieren. Want de ketens die de kleine praktijken hebben overgenomen, lijken uitsluitend gericht op het maken van zo veel mogelijk winst. Daarnaast zijn medicijnen en dierbenodigdheden – die vroeger alleen bij de dierenarts verkrijgbaar waren – nu ook (en veel goedkoper) te koop bij grote speciaalzaken of via internet. Dit is misschien fijn voor de klant, maar niet voor de dierenarts. In Harbor Beach stond de verkoop van medicijnen garant voor een aanzienlijk percentage van de omzet, maar dat is nu echt niet meer zo. Wij verkopen geen producten meer, alleen nog diensten.

Aan de andere kant, ik heb mensen altijd beoordeeld op de wijze waarop ze omgaan met andere mensen… en met dieren. Ik ben ervan overtuigd dat dieren die goed en met het nodige respect worden behandeld ook goed zijn voor hun baas. Veel dieren zijn van nature bereid om hun baas te schenken wat ze ook maar te bieden hebben, zoals hun kracht en hun vriendschap bijvoorbeeld, zolang ze maar niet mishandeld worden. En het doet me ongelooflijk goed om te zien hoeveel jonge mensen – onze toekomst – dit lijken te begrijpen. Zij behandelen hun dieren met mededogen, gezond verstand en respect.

Ik ben niet echt een verzamelaar, maar ik heb in de loop der jaren een kleine collectie oude veterinaire naslagwerken verzameld en ik vind het leuk om daar zo nu en dan in te grasduinen om te zien hoe dierenartsen, bijvoorbeeld honderdvijftig jaar geleden, hun vak uitoefenden. Ik blijf me erover verbazen hoeveel die vroege veeartsen konden doen met zulke bescheiden middelen. En bladerend door die boeken merk ik ook hoeveel deze mannen met mij en met bijna alle andere veeartsen die ik ken gemeen hebben. We hebben onderling de nodige meningsverschillen en we zouden misschien soms een andere behandeling hebben gekozen, maar één ding is in de afgelopen eeuw onveranderd gebleven: we hebben het beste voor met ieder dier dat we behandelen. Dit is een vak waar alleen dierenliefhebbers voor kiezen. Je wordt geen veearts omdat je graag rijk wilt worden, want dat lukt gewoon niet. En voor de dankbaarheid van je patiënten hoef je het ook niet te doen; hoe vaak is het me niet overkomen dat een koe die ik het leven heb gered me een volgende keer probeerde te trappen. Niemand wordt veearts omdat het aanzien geeft of uitzicht op een lekker leventje. Wij hebben een geklimatiseerde praktijkruimte, maar op de een of andere manier lig ik altijd met ontbloot bovenlijf in de modder met mijn hand in het binnenste van een dier rond te wroeten. De vraag is dus: waarom zou iemand dierenarts willen worden?

Ik ben dierenarts geworden omdat ik nooit iets anders heb gewild. Geen enkel dier heeft me ooit ook maar een cent betaald voor wat ik heb gedaan. De dieren kennen misschien mijn geur, maar verder weten ze niets over me. Toch hebben ze me iets gegeven, en dat is het gevoel dat het zin heeft wat ik doe. Ik put ongelooflijk veel voldoening uit mijn werk en dat vervult me met dankbaarheid, iedere dag weer.

Nawoord

Diane en ik hadden zelfs in onze stoutste dromen nooit kunnen vermoeden dat we op een dag zouden figureren in een populair tv-programma, en ook niet dat we een bestseller zouden schrijven, dat mensen het hele land zouden doorkruisen om onze praktijk te bezoeken en dat we overal ter wereld herkend zouden worden. Maar van alle geweldige dingen die ons zijn overkomen sinds Nat Geo Wild begon met de uitzending van *The Incredible Dr. Pol* geeft het feit dat we het allemaal aan onze zoon Charles te danken hebben, de meeste voldoening.

Elke ouder weet precies waar ik het over heb. Door de wetenschap dat Charles dit alles in beweging heeft gebracht, genieten we des te meer van de leuke dingen die de serie op ons pad heeft gebracht. Het was zijn idee. Hij zag als eerste in dat die rare vader van hem een groot tv-publiek zou kunnen aanspreken. Ik heb besloten dat maar als een compliment op te vatten. Maar laten we wel wezen, het succes van de serie is niet te danken aan mijn mooie uiterlijk, mijn gevatte grappen of mijn verfijnde manieren. Het programma is succesvol omdat het publiek en ik één ding gemeen hebben: we houden van dieren en gunnen ze een zo fijn mogelijk leven zonder pijn. Ik ben soms wat stug, ik heb een vreemd accent en ik kan soms nogal bot uit de hoek komen, maar ik weet dat het publiek me waardeert om de toewijding waarmee ik mijn vak uitoefen. Ik heb het beste voor met mijn klanten, en daarmee doel ik zowel op de dieren als op de eigenaren.

Diane en ik hebben heel veel om dankbaar voor te zijn, onder meer dat de serie, en daarmee de aandacht en bekendheid, ons pas op latere leeftijd zijn 'overkomen'. Wij waren ondertussen oud genoeg om het antwoord te weten op de belangrijkste levensvragen. In dat opzicht heeft de serie ons niet echt veranderd. Het zit hem meer in de praktische zaken, zoals het feit dat ik nu op mijn visites word vergezeld door twee of drie extra auto's. We hebben dankzij de serie nog meer leuke mensen ontmoet dan we anders hadden gedaan.

Ons dagelijks leven mag grotendeels bij het oude gebleven zijn, dat verandert wanneer we op pad gaan. Want dan komen we maar al te vaak fans van de serie tegen of mensen die dit boek met veel plezier gelezen hebben. Grappig genoeg worden we vaak als eerste herkend door jonge mensen, die er vervolgens hun ouders op attenderen. Vooraf had men me gewaarschuwd dat mensen me op straat staande zouden houden met de vraag: 'Bent u dokter Pol?' Maar dat overkomt me eigenlijk niet zo vaak. Het gaat net even anders. Mensen die me herkennen wijzen naar me en zeggen dan lachend: 'U bent dokter Pol!' Nou ja, het scheelt natuurlijk ook dat er niet veel mensen zijn die op mij lijken.

En raken we met bewonderaars aan de praat, dan begint het gesprek meestal met een vraag. Mensen informeren hoe het is afgelopen met die ene hond, of dat paard of zelfs die zieke koe. Ze hadden waarschijnlijk niet verwacht dat ze ooit begaan zouden zijn met een koe of dat ze zouden meeleven met de baas van wie de hond een spuitje moet krijgen.

Vervolgens wil bijna iedereen me iets vertellen of vragen over zijn eigen huisdier. Of ze hebben een vraag over de aanpak van hun eigen dierenarts. Andere tv-sterren krijgen waarschijnlijk foto's onder hun neus geduwd van schattige baby's of mooie meiden, maar mij laten ze vooral foto's van hun huisdieren zien. Ik vind dat helemaal niet vervelend; ik houd me al mijn hele leven bezig met de zorg voor dieren en ik ben zelf ook gek op mijn huisdieren. In dat opzicht verschil ik niet van de fans van de serie of de lezers van mijn boek; ik vind het heerlijk als mijn honden vrolijk naar me kwispelen of als mijn paard me komt begroeten. Op die manier vertelt een dier je dat het je graag mag.

Soms vragen mensen me waarom hun hond aan zijn poot knaagt of waarom hun kat graag onder de dekens kruipt. Ik leg dan meestal eerst uit dat ik geen diagnose kan stellen zonder het dier onderzocht te hebben en leg hen dan vaak uit dat er bij de omgang met en de zorg voor dieren een paar vuistregels gelden. De eerste luidt dat dieren verdraaid slim zijn; ze weten wie er zorgdraagt voor hun veiligheid en gezondheid. Laat je huisdieren (of staldieren, als ik mijn werk er even bij betrek) weten dat je om ze geeft. Een boer doet dat door de stal schoon te houden en door zijn vee goed te verzorgen. Voor de meeste particulieren houdt dit in: geef je huisdieren te eten, behandel ze goed en bied ze beschutting tegen de elementen. Je merkt vanzelf aan een dier of het je vertrouwt. Bange en gespannen dieren hebben niet veel te geven en zijn al helemaal geen fijne huisdieren.

Boeren vertrouwen op de hulp en kunde van hun veearts, maar ook voor particulieren is het fijn om met hun huisdieren terecht te kunnen bij een betrouwbare dierenarts, en daarvan zijn er gelukkig genoeg te vinden.

Er komen soms mensen langs met mijn boek of ze sturen het op naar de praktijk met de vraag of ik het wil signeren. Dat bevalt me heel wat beter dan hoe dat vroeger ging; toen hoefde ik mijn handtekening alleen te zetten bij het betalen van onze vaste lasten.

We figureren in een tv-serie, we hebben een boek geschreven

dat goed verkoopt en we werken samen met onze zoon; Diane en ik genieten met volle teugen van al het moois dat er op ons pad gekomen is. Zo nu en dan neem ik even de tijd om hierbij stil te staan en ik vraag me dan weleens af hoe het zo heeft kunnen lopen. Het antwoord zit hem denk ik in de manier waarop wij in het gezin met elkaar omgaan. Bij ons thuis gelden een paar vuistregels: doe altijd je best, wees eerlijk, vergeet niet om af en toe hard om jezelf te lachen (en om Charles), en behandel dieren met respect.

Dankbetuiging

Op deze plek wil ik graag een paar mensen noemen aan wie ik veel dank verschuldigd ben. Ze hebben in mijn leven stuk voor stuk een belangrijke rol gespeeld en zonder hen zou dit boek er nooit zijn geweest.

Ik noem mijn ouders, Harm en Klaasje Pol, die me hebben geleerd dat dieren in elk mensenleven een belangrijke rol zouden moeten spelen… een leefregel die ik zeker ter harte heb genomen.

Ook mijn broers en zussen hebben een deel van mijn opvoeding voor hun rekening genomen, en dan heb ik het vooral over mijn broer Jan en mijn zus Hennie. Bij het schrijven van dit boek heb ik veel gehad aan de herinneringen uit onze jeugd die zij met me hebben gedeeld.

Dokter Van der Eyck, die mijn interesse voor het vak heeft gewekt, en dokter Drysdale, die me wegwijs heeft gemaakt in de Amerikaanse veterinaire praktijk.

Dokter Hentschl en dokter Arbaugh, die me hebben bijgestaan tijdens mijn eerste baan.

Alle collega's die me in de loop der jaren hebben geholpen mijn praktijk uit te bouwen tot wat hij nu is.

Mijn vrouw Diane, die al die jaren mijn steun en toeverlaat is geweest en die ons gezin bijeen heeft gehouden te midden van alle onrust die een dierenartsenpraktijk nu eenmaal met zich meebrengt.

Onze kinderen, Diane junior, Kathy en Charles, die alle drie succesvol zijn in hun eigen werk en die nog steeds een belangrijke rol spelen in ons leven!

Alle klanten die in de ruim veertig jaar dat onze praktijk bestaat hun dieren bij me hebben gebracht in het vertrouwen dat ik ze naar mijn beste kunnen zou behandelen. Zonder hen zou noch de serie, noch het boek er zijn geweest.

Tot slot wil ik David Fisher bedanken, die structuur heeft weten aan te brengen in al mijn herinneringen en ze vervolgens op papier heeft gezet.

Nawoord David Fisher

Ik wil hier graag mijn collega Bill Shinker noemen, die me heeft gesteund bij het maken van dit boek. Daarnaast bedank ik redacteur Brooke Carey, die de werkzaamheden met een rustige vastberadenheid op koers wist te houden, en assistent-redacteur Leslie Hansen. Ook zij heeft haar steentje bijgedragen aan de totstandkoming van dit boek.

Ik ben Charles Pol dankbaar voor… nou ja, voor alles wat hij heeft gedaan, en dan bedoel ik ook echt… alles. Het staat buiten kijf dat dit boek er zonder hem nooit geweest zou zijn.

Bij het schrijven van dit boek heb ik veel gehad aan de diensten van Scribecorp van Casson Masters. Als non-fictieschrijver vertrouw ik blind op een transcriptieservice, en de medewerkers van Scribecorp hebben een geweldige prestatie geleverd.

Dankzij Jan en Diane Pol bekijk ik de lieve honden en katten die mede kleur hebben gegeven aan mijn leven met andere ogen. Ook noem ik op deze plek graag mijn lieve Belle, die bij iedere zin die ik schreef aan mijn zijde zat.

Maar ik zou geen letter op papier hebben gekregen zonder de steun van mijn vrouw, Laura Stevens. Ik prijs me gelukkig dat ik haar in mijn leven aan mijn zijde heb.